2

最新 社会福祉士養成講座
精神保健福祉士養成講座

一般社団法人 日本ソーシャルワーク教育学校連盟　編集

心理学と心理的支援

中央法規

刊行にあたって

このたび、新カリキュラムに対応した社会福祉士と精神保健福祉士養成の教科書シリーズ（以下、本養成講座）を一般社団法人日本ソーシャルワーク教育学校連盟の編集により刊行することになりました。本養成講座は、社会福祉士・精神保健福祉士共通科目13巻、社会福祉士専門科目8巻、精神保健福祉士専門科目8巻の合計29巻で構成されています。

社会福祉士の資格制度は、1987（昭和62）年に制定された社会福祉士及び介護福祉士法により創設されました。後に、精神保健福祉士法が制定され、精神保健福祉士の資格制度が1997（平成9）年に創設されました。それから今日までの間に両資格のカリキュラムは2度の改正が行われました。本養成講座は、2019（令和元）年度の両資格のカリキュラム改正に伴い、刊行するものです。

新カリキュラム改正のねらいは、地域共生社会の実現に向けて、複合化・複雑化した課題を受けとめる包括的な相談支援を実施し、地域住民等が主体的に地域課題を解決していくよう支援できるソーシャルワーカーを養成することにあります。地域共生社会とは支援する者と支援される者が一体となり、誰もが役割をもって生活していくことができる社会です。こうした社会を創り上げる担い手として、社会福祉士や精神保健福祉士が期待されています。

そのため、本養成講座の制作にあたって、❶ソーシャルワーカーとしてアセスメントから支援計画、モニタリングに至るPDCAサイクルに基づく支援ができる人材の養成、❷個別支援と地域支援を一体的に対応でき、児童、障害者、高齢者等のさまざまな分野を横断して包括的に支援のできる人材の養成、❸「講義―演習―実習」の学習循環をつくることで、実践現場に密着した人材養成をする、を目的にしています。

社会福祉士および精神保健福祉士になるためには、ソーシャルワークに必要な五つの科目群について学ぶことが必要です。具体的には、①社会福祉の原理・基盤・政策を理解する科目、②複合化・複雑化した福祉課題と包括的な支援を理解する科目、③人・環境・社会とその関係を理解する科目、④ソーシャルワークの基盤・理論・方法を理解する科目、⑤ソーシャルワークの方法と実践を理解する科目です。それぞれの科目群の関係性と全体像は、次頁の図のとおりです。

これらの科目を本養成講座で学ぶことにより、すべての学生がソーシャルワークの基盤を修得し、社会福祉士ならびに精神保健福祉士の国家資格を取得し、さまざまな領域でソーシャルワーカーとして活躍され、ソーシャルワーカーに対する社会的評価を高めてくれることを願っています。

社会福祉士養成教科書の全体像

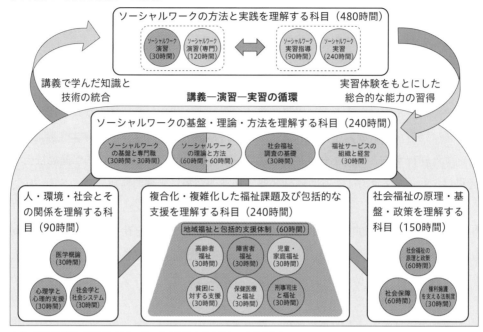

出典：厚生労働省「（別添）見直し後の社会福祉士養成課程の全体像」（https://www.mhlw.go.jp/content/000604998.pdf）
　　　より本連盟が改編

精神保健福祉士養成教科書の全体像

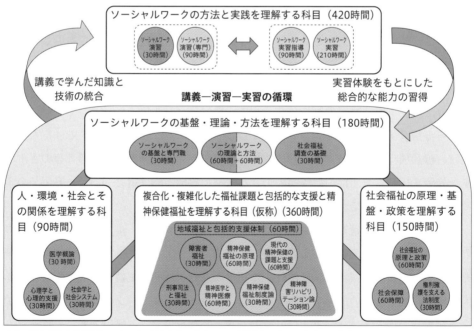

出典：厚生労働省「（別添）見直し後の社会福祉士養成課程の全体像」を参考に本連盟が作成

2020（令和2）年12月1日

一般社団法人日本ソーシャルワーク教育学校連盟
会長　白澤政和

はじめに

　社会の多様な課題に応じて、ソーシャルワークにおいても、生物心理社会モデルに基づく視点をもちながら高齢者、障害者、子ども等とその家族への支援にとどまらず、関係する地域の人々や諸機関との連携・調整など、さまざまな関係者との多様なかかわりが求められるようになっている。一方で、現在の対人援助においては、どのような分野でも対象者の「尊厳」が基本理念に据えられており、対象者の意思決定の尊重が重視されている。本人や周囲の人の意思決定がどこまで図られているのか問われる場面も多くなっており、支援の前提として、その背景にある思考や感情等に関する心理的理解を深めることが必要となっている。

　心理学は、「人間とはどのような存在なのか」という興味を基盤にする哲学から生まれた学問領域で、人間の心の働きについて科学的な研究によって明らかにすることを基本方針とした多様な分野の研究が進められている。さまざまな心理的支援の理論・方法とその実践は、基本的な心理学領域の研究成果の応用であり、科学的研究を基盤としていたものである。今般のカリキュラム改正では、科目名が「心理学理論と心理的支援」から「心理学と心理的支援」に変更になり、ソーシャルワーク実践において求められる心理学の基本的知識と心理的支援の実践の理解を一体的により深めていくカリキュラムとなった。本書においては、新しいカリキュラムに沿いながら、ソーシャルワークを志す学生にぜひ学んでほしい内容を整理して構成した。

　まず、第1章では、新たにカリキュラムに追加された「心理学の視点」について、心理学の歴史や心を探求する研究方法について要点をまとめている。以降の学習の前提として、心理学における基本的な人間観や研究方法を学んでほしい。第2章では、心理学の基本的な研究分野の研究成果について取り扱っている。新カリキュラムでは、心理学の研究分野により即した項目立てとなっており、本書でも最新の心理学の知見を含みながら、可能な限りわかりやすくまとめているので、一つひとつの単元について丁寧に学習を進めてほしい。第3章では、人間の一生の変化を取り扱う「発達心理学」に関する内容を学ぶ。生まれてから亡くなるまでの一生涯の発達を連続的に捉える生涯発達視点とともに、子どもの発達について詳しく解説している。ソーシャルワークにおいても、特に子どもへの支援には、発達的な視点が欠かせず、理解を深めてほしい。第4章では、心の健康を損なう要因であるストレスや心理的不適応に関する内容を取り扱っている。現代社会はストレスを経験することが多く、心の健康の保持が大きな社会的課題となっている。特に対人的な支援では、支援の対象者

に対してだけでなく、支援者自身も心の健康について配慮することが必要であり、基本的な知識とともに実践的にも役立つ考え方や知識を学んでほしい。第5章では、心理的支援についてさまざまな内容を取り扱っている。公認心理師という心理的支援を専門とする国家資格が創設され、ソーシャルワーカーと心理職との連携は今後いっそう求められるようになる。双方の専門性を活かしながら協力していくことも課題であるが、冒頭に述べたように、ソーシャルワークにおいても、特に個別支援では面接等における心理的配慮が必要になっている。この章では、心理専門職が行う心理療法や心理検査についての理解を深めるとともに、ソーシャルワークにおける面接に活用可能ないくつかの心理的支援の技法について、その考え方や方法を学び、ぜひ練習して活用してほしい。そして、第6章では、ソーシャルワークの実践の場面における心理的支援や公認心理師等の心理専門職との連携をテーマにして、さまざまな領域での事例を取り上げて解説している。第1章〜第5章で学んだ知識や方法が実践のなかでどのように活かされているのか学んでほしい。

　ソーシャルワークを学ぶ学生にとっては、心理学は一見取り組みにくい科目かもしれないが、丹念に本書を学べば、その面白さと実践への応用性に気づいていただけるのではないかと自負している。本書を通じて心理学について学んだことが、ソーシャルワークの学習や実践に活かされれば幸いである。

編集委員一同

目次

第 3 章　人の心の発達過程

第 4 章　日常生活と心の健康

第5章 心理学の理論を基礎とした アセスメントと支援の基本

第6章 ソーシャルワークと心理学

本書では学習の便宜を図ることを目的として、以下の項目を設けました。

・学習のポイント…… 各節で学習するポイントを示しています。
・重要語句………… 学習上、特に重要と思われる語句を色文字で示しています。
・用語解説………… 専門用語や難解な用語・語句等に★を付けて側注で解説しています。
・補足説明………… 本文の記述に補足が必要な箇所にローマ数字（ⅰ、ⅱ、…）を付けて脚注で説明しています。
・**Active Learning**…… 学生の主体的な学び、対話的な学び、深い学びを促進することを目的に設けています。学習内容の次のステップとして活用できます。

第1章

心理学の視点

　本章では、心理学の歴史と心を探求するための研究方法の発展について学ぶ。

　心理学は、19世紀末頃に哲学から分かれて、独自の学問として成立したとされている。しかし、人が人間の心について考えていた歴史はさらに古く、私たちにとって心をどう捉えたらよいのかは、歴史や文化を超えて普遍的な関心ごとであるといえよう。当然、ソーシャルワーカーとして支援現場で働く際にも、人間の心がそもそもどのようなものであるのかについて考えを巡らせることは、必要不可欠なものとなる。

　本章では、これまで心理学の研究者たちが人間の心をどのように捉えようとしてきたのか、特に人間の心のありようを「科学的に明らかにする」ために、どのような試行錯誤が行われてきたのかについて、歴史的な経緯を概観する。

心理学の歴史と対象

学習のポイント

● 哲学における心の探求を起源とする心理学の発展の歴史を理解する
● 科学としての心理学と研究法についてその内容を理解する
● 心理学の対象について理解する

　人間の心について興味をもち、論じている研究者は昔から存在していた。本章ではまず、古代ギリシア時代からある人間の心への興味について説明し、その後、心理学を確立したと考えられているヴント（Wundt, W.）について、そして、ヴント以後の心理学について解説する。

1 心理学の起源と発展

1 「心とは何か」という哲学的な問い

　心理学は英語のサイコロジー（psychology）の訳である。サイコロジーはギリシャ語の「プシュケ」に関するロジックという意味の英語である。「プシュケ」はギリシア・ローマ神話に出てくる「霊魂」を意味する単語であるが、それと同時に「蝶」という意味もあり、毛虫からさなぎを経て美しい蝶になることから、苦難を乗り越えて浄化される魂を寓話的に示すとされている。

　古代ギリシアのアリストテレス（Aristoteles）は「心とは何か（De Anima）」（『霊魂論』）において、プシュケについて論じている。アリストテレスにとってプシュケとは、生き物を生き物たらしめ、それが動くことや感覚することをさせる何か、ある体に生をあらしめ、個としての統一性を与える何かをプシュケと呼んでいる。

　心の理解において性格を分類する試みも古くから行われていた。たとえば、2 世紀頃の学者ガレノス（Galenus）によって、4 種の体液と気質、つまり人間の性格とを組み合わせた性格の類型論につながる説が提唱された。そもそも古代ギリシアのエンペドクレス（Empedocles）は、地、水、風、火を森羅万象を形成する四つの「根」であると主張した。医学の祖といわれたヒポクラテス（Hippocrates）は、エンペドク

写真1-1 ギリシャ神話のエロスと
プシュケ

レスの説を受けて、身体を構成する四つの体液（血液、粘液、黒胆汁、黄胆汁）を挙げた（『人間の本性について』）。彼を継承したガレノスは、これらに対応する精神的傾向として、多血質、粘液質、憂うつ質、胆汁質という四つの気質を区別した。胆汁質は怒りっぽい、多血質は陽気な、粘液質は鈍重な、憂うつ質はうっとうしい、という分類になっている。いずれの分類でも、心と体が密接に関連しているものと考えられた。

　他方、デカルト（Descartes, R.）は、精神と物質、「心」と「からだ」を峻別し、それは**心身二元論**といわれた。意識こそが心の本質と考えるデカルトの考えは、のちの連合主義へと受け継がれた。デカルトは「動物精気」という考えをもっており、感覚や筋肉運動が起こるとき、神経のなかを動物精気が移動すると考えた。動物と人間は本質的に異なると考え、人間はからだに拘束されない「心」や観念をもって生まれてくる、それは神から与えられたという「**生得説**」を唱えた。

　また、ロック（Locke, J.）は、人間が刺激を受けるとき、内的な観念が発生し、一段高い複合観念ができるとした。それを「**連合法則**」と呼んだ。これは、人間のもつさまざまな観念は神から与えられたとする「生得説」に相対する、人間の心はもともと白紙であり、生まれてからの経験で観念を形成していくとする「**経験説**」に立つものであった。

　ヒューム（Hume, D.）は、ロックの経験論の立場に立ち、ニュートン（Newton, I.）によって代表される近代科学★の方法を用いて、人間の本性に迫った（『人性論』）。経験は「印象」と「観念（idea）」からなり、印象は感覚、情念、情緒であり、観念は印象の淡い模写であるとした。観念の連合は観念同士の性質により、あたかも自然界において引力により物体が引きあうのと同様に、観念同士が引きあうと考えた。観念の連合は類似と近接によって生じるとする「**観念連合の法則**」を生み

★ニュートンによって
　代表される近代科学
ニュートンはその著『光学』において、色は人の眼に光が入ってきたあとに感じられるものであり、色は感覚であると述べている。ヘルムホルツ（Helmholtz, H.）は『生理光学ハンドブック』などを著し、知覚の問題については、過去経験に基づく「無意識的推論」の説を唱えた。これは、網膜像から人が外界を認識するまでの過程を「無意識」とするものである。視知覚の場合には網膜像から外界の構造や状態を推定するのであるが、この過程を無意識ではあるが自由エネルギーを最小化するという法則のことである。

出した。このような立場を連合主義と呼ぶ。

▌2 精神物理学的測定法

このような研究の発展のなかで、1832 年生理学者であるウェーバー（Weber, E. H.）は両手に二つの錘を持って重さを比較し、その差に気づく最小の差異（弁別閾）は錘の重さに比例して増大することを見出した。物理学者フェヒナー（Fechner, G. T.）は、「感覚の大きさは刺激強度の対数に比例する」という原理を提唱し、彼の説は「フェヒナーの法則」と呼ばれる。このとき、心理的な量を測定するという意味で、精神物理学的測定法が生まれた。

1868 年にドンデルス（Donders, F. C.）は、単一の刺激に同じ反応をする単純な反応時間と複数の刺激の弁別または選択課題を含む反応時間の差異から、弁別や選択の精神活動の時間を推定しようとする「減算法」を開発した。

エビングハウス（Ebbinghaus, H.）は 1878 年頃、フェヒナーの説を参考とし、自宅で自分を被検査者にして、記憶の実験を行った。彼の実験は、無意味つづりを記憶材料としてそれを反復して読み上げ、誤りなく暗唱できるようになるまで続けることを基本的な手続きとした。エビングハウスが行ったいくつかの実験のうち、第三実験では、学習から再学習までの時間間隔と節約率の関係を調べた。この節約率のグラフが「保持曲線」として知られているものであり、現在の心理学の教科書にも使われている。

▌3 ヴント

ヴントは 1875 年からライプチヒ大学哲学教授に就任し、彼の使用していた心理学実験室が 1879 年に大学から公認された。この年が心理学が哲学から独立した年といわれている。ヴントの心理学の体系は『生理学的心理学綱要』（1873-1874 年）、『心理学概論』（1896 年）として出版された。

ヴントは、『心理学概論』の「序論」で、自分の新心理学が、霊魂のようなものにはいっさい言及しない、「直接経験」の科学として規定する、とした。心理学の方法には実験と観察があるが、個人の内的心理を知るには、観察者自身の主観的心的現象が介入するため、自然科学とは異なるとヴントは考えた。この「直接経験」を調べることがヴントにとっての心理学であり、心理学本来の方法は自己観察、つまり「内観」である、

★直接経験
ヴントは、一枚の紙を目で認識するとき、その体験は体験者からは切り離せない生の体験として「直接経験」と呼んだ。彼の言う「直接経験」は一般に「意識」と呼ばれるものと近いと考えられる。

4

写真1-2　フェヒナー

と考えた。彼は生理学などから実験法を導入するとともに、連合心理学から要素論を受け継ぎ、「純粋感覚」や「単純感情」の心的要素の結合によって、より複雑な「心的複合体」が形成され、さらにそれらの心的複合体から、より複雑な意識過程が生じると考えた。心的要素が結合するとき、新しい性質が生まれるとした「創造的総合の原理」を唱えた。しかし、後世からは、ヴント心理学は論理の不徹底さなどを批判されることとなった。

ヴントは晩年、直接経験することのできない心的過程については、各民族が生んだ芸術、宗教、神話、言語、慣習などの文化的所産を研究することから明らかにできると考え、民族心理学に傾倒していった。

ヴントの心理学は、意識の中身を研究対象とし、心の世界を感覚や単純感情のような究極の構成単位から成り立つものと考えて、これらの単位を実験と内観によって発見したり、それらの要素の結合の法則を明らかにしようとする。これが構成主義（structuralism）である。

4 ゲシュタルト心理学

ゲシュタルト心理学[*]は、ヴェルトハイマー（Wertheheimer, M.）を創始者として1910年代にドイツで生まれた学問的立場であり、ヴントに代表される、要素の総和から構成される全体としての心的現象という従来の考えを否定した。ゲシュタルトとは、本来、形態や姿を意味する言葉である。ゲシュタルト心理学では、ゲシュタルトとは要素に還元できないまとまりのある一つの全体がもつ構造特性を意味する。

たとえば、ヴェルトハイマーの論文では、色や形などのさまざまなものが見えていても、人にはそれは木である、林であるとまとまったもの

Active Learning

あなた自身にとっての「心」とはどのようなものか考えてみましょう。

★ゲシュタルト心理学
その他、ゲシュタルト心理学に関連の深い心理学者には以下のような人たちがいる。ヴェルトハイマーとともに研究していたコフカ（Koffka, K.）は『ゲシュタルト心理学の原理』という著書でゲシュタルトは知覚の体制化であると理論を精緻化し、プレグナンツの法則を発表した。また、ケーラー（Köhler, W.）はアフリカの北西の島でチンパンジーを用いた観察研究で「洞察学習」という考えを提唱した。レヴィン（Lewin, K. Z.）はアメリカに亡命し、マサチューセッツ工科大学でグループダイナミクス研究を行い、多くの心理学者に影響を与えた。

写真1-3　ヴント

として認知されており、全体は決して部分の要素の寄せ集めではないということが述べられている。これはヴントやティチェナー（Titchener, E. B.）の構成主義への批判であり、ヴェルトハイマーは、刺激として与えられているものがすでにゲシュタルトを構成しており、人間はそれを認識している、と考えていた。

5 パブロフと行動主義

　パブロフ（Pavlov, I. P.）は医学者で、1904年にノーベル医学・生理学賞を受けたのちに条件反射の研究を行った。彼は犬の消化腺についての研究を行っていたのだが、犬が食物係の足音を聞いて唾液を出すなどの反応がみられたため、はじめはそれを迷惑な反応と考えていた。彼は当初これを「心理（精神）性分泌」と呼んでいたが、その後、犬がある特定条件で後天的に獲得した反射として「条件反射」と名付けた。

　アメリカの心理学者ワトソン（Watson, J. B.）は「行動主義心理学」を提唱したが、この思想の背景にはダーウィン（Darwin, C. R.）の「進化論」とパブロフの「条件反射」の理論があると言われている。実際に、ワトソンはアルバート坊やと呼ばれる子どもに恐怖条件づけの実験を行い、恐怖感情やそれに伴う行動が条件づけによって学習されることを実験的に示した。

　ワトソンは1913年、「行動主義者からみた心理学」という論文で、意識主義（主にヴント）を激しく攻撃し、行動主義を提唱した。心理学が先進諸自然科学と同様に発展するためには、意識を対象とするべきではなく、客観的観察あるいは測定が可能なものを対象としなければならないと主張した。

写真1-4　ワトソン

6 ジェームズと機能主義（functionalism）

　ジェームズ（James, W.）は、「実験」に重きを置いた心理学を、主にドイツからアメリカに取り入れた。

　彼は「The Principles of Psychology（心理学原理）」というテキストを出版し、これはスタンダードな教科書となったため、アメリカ心理学の父と呼ばれるようになった。

　ジェームズの心理学は、自らの考えのなかにヴントの心理学を取り入れていくというようなものであった。当時のアメリカでは、ヴントの考えた「内観法」を行うにはトレーニングが必要であったので、アメリカではキャッテル（Cattell, J. M.）のような留学から帰った若手の研究者を採用したり、ミュンスターバーグ（Munsterberg, H.）やティチェナーのようなすでに研究者となった者をドイツやイギリスから招いた。

　ジェームズの理論では「自己」や「自我」のような心理の能動的な働きに注目し、ヴントの心理学は受動的すぎるというような考えもまた存在した。彼は、心理学の問題を具体的な人間生活において捉えようとした。彼は生命の有機的関連を説明する概念を要求し、生命の有機的関連を説明しない概念は衒学的として排除した。このことからジェームズを機能主義の創始者とする考えも存在する。

　アメリカで心理学が発展するなかで、エンジェル（Angell, J. R.）のような機能主義の心理学者たちが現れた。彼らは、心を環境に適応しようとするものと捉え、環境に適応する際の心の機能に焦点をあてた。

　機能主義はまずエンジェルによって提唱され、シカゴ大学でエンジェルのあとを継いだカー（Carr, H. A.）によって完成された。彼は機能主義はアメリカ固有の心理学であると考えた。カーは心理学の主題を記憶、知覚、感情、表象、判断、意思などの「心的活動」であると考え、

心的活動は順応行動や適応行動のために発達し、心理学の研究対象はこの心的活動の発展による社会への適応であるとされた。

7 新行動主義の発展

新行動主義を代表する人物、トールマン（Tolman, E. C.）は、その著書『新行動主義心理学――動物と人間における目的的行動』において、目的と行動について論じた。彼は、構成主義の内観を拒否し、外から観察できる行動から注意深く推測をした。彼は全一体としての有機体の全体反応活動に興味をもった。彼の概念は行動主義的概念とゲシュタルト的概念とを結合させたものであった。彼にとって学習という事実は目的にかかわる高度に客観的な行動の証拠事実なのである。

トールマンの心理学への重要な寄与は、媒介変数という概念である。従来、行動主義で考えられてきた S-R という記述は S-O-R に改められた。媒介変数は O（有機体）内部に進行するものであり、これが所与の刺激に対して所与の反応をもたらすものである。

★ S-O-R
学習とはある刺激（S）に対して特定の反応（R）が連合することを基本とすることがワトソンの行動主義で提唱された。これを S-R 理論という。新行動主義では媒介変数を仮定し、それを O(Organism) で表現し、S-O-R 理論として表現した。

新行動主義の研究者にはトールマン、ハル（Hull, C. L.）、スキナー（Skinner, B. F.）らがいる。ハルとトールマンは理論的概念を導入し、行動の予測と説明に重きを置いた。彼らは行動を刺激と生活体の両者の関数と考え、能動的巨視的行動を対象とした巨視的行動主義を唱えた。すなわち行動全体を統一的に理解するための大きな理論あるいは原理体系を打ち立てようとしたのである。

Active Learning
徹底的行動主義と方法論的行動主義の違いについて調べてみましょう。

他方で、ワトソンの考えを引き継ぎ、徹底的行動主義を唱えたのがスキナーである。スキナーが重視したのはオペラントと呼ばれる自発的行動であり、スキナー箱を使った動物実験から、強化シェイピングなどの方法と行動の変化を研究した。スキナーは、1990 年まで存命し、心理学の世界に長く影響を与えた。

1950 年代以後は行動主義、新行動主義を背景とした行動療法が発展してきた。心理学の行動主義によって研究された結果を利用して治療に展開したものである。ラザルス（Lazarus, A. A.）、ウォルピ（Wolpe, J.）、アイゼンク（Eysenck, H. J.）などが有名である。

8 認知心理学

認知心理学では、人間の知覚、記憶、言語、思考、推論、意思決定など、脳を中心として行われる広範な情報処理の過程を研究対象としている。これまで見てきたように、ワトソンが従来のヴントの意識主義を否

定し、観察可能な行動や環境に注目したのに対して、その後の新行動主義では刺激と行動の間に内的な媒介変数を想定するなど、心理学の歴史のなかでは目に見えない心の「内的過程」をどのように扱うのかが、常に議論の的となってきた。1940年代後半以降は、こうした内的過程を扱うことについて、ほかの自然科学領域や心理学内部において新しい動きが見られるようになり、後の認知心理学へと発展していく。

　まず、心理学外部の自然科学領域では、1940年代以降、コンピュータサイエンスを中心とした情報処理技術が目覚ましい発展を遂げる。具体的には、ノイマン（Neuman, J. V.）が、現在のコンピュータ構成の基本となるプログラム内蔵方式のコンピュータを開発し、情報の処理速度や容量が急拡大した。また、それと並行して、アメリカのウィーナー（Wiener, N.）が発表した情報システムの制御理論である「サイバネティックス」や、ベル電話研究所のシャノン（Shannon, C. E.）が発表した情報を1と0の系列に符号化する「通信の数学理論」など、情報通信理論が次々に示された。こうして情報の貯蔵や情報処理の実行を行うコンピュータ技術（ハードウェア）と、情報の計算理論（ソフトウェア）の双方が発展していくことで、人間をコンピュータのような一つの情報処理システムとしてみなし、人間の心理的機能をコンピュータ・モデルでシミュレーションしていくという人工知能研究（artificial intelligence：AI）も台頭してきた。

　一方の心理学内部においても、上記のような他領域の研究の影響を受けて、人間の情報処理過程を研究していく流れが生まれる。具体的には、ミラー（Miller, G. A.）の記憶のチャンク化に関する研究（「マジカルナンバー7」）や、アトキンソン（Atkinson, R. C.）とシフリン（Shiffrin, R. M.）の記憶の多重貯蔵モデルなど、主として記憶研究の分野で、人間における情報の入力（知覚）と貯蔵（記憶）の研究がすすめられた。記憶研究以外にも、ブルーナー（Bruner, J. S.）の概念学習の認知過程研究なども含めて心理的機能の情報処理過程に関する研究が盛んに進められていった結果、1967年にこうした心理学の流れをナイサー（Neisser, U.）が「認知心理学」と名づけるに至った。なお、1950年代から60年代にかけてのこうした心理学内部の動きは認知革命とも呼ばれる。

▎9 フロイトの精神分析学

　フロイト（Freud, S.）は1895年にブロイアー（Breuer, J.）と『ヒ

写真1-5　フロイト

ステリー研究』を刊行し、事例を示しながら神経症を治す方法を提唱した。1900年に『夢判断』を出版し、まず意識と無意識の問題を提起した。1923年には『自我とエス』の中で自我と抑圧、無意識との関係を論じた。自由連想法という治療法でフロイトは患者の治療をしながら、患者が連想を続けるとある場所で答えられなくなることに気がついた。本人が思い出せない領域があり、この連想を押しとどめている作用を抑圧と名付けた。この思い出せないという作用を行うのが自我であり、フロイトは患者の研究をしながら**自我心理学**を発展させた。1932年には『続・精神分析入門』の中で超自我という心的装置を説明した。超自我、自我、無意識などの説明を心的構造論という。

　アメリカにおいては、ホール（Hall, G. S.）によって招聘されたフロイトのクラーク大学での講義から広く精神分析が受容された。フロイトの有名な弟子にはユング（Jung, C. G.）[i]やアドラー（Adler, A.）[ii]らがいる。フロイトはウィーンで実践と著作活動をしていたが、晩年はナチスの迫害のためイギリスに逃れ、ロンドンで亡くなった。フロイトの意識と無意識、「自我」「エス」「超自我」に心を分解する心的構造論、自由連想法などの理論と実践はその後の臨床心理学に大きな影響を与えた。またアメリカ初期のソーシャルワーカーらの活動にも影響を与えた。第二次世界大戦後にはフロイトの理論を受け継いだ自我心理学派、フロイト理論に批判的な新フロイト派が台頭した。

---

i　〔Carl Gustav Jung〕1875-1961．フロイトの説に対抗し「分析心理学」を提唱した。集合的無意識の説以外に、人の人格についての「内向」「外向」の説を提唱した。

ii　〔Alfred Adler〕1870-1937．「個人心理学」を提唱した。初期には兄弟葛藤などの劣等感の研究をし、のちに「優越への努力」として人との競争ではなく、各個人が自分の目的に向かっていく傾向をもつということを理論化した。

10 人間性心理学

ロジャーズ（Rogers, C. R.）は、初期にはランク（Rank, O.）に指導を受けたが、のちに精神分析の考え方を批判し、クライエント自身の成長に向かう力を重視する**クライエント中心療法**を提唱した。クライエントの主体性を重視し、心理的問題の多くは「自己概念」と「経験」との不一致から生じるとした。カウンセリングの成功のためにはカウンセラーの態度が重要だとし、「純粋性（自己一致）」「無条件の肯定的配慮」「共感的理解」をカウンセラーの三条件として挙げた。この理論と実践はアメリカで発展したが、日本のカウンセリングにも大きな影響を与えた。

マズロー（Maslow, A. H.）は、フロム（Fromm, E. S.）らとの研究をもとに、自己実現、欠乏動機と成長動機など、人間が健康的に成長していく姿について研究した。彼の研究はのちのトランスパーソナル心理学に発展している。

メイ（May, R.）は、キルケゴール（Kierkegaard, S. A.）などの研究をし、『不安の意味』を刊行した。サンフランシスコに人間性心理学研究所をロジャーズ、マズローとともに設立した。1950 年代にこの 3 人を中心とした心理学研究運動を人間性心理学と呼ぶ。客観的に法則を求めることではなく、主観的経験を拡大し、生きていることの意味や価値を発見することに努めているのが人間性心理学である。

11 進化論の影響

ダーウィンによる進化論の影響で、ロマーネス（Romanes, G. J.）とモーガン（Morgan, C. L.）という二人の動物心理学者が生まれた。この二人の心理学は**比較心理学**と呼ばれた。これは、遺伝説を背景に動物を用いて心理学の研究を行うものである。これらの研究がのちの行動主義に影響を与えた。また、進化論は、ゴールトン（Galton, F.）による遺伝研究や天才研究を生み出した。

イギリスのゴールトンは、いとこのダーウインの『種の起源』（1859年）などの進化論に強い影響を受け、個人差心理学を研究した。

2 科学としての心理学と研究法

1 実験法

研究者が意図的に統制した条件下での観察を行う。実験室や実験道具

が使われる。

条件を組織的に変化させ、条件の変化と結果の変化の関連を求めることも一般的である。実験条件が明確に記録されていれば、同じ条件を再現して、結果を再検証することも可能である。実験では日常ではごくまれにしか起こらない状況を生じさせることもできる。現在知られている研究法のうち、因果関係を調べられるのは実験法のみである。カウンターバランス、無作為割り当て、均一化とマッチング、参加者間要因と参加者内要因、多要因計画と交互作用等、実験法を決定するにはさまざまな要素の検討が必要である。

■2 調査法

Active Learning

ソーシャルワーカーが行っている研究の方法にはどのようなものがあるか調べてみましょう。

比較的多数の人に、同じ仕方で質問をして、回答を既定の仕方で記録し集計する方法である。アンケート（質問紙）調査が代表的である。質問紙の作成の仕方には注意が必要であり、予備調査によってその有効性を確かめておく必要がある。「1＝まったくあてはまらない」から「5＝とてもよくあてはまる」などの方法で測定するのはリッカート法という。尺度の分類、相関、サンプリング、妥当性、信頼性など調査前に質問紙と方法等について検討するべき事項がある。

■3 観察法

心理学における観察法とは「人間や動物の行動を自然な状況や実験的な状況のもとで観察、記録、分析し、行動の質的・量的特徴や行動の法則性を解明する方法」である。

研究の初期の段階では、日常生活上の観察が有効である。幼児についての観察や動物に関する観察からさまざまな心理学的観察法の端緒が生まれた。たとえばピアジェ（Piaget, J.）の知能の研究は幼児の心理学的観察に基づいている。

災害時の群衆の活動など、再現不可能な観察もある。観察事実と観察の状況を正確に記録することが重要である。観察と記録にはトレーニングが必要であり、録画、録音なども必要である。データに対しての複数の目を設定する場合もある。

中澤は観察法をさらに「観察事態」「観察形態」「観察者の視点」に分けている。観察者の視点には、文化人類学などで発展したエスノグラフィック・リサーチが含まれる。分析には量的方法、質的方法がある。

4 面接法

　個別面接法や集団面接法といった対象の違いによる分類や、構造化面接、非構造化面接、半構造化面接といった質問の仕方の違いによる分類など、さまざまな方法がある。仮説の検証よりも仮説の生成のために行われやすい。ほかにも、「ライフヒストリー」を聞く方法、カウンセリングなどの中身について深く検討する事例研究法がある。分析は量的・質的両方で行われ、面接内容を既存の理論枠組みから解明するトップダウン式分析、ほかにボトムアップ式分析などがある。

3　心理学の対象

　心理学の対象は非常に広いが、主要な領域について、以下のように大まかに分類できる。

表1-1　心理学の対象の分類

感覚・知覚	視覚、色覚、感覚モダリティ、刺激と感覚、錯視等
学習	古典的条件づけ、オペラント条件づけ、社会的学習等
認知	記憶、思考、言語、演繹的推論、帰納的推論等
感情	顔面表情、ジェームズ説、キャノン説等
パーソナリティ	気質、類型論、特性論、質問紙法、投影法、作業検査法等
社会	他者と自己、集団、傍観者効果、評価懸念等
動機づけ	一次欲求、二次欲求、欲求階層説、葛藤等
発達	発達段階、発達課題、言語の発達、感情の発達、アタッチメント等
臨床	ストレス、アイデンティティ、PTSD、発達障害等

◇参考文献
・M. ルシュラン，豊田三郎訳『心理学の歴史』白水社，1990.
・末永俊郎監，鹿取廣人・鳥居修晃編『心理学群像 1』アカデミア出版会，2005.
・末永俊郎監，河合隼雄・木下冨雄・中島誠編『心理学群像 2』アカデミア出版会，2005.
・西川泰夫・高砂美樹『改訂版 心理学史（放送大学教材）』放送大学教育振興会，2010.
・南博『原典による心理学の歩み』講談社，1974.
・古賀行義『現代心理学の群像——人とその業績』協同出版社，1974.
・Benjamin, L. T., *A History of Psychology : Original Sources and Contemporary Research*, Blackwell Publishing, 1987.
・今田恵『心理学史』岩波書店，1962.
・サトウタツヤ・高砂美樹『流れを読む心理学史——世界と日本の心理学』有斐閣，2003.
・野島一彦・繁桝算男監，村井潤一郎・藤川麗編『公認心理師の基礎と実践④ 心理学研究法』遠見書房，2018.
・中澤潤「人間行動の理解と観察法」中澤潤・大野木裕明・南博文編著『心理学マニュアル観察法』北大路書房，pp.1-10，1997.

心を探求する方法の発展

学習のポイント

● 心を探求する方法の発展の歴史的な流れを理解する
● ダイナミックな心を探求するための学際的な学問領域を学ぶ

 ダイナミックな心の動きを
探求するために

　第 1 節で見てきたように、心理学とは、目に見えない人間の「心」をどのようなものとして想定し、それがどういったところに現れるのか、そしてそれをどのような方法で測定するのかといったことについて試行錯誤を続けてきた学問である。

　その歴史のなかではいくつかの対立も生じたが、新たな研究方法の開発やほかの隣接分野で得られた知見などを導入することで発展を遂げてきた。その最たる例の一つは、主観と客観の扱い方の変遷である。第 1 節でも述べられているとおり、心理学がもともと対象にしていた「意識」は個人の「主観」であり、外部から客観的に観察できないものであった。その後の心理学は「科学的」な学問として発展していくために、従来の主観的データを否定し、客観的に観測可能な行動データなどを重視するようになっていく。しかし、1980 年代から 90 年代にかけて臨床心理学が社会のなかで重要な役割を担うようになったり、ほかの人文社会科学のなかで社会構成主義★の考え方が普及したこともあって、再び人の主観的体験をそのまま研究する方法の発展が目指され、質的心理学研究が発展していくこととなった。また同時に、脳科学などのほかの隣接領域でも、従来は外から観察することが難しかった人間の内部の状態に接近するための新しい方法（脳機能イメージング技術など）が現れてきたことで、人間の心の多様な側面を、動的かつ全体的なシステムのなかに位置づけて総合的に捉えようとする動きがみられるようになってきたのである。

　以下、本節では、特にこうした人間の心のダイナミックな動きを捉えていくうえで、現在の心理学に多大な影響を与えている理論や主たる学問領域について概観していく。

★社会構成主義
社会構成主義とは、「現実は社会的に（コミュニケーションによって）構成される」という考え方であり、バーガー（Berger, P. L.）とルックマン（Luckmann, T.）の現象学的社会学にルーツがあるとされている。

2 ▶ ギブソンの生態心理学

錯覚という現象に代表されるように、人間が知覚した内容は単に環境内の物理的特徴を正確に反映したものとは限らない。ギブソン（Gibson, J. J.）は、知覚が環境のもつ物理的特徴を測定するためにあるのではなく、環境のもつ適応のための意味（アフォーダンス：第2章第3節参照）を捉えるためにつくられてきたことを明らかにするとともに、人間の知覚は脳だけで生じているのではなく、目や耳といった感覚受容器が得た情報に、体のほかの部分の動きが連動し、そしてそれらの情報を総合する脳の働きが一体となって成り立っている複雑なシステムであることを示した。こうした立場は**生態心理学**と呼ばれ、1990年代以降の心理学研究に大きな影響を与えた。

3 ▶ 進化心理学的アプローチ

進化心理学とは、心理学に進化生物学の知見を取り入れて、人間の心に関する理解を深めようとする学問分野である。進化心理学という名称自体は1970年代から使用されてきたようであるが、本格的に進化心理学が一つの学問領域として出発したのは、1980年代後半から90年代にかけて、トゥービィ（Tooby, J.）とコスミデス（Cosmides, L.）が一連の論文を公表した時であるとされている。

私たち人間の行動は、一般に、そのすべてが進化の過程でその時々の環境に適応するように形づくられてきたように考えられがちである。しかし、進化心理学では、人間の行動そのものが環境に適応するよう進化してきたというよりも、行動はあくまでも適応の「結果」にすぎず、そうした行動を生み出す情報処理・意思決定機構（心理メカニズム）こそが、自然淘汰と性淘汰を経て適応的に形成されてきたとの前提に立つところに大きな特徴がある。

4 ▶ 認知・行動科学

認知心理学に代表される認知的アプローチと行動主義心理学に代表さ

Active Learning

「ご飯を食べているときに美味しいと感じる」という現象が、どのような心の動きによって生じているのかを考えてみましょう。

れる行動的アプローチでは、従来人間の心に関する捉え方や研究方法に大きな違いがあった。しかし、認知と行動は、ともに人間の心の働きのなかでも重要なものであり、互いに切っても切れない関係にある。現在では、認知や行動のそれぞれどちらに重点を置くかの違いはあるものの、より統合的な心の理解を目指して、さまざまな領域で研究が進められている学際的な研究テーマである。

　認知科学は、知的システムの構造や機能、そしてその成り立ちにおける情報の流れを科学的に探る学問であるとされており、認知心理学に加えて、生態心理学、脳神経科学、言語学、AIを含むコンピュータサイエンス、ロボット学など、多彩な学問領域が共同して研究が進められている。

　一方、行動科学は，人間の個人行動や社会行動などに焦点を当てながら人間を全人的により深く理解しようと試みる学際的学問体系であり、シカゴ大学の心理学者ミラー(Miller, J. G.)の「行動諸科学(Behavioral Sciences)」に端を発するとされている。

5 ▶ 比較心理学

　人間の心の特徴を理解するうえで、ほかの動物の心の働きを知ることは非常に有用である。比較心理学は、人間とほかのさまざまな動物の行動や認知機能などを比較分析することによって、人間の心を探求していく学問領域である。

　1950年代後半までは、動物実験を中心に研究するアメリカの比較心理学と、ヨーロッパの動物行動学が、互いに歩みよることなく、それぞれの道を進んでいた。しかしその後、比較心理学者と動物行動学者は互いに理論の修正を図るようになり、共同研究などを行うなかで交流をもつようになっていった。

　また、その後アメリカでは認知心理学の流れが行動主義と一体となり、動物心理学にも影響を与えていくこととなった。初期の比較心理学では主に動物の行動面に着目をしていたが、認知心理学の発展に伴い、徐々に動物の認知機能を比較する研究が進められていき、そうした認知機能を比較する学問分野は比較認知心理学、もしくは比較認知科学と呼ばれるようになっている。

6 行動遺伝学

　行動遺伝学は、人間の行動における個人差に、遺伝と環境がどのように影響をしているのかについて研究する学問分野であり、**双生児法**などのユニークな研究方法が用いられる。

　心理学においては、特に知能の研究分野で、「遺伝」と「環境」のどちらが知能を決定する要因なのかが大きな論争となっていた。もちろん、知能に一定の遺伝の影響があることは古くからわかってはいたものの、行動主義の影響を色濃く受けていた当時の心理学は、環境の影響のほうを重視する立場をとっており、しかも遺伝を重視する立場が優生思想的で差別を助長するとの批判もあって、1970年代以降は知能や行動の遺伝についての研究は廃れていくことになった。

　しかし、1980年代に入り、遺伝学の知見が蓄積されていくなかで、遺伝が行動に与える影響と環境が行動に与える影響、そして遺伝と環境の相互作用の影響がより正確に把握できるようになり、行動遺伝学が発展していくこととなった。行動遺伝学がもたらした知見は、遺伝と環境のどちらもが行動や知能に影響するという当たり前の結果ではあったが、これらの知見が得られたことによって、従来の不毛な「遺伝か環境か論争」に終止符が打たれ、人間の心の探求に新たな道筋がつけられたという点で非常に重要なものであった（第2章第1節参照）。

◇参考文献
・梅本堯夫・大山正『心理学史への招待──現代心理学の背景』サイエンス社，1994.
・大山正『心理学史──現代心理学の生い立ち』サイエンス社，2010.
・サトウタツヤ・高砂美樹『流れを読む心理学史──世界と日本の心理学』有斐閣，2003.
・外林大作ほか編『誠信 心理学事典』誠信書房，1981.
・サトウタツヤ・鈴木朋子・荒川歩編著『心理学史』学文社，2012.
・子安増生『心理学』勁草書房，2016.
・サトウタツヤ・渡邊芳之『心理学・入門──心理学はこんなに面白い』有斐閣，2011.
・鈴木宏昭『教養としての認知科学』東京大学出版会，2016.
・岩立志津夫・西野泰広『発達科学ハンドブック第2巻 研究法と尺度』新曜社，2011.
・長谷川眞理子「進化心理学の誕生と展望」『臨床精神医学』第40巻第6号，pp.783-789，2011.

第2章

人の心の基本的な
仕組みと機能

　この章では、心理学の各領域における基本的な知識を取り扱う。心理学は非常に広い領域を科学的な研究の対象としてきた。心理的支援などの実践的な応用は、多くの領域での基礎的な研究成果に基づいている。まず、「心の生理学的基盤」では心の働きを支える神経系や遺伝の働きについて学ぶ。次に「感情・動機づけ・欲求」「感覚・知覚」「学習・行動」「認知」では、心理学の基本的な領域における人間に共通した心の働きについて学ぶ。一方で、「知能・パーソナリティ」では、心理や行動の個人差に関する基本的な考え方や理論を学び、人間の共通性と個別性について考える。最後に「社会のなかでの心理」では、他者や社会とのかかわりのなかでみられる心理や行動について学び、対人関係や組織における行動の理解を深めよう。

第1節 心の生物学的基盤

学習のポイント

● 心の生物学的基盤であるニューロンの電気的活動や神経系について学ぶ
● 大脳皮質の機能局在と脳機能イメージング手法について学ぶ
● 心的現象や行動への遺伝と環境の影響について理解する

1 神経系の全体像

1 神経活動と心の生物学的基盤

　デカルト（Descartes, R.）は方法序説のなかで「わたしは考える、ゆえにわたしは存在する（ワレ惟ウ、故ニワレ在リ[1]）」と述べた。あらゆるものの存在を疑ってみると、疑っている自分の存在だけはどうやら疑いようがないという結論にたどり着く。しかし、心的現象や行動の背後に脳の神経活動があることを疑うものは認知神経科学の発展した近年では少ないだろう。ダマシオ（Damasio, A. R.）は『デカルトの誤り』という書籍のなかで、「存在するゆえに考える[2]」という言葉でこのことを端的に表現している。ここでは心の生物学的基盤は神経活動であるという立場をとって、心にアプローチしてみよう。

2 神経細胞における情報伝達

　神経細胞（ニューロン）は、脳全体では大まかに 1000 億以上、大脳皮質には 100 億以上あるといわれている。その電気的活動は、脳が行っている情報処理の基本的な単位と考えられている。

　代表的な神経細胞の模式図を**図 2-1** に示す。神経細胞は樹状突起を無数に伸ばして、手前の細胞から伸びた軸索とシナプス結合を形成する。樹状突起や細胞体と手前の細胞の軸索終末には隙間があり、**シナプス間隙**と呼ばれる。

　シナプス前ニューロンからシナプス後ニューロンに電気的な興奮が伝わると、軸索終末からシナプス間隙に化学物質である**神経伝達物質**が放出され、**イオンチャンネル**を介した生化学的反応によって、細胞内外の電位差（**膜電位**）が調節される。

★**イオンチャンネル**
神経細胞の細胞膜にある神経伝達物質に反応して開閉し、細胞内外のイオンの取り込み・排出を調整する門。

★**膜電位**
細胞膜を挟んで生じる細胞内外の電位差。通常細胞内はマイナス方向の電位で安定（静止膜電位）しているが、興奮性シナプス結合からの入力で大きくなる。抑制性シナプス結合からの入力では静止膜電位に近づく。

図2-1 神経細胞の模式図

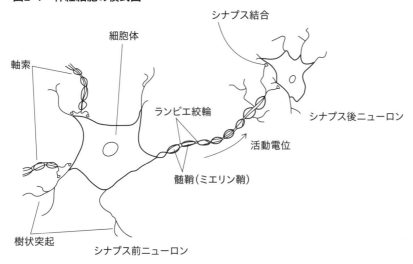

シナプス結合

細胞体

軸索

ランビエ絞輪

シナプス後ニューロン

活動電位

髄鞘(ミエリン鞘)

樹状突起

シナプス前ニューロン

　興奮性の入力が短時間に重なって、膜電位が一定の値（閾値^{いきち}）を超えると、神経細胞から１本だけ伸びた軸索上を、**活動電位**と呼ばれる一過性（急激に上昇して低下する）の電位変化がドミノ倒しのように生じて、シナプス後ニューロンに電気的な興奮を伝える。

　興奮性の入力があっても、一定の電位を超えない限り活動電位はまったく生じず、一定の値を超えると常に最大の強度で活動電位が生じる性質を**全か無かの法則**という。

　神経細胞の情報伝達においてはニューロンの研究がその主役であったが、近年、グリア細胞の役割も注目されている。グリア細胞は神経細胞を物理的に支える役割や、神経細胞への必要な栄養補給、不要になった化学物質の代謝などに寄与している。

　大脳の白質や末梢神経では、軸索をグリア細胞の一種であるオリゴデンドロサイトやシュワン細胞が覆うことで**髄鞘**^{ずいしょう}（ミエリン鞘）を形成している。髄鞘は脂質によって軸索を周囲から電気的に絶縁することで、伝達する情報が混信することを防いでいる。軸索には間隔を空けて髄鞘のないくびれた部分があり、ランビエ絞輪と呼ばれている。軸索を伝わる活動電位はランビエ絞輪を飛び飛びに伝わる（**跳躍伝導**）ことで、伝達速度を早める役割を果たしている。

●**脳の可塑性**

　シナプス結合の伝達効率は、経験によって変化する。これを**シナプス可塑性**という。たとえば繰り返し興奮を伝え、活動電位の発生に寄与し

たシナプス結合は強化される。また、記憶において重要な役割を果たしている海馬において観察された、高頻度の入力があるとシナプス結合の伝達効率の上昇が数時間以上持続する長期増強（LTP）のような現象や、新たなシナプス結合の形成などは、適応的な行動や学習・記憶に寄与していると考えられている。これらのメカニズムの解明は、脳損傷や精神神経疾患からの回復およびリハビリテーションにおいて、重要な知見を与えてくれるだろう。

3 中枢神経系と末梢神経系

　心の働きを支えている神経系はどのような構造をしており、どのように働くのだろうか。神経系には、脳・脊髄からなる中枢神経系と、全身に分布する末梢神経系がある。末梢神経系はさらに体性神経系と自律神経系に分けられる。

❶末梢神経系

①　体性神経系

　体性神経系は骨格筋の運動やその感覚、五感（視覚・聴覚・味覚・嗅覚・触覚）などに関与する。神経系は電気的な活動を伝達することで情報のやりとりを行うため、まず、視覚における光、味覚や嗅覚における化学物質といった物理的な刺激を電気的な信号に変換する必要がある。感覚受容器と呼ばれる細胞は物理的な刺激を電気的な信号に変換し、神経細胞に伝達する役割を担っている。たとえば、視覚においては眼球奥の内壁にある網膜が、光を電気的信号に変換し、視神経や視床を経由して後頭葉の視覚野に入力する。

　感覚受容器からの信号を伝える神経細胞のつながり（神経系）は脳・脊髄からなる中枢神経へ向かっていくため、**求心性神経**と呼ばれる。逆に、脳・脊髄から末梢へつながる神経は**遠心性神経**と呼ばれる。遠心性神経の電気的な活動を、外界に対する反応に変換する細胞は**効果器**という。効果器には筋肉や汗腺、涙腺といった分泌腺などがある。

　刺激から反応が生じるまでの経路をまとめると、感覚受容器—求心性神経—脳・脊髄—遠心性神経—効果器となる（反射を除く）。

②　自律神経系

　自律神経系は主に脳幹や間脳の視床下部が調節に寄与しており、内臓感覚や内臓運動などに関与する。自律神経系は交感神経と副交感神経からなり、内臓の活動を拮抗的に調節している。

　覚醒し能動的に活動しているときに生じる交感神経の活動亢進では、

★反射
熱い物に触れ、咄嗟に手を引っ込めるような、刺激に対して無意識的に生じる、紋切り型の反応。反射経路は脊髄（あるいは神経核）で折り返し、大脳を経由せずに情報が伝達されることで、素早い反応が可能となる。

Active Learning

自律神経系の働きを調べて、緊張しているときとリラックスしているときの身体の状態をまとめてみましょう。

アドレナリンの分泌、心拍数・呼吸数の増加、副腎からのカテコールアミンの放出、瞳孔の散大、消化管の活動抑制などが生じ、蓄えられたエネルギーを動員して、緊急時における素早い動きを可能とする。

　安静にしているときに生じる副交感神経の活動亢進では、アセチルコリンの分泌、心拍数・呼吸数の低下、瞳孔の収縮、消化管の活動促進などが生じ、エネルギーを効率的に蓄えることを可能とする。

❷中枢神経系

① 脳の構造

　脳は大きく分けて、**大脳・間脳・小脳・脳幹**に分けられる。間脳は脳幹の上部に位置する。さらに上部に大脳基底核、大脳辺縁系があり、それらに覆いかぶさるように**大脳皮質**（**図2-2**）がある。脳幹は覚醒や意識、生命活動の維持などに寄与しており、間脳の視床下部とともに自律神経系の活動を調節している。間脳は概日リズムや内分泌腺の調節なども行っている。小脳は滑らかな運動の制御などに関与している。大脳基底核は自動的な運動制御や学習などに関与している。大脳辺縁系の海馬は記憶、扁桃体は情動に関与している。

　大脳は進化的には最も遅くに発達した器官であり、人間の高次な心的活動において重要な役割を果たしている。大脳は細胞体が集まった灰色の部分（灰白質）と、大脳の領域間や脳の他の部分に連絡する軸索が通る白色の部分（白質）からなる。特に灰白質は大脳の表面部分に集まっており、大脳皮質と呼ばれる。大脳皮質にはしわがあり、多数の神経細胞をより小さい空間にまとめる役割を果たしている。しわの落ち込んだ部分を溝、しわの間の部分を回と呼ぶ。最も大きな溝として**中心溝**（ロー

図2-2　大脳皮質の模式図

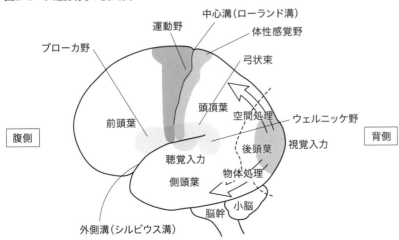

ランド溝）と外側溝（シルビウス溝）があり、大脳を大きく四つの領域に区分している。中心溝の前部は前頭葉、後部は頭頂葉である。頭頂葉よりもさらに後ろに後頭葉がある。外側溝よりも外側（耳側）に側頭葉がある。

大脳皮質は神経細胞の集まりであるが一様の組織ではなく、細胞構築学的な違いがある。ブロードマン（Brodmann, K.）は神経組織の違いから、大脳皮質を52の領野に分割した脳地図を作成した。この脳地図は次に説明する機能局在の場所とあわせてみると対応していることが多く、脳の領域を示す際に広く利用されている。

② 大脳皮質の機能局在

脳には部位ごとに異なる機能を担う**機能局在**という性質がある。たとえば、頭頂葉には中心溝の後部に沿って身体の感覚が入力される**体性感覚野**があり、前頭葉には中心溝の前部に沿って身体の運動を出力する運動野がある。後頭葉には視神経からの入力を受ける**視覚野**がある。視覚野では形態・色・運動等の低次の特徴抽出が行われて、それが何であるかといった物体の特定については側頭葉方向へ、どのような配置になっているかなど空間的な処理は頭頂葉方向へ向かって処理が進む。

空間的な処理や注意機能は右半球が優位に関連している。左右の半球には脳梁（のうりょう）と呼ばれる神経線維の連絡があり、情報の統合を行っている。側頭葉の上部には聴覚神経からの入力を受ける**聴覚野**がある。直接的な感覚入力がない領域は**連合野**と呼ばれ複数の感覚からの情報の統合を担っている。前頭葉は人間において非常に発達している部位であり、意思決定、行動の計画・実行などの制御、モニタリングなどに関与している。

言語機能については多くの人で左半球に優位に限局している。運動野の下方に、発話にかかわる運動性の言語野である**ブローカ野**、側頭葉の上部には理解にかかわる感覚性の言語野である**ウェルニッケ野**がある。これらの領野は、「発話は可能であるが、発話内容は意味をなさない」という**感覚性失語**（ウェルニッケ失語）の患者と、「発話はできないが言葉の理解はできる」という**運動性失語**（ブローカ失語）の患者の死後の解剖において、それぞれの部位が損傷していたという神経心理学的研究により発見された。運動性失語と感覚性失語にはそれぞれ対応した言語野の損傷が原因となっているという知見からは、ブローカ野とウェルニッケ野を連絡する経路が存在し、それが損傷されることで生じる言語障害の存在が予測される。実際に両者をつなぐ弓状束の損傷と関連し

て、基本的な発話能力や理解能力が保たれていても、単語の音韻を誤って発話する音韻錯誤が頻発したり、復唱が困難となる**伝導失語**と呼ばれる失語症が存在する。

　以上のような機能局在性を有するものの、大脳の単一の部位のみが活動をして認知活動を担っているわけではなく、皮質下の領域を含めて複数部位が相互作用するネットワークが人間の高次な認知活動を支えていると考えられており、このような考え方から脳機能イメージングを用いた多くの研究が実施されている。

2　脳機能イメージング

　かつては脳の機能局在についての知見は、言語野の発見における失語症の研究などのように、脳損傷と機能への影響を取り扱う神経心理学的研究を中心として得られていた。近年では脳機能イメージング研究が盛んになっており、非侵襲的に脳の構造、代謝、機能等に関する撮像が可能になっている。

❶電気的活動を直接的に計測する手法

脳波・脳磁図

　脳活動の非侵襲的な計測の最も初期のものは**脳波（EEG）**計測であった。脳波は頭皮上においた電極から、神経活動に伴って流れる電流を電位差として計測するものである。**脳磁図（MEG）**は同様の電流によって生じる磁界の変化を計測する手法である。脳波は頭蓋骨や頭皮などを経由して計測されるため、神経活動の発生源を精確に特定することが難しい。脳磁図はより精確な位置の推定が可能である一方、非常に大がかりな装置が必要となる。

❷神経活動に伴う血流変化や代謝を計測する手法

①　PET・SPECT

　脳波や脳磁図は神経細胞における電気的な活動を信号源として計測するものであるが、神経活動に伴って生じる局所的な血流変化や代謝などを計測する手法もある。**PET（ポジトロン断層法）**や**SPECT（単一光子放射断層撮影）**は放射性同位体を体内に入れ、それらが血流によって運ばれたり、受容体へ結合するなどの生理化学的過程を経て、体外へ排出されるまでの様子を計測する手法である。PET/SPECTは放射性同位体の性質によって、取り込まれたり、排出されたりする化学的過程が

異なる性質を利用して、さまざまな神経活動に関与する生理過程を示したり、病態解明に利用される。半減期の短い放射性同位体を使用するなど、被ばく量を自然における被ばく量に近づける工夫がなされている。

② MRI

強い静磁場内で観測対象に電磁波を照射すると、原子核が共鳴（核磁気共鳴現象）し、電磁波が放出される。MRI（磁気共鳴画像）はこれを観測して画像化する手法である。脳構造の画像や、神経活動に伴う血流量変化を捉える機能画像（fMRI）の撮像、代謝物（MRS）の計測などができる。fMRIは認知課題や、心的評価を行っている際の脳活動を計測することで、機能と対応した脳部位やネットワークの特定などに広く利用されている。

❸脳活動に介入する手法

心的現象の基盤として脳を捉えるのであれば、脳活動に何らかの変化を生じさせたときの心的現象の変化を捉えないことには、因果関係を示すことはできない。そのため、強力なコイルを利用して電磁誘導によって皮質に電流を流す経頭蓋磁気刺激法（TMS）や、頭皮においた電極に電流を流す経頭蓋直流電気刺激法（tDCS）、経頭蓋交流電気刺激法（tACS）など、直接的に脳活動に変化を起こす手法が開発されている。

3 遺伝

1 単純な形質の遺伝の仕組み

ダーウィン（Darwin, C. R.）の従兄弟であるゴールトン（Galton, F.）は、身体的特徴だけでなく人間の知的能力も遺伝することを調査研究によって示唆している。ここでは遺伝メカニズムと環境との相互作用について概観してみよう。

メンデル（Mendel, G.）が発見したいくつかの遺伝の法則は単純な形質に関する遺伝のメカニズムを明快に教えてくれる（メンデルの発見にはいまだに議論が残っている点は注意が必要である）。メンデルはまず同一の特徴をもつエンドウ豆の種子同士を交配することを続けて、必ずその形質をもった子孫が生まれる純系の種子を得た。そのうえで世代を経てその形質がどのように遺伝されるかを観察し、いくつかの法則を認めた。たとえば種子が丸々としたものとしわのあるものを交配すると、第一世代では丸々したものしか現れない。雑種第一世代において、

決まった一方の形質のみが現れることを**優性（優劣）の法則**という。表出するほうの形質を優性形質、表出しないほうの形質を劣性形質という（特にどちらかの性質が優れているという意味ではない）。またそれらを自家受粉させた第二世代は丸々としたものとしわのあるものが現れる。一方の形質は覆い隠されるだけで、混じり合ったり、消失したりせず、後続の世代で表れることが可能である。これを**分離の法則**という。世代を経て形質が遺伝されること、また、形質の遺伝には決まった法則があることは、これらの法則を生み出す遺伝子の媒介の存在を示唆している。

遺伝情報の物質的媒介は、**染色体**上の DNA（デオキシリボ核酸）で、A（アデニン）、T（チミン）、G（グアニン）、C（シトシン）の 4 種の塩基の配列が遺伝型を規定している。**塩基配列**はアミノ酸配列の情報と、転写の方向、開始や終了など、転写を調整する情報が含まれている。遺伝子が発現する過程では、RNA ポリメラーゼの作用で mRNA（伝令リボ核酸）に塩基配列が転写され、リボソームにおいてアミノ酸に翻訳される。アミノ酸が複数配列されたものが立体的に折り畳まれてたんぱく質となる。生産されたたんぱく質が人体を形成することで、見た目や行動、性格などの心理・行動特性の表現型となる。

★染色体
2 重らせん構造をした DNA がたんぱく質のヒストンに巻き付いて折り畳まれて細胞核に納められたもの。細胞分裂の際に半分が父親、半分が母親に由来する 23 対の棒状となる。生殖細胞がつくられる際には父親由来と母親由来の遺伝子がランダムに組み替えられ、1 本に減数分裂する。

2 遺伝と環境

心理・行動特性の個人差はどの程度遺伝によって規定されるだろうか。行動遺伝学的研究では双生児を研究対象としてこのことを検討している。遺伝子は一卵性双生児の間ではほぼ完全に、二卵性双生児では約半分が一致している。また、双生児に限らず同じ家庭環境で育つきょうだいでは、生育環境について共通している部分（**共有環境**）が多い。逆に共通していない環境は**非共有環境**と呼ばれ、遺伝でも共有環境でも説明できない部分の個人差を生み出す。また、生後養子等になり、同一の環境で育たなかった双生児は共有環境の割合が少ない。このことを利用して、遺伝の影響と、環境の影響がどの程度の割合となるかを定量的に評価することが可能である。たとえば、別々に育った一卵性双生児でも、一緒に育った二卵性双生児よりも知能の相関が高い。このことは心理的な変数である知能においても遺伝の影響があることを示している。

行動遺伝学は、どのような心理・行動特性においても遺伝の影響が大きく認められること、家族であること（共有環境）よりも非共有環境の影響が大きいことを示すとともに、さまざまな関連を明らかにしてきた。たとえば心理・行動特性の加齢によらず安定している部分は遺伝の

人のさまざまな能力や行動について、遺伝の影響が強い能力・行動と環境の影響が強い能力・行動をそれぞれ書き出してみましょう。

★遺伝と環境の相互作用説

心理・行動特性は遺伝と環境がそれぞれに影響し合って決定されるという考え方。遺伝によってのみ決定されるという考え方を遺伝説、環境のみによって決定されるという考え方を環境説、遺伝と環境が独立して影響しその和によって決定される考え方を輻輳説という。

影響によるところが大きい。また、一般知能（g）に代表されるようにさまざまな知的能力（文章理解、数学、言語など）の間には相関が認められるが、これにも遺伝要因が大きく関与していることが示されている。さらに知能の個人差について、若い頃は家庭環境の影響が大きいが、働き盛りの年齢になるにつれ、遺伝の影響が大きくなっていくといった発達変化も明らかとなっている。ただし、心理・行動特性への遺伝的影響は頑健に示されているが、特定の心理・行動特性に影響している特定の遺伝配列があることは稀で、一つひとつでは影響の小さい多数の遺伝子が加算的に関与していると考えられている。

　近年の発生遺伝学的研究ではヒストンのメチル化やアセチル化によってDNAの転写が修飾を受ける現象が研究されている。たとえばストレスなどの環境変化に起因して、DNAによる遺伝型が同一であっても、その発現が抑制されたり、時期が変化したりするのである。心理・行動的特性における遺伝の影響は固定的なものではなく、**遺伝と環境の相互作用説**から理解することが重要であろう。

◇引用文献

1）デカルト，谷川多佳子訳『方法序説』岩波書店，p.46，1997.
2）アントニオ.R.ダマシオ，田中三彦訳『デカルトの誤り──情動，理性，人間の脳』筑摩書房，p.375，2010.

◇参考文献

・Weeden, N. F., 'Are Mendel's Data Reliable？ The Perspective of a Pea Geneticist', *Journal of Heredity*, 107（7），pp.635–646，2016.
・久保田健夫・伏木信次「エピジェネティクスのオーバービュー」『脳と発達』第41巻第3号，pp.203–207，2009.
・安藤寿康『心理学の世界 専門編18 遺伝と環境の心理学──人間行動遺伝学入門』培風館，2014.
・安藤寿康「行動の遺伝学──ふたご研究のエビデンスから」『日本生理人類学会誌』第22巻第2号，pp.107–112，2017.
・Plomin, R., DeFries, J. C., Knopik, V.S., Neiderhiser, J. M., 'Top 10 Replicated Findings from Behavioral Genetics', *Perspect Psychol Sci*, 11（1），pp.3–23，2016.
・安藤寿康『心はどのように遺伝するか──双生児が語る新しい遺伝観』講談社，2000.
・Eric. R. Kandel ほか編，金澤一郎・宮下保司監訳『カンデル神経科学』メディカル・サイエンス・インターナショナル，2014.
・岡田隆・廣中直行・宮森孝史『コンパクト新心理学ライブラリ 生理心理学──脳のはたらきから見た心の世界 第2版』サイエンス社，2015.
・高橋宏知『メカ屋のための脳科学入門──脳をリバースエンジニアリングする』日刊工業新聞社，2016.
・宮内哲・星詳子・菅野巌・栗城眞也，徳野博信編『脳のイメージング』共立出版，2016.
・村上郁也『イラストレクチャー認知神経科学──心理学と脳科学が解くこころの仕組み』オーム社，2010.
・西松能子・斉藤卓弥「遺伝学とニューロサイエンスの進歩が精神医学・心理学へ与える影響」『立正大学心理学研究所紀要』第2号，pp.65–75，2004.

第2節 感情・動機づけ・欲求

学習のポイント

- 感情とはいかなる現象を指していうのか、その全体像を把握する
- 感情はどのように生起するのか、そのメカニズムを理解する
- 感情にはどのような働きがあるのか、その合理的機能を学習する
- 動機づけが起こる過程や、動機づけの強さに影響を与える要因について理解する

1 感情とは何か

　感情という日本語は、かなり多義的なものといえる。英語でいうところの "feeling"、"emotion"、"mood" や、おそらくはそれ以外の心的現象も含むきわめて広義の概念ということができる。

　一般的に、「"feeling"＝主観的情感」は文字どおり、晴れやかな気持ちやホッとした気持ちといった、主に自ら主観的に感じ取る心の動きのことを指す。こうした気持ちのただなかにあるとき、頭に血が上って熱くなる等の特異な生理的変化を経験することがあるだろう。また、顔の表情や声の調子を変化させ、逃げる、闘うなどといったある特定の行為傾向を示すようなこともあるかもしれない。こうした主観的な心の動き、生理、表出、行為傾向といったさまざまな側面が密接に絡み合いながら発動される経験のことを、特に英語では一般的に「"emotion"＝情動」という術語で呼ぶ。明確な表情や生理的変化を伴う、喜び、怒り、悲しみ、恐れ、嫌悪、驚きといったものがこれに相当すると考えてよいだろう。

　通常、情動は、ある重要な事象に接した際に私たちが経験する比較的強い一過性の反応を指していう。私たちが経験する感情のなかには、何となく憂うつな感じやいらいらして落ち着かない感じ等の、程度はさほど強くはないものの、かなり長時間にわたって持続するようなものがある。英語では、こうした比較的微弱で持続的な感情経験を特に「"mood"＝気分」という術語で表す。情動ほど、その原因となる出来事が明確ではなく、必ずしも明確に自覚できないような小さなストレスの累積や微妙に体調がすぐれないなどのやや漠然とした理由で生じるところにも特

徴がある。

　さらに、日常的に用いる感情という言葉には「"emotional attitude"＝情動的態度」のようなものも含まれると考えられる。これは、一般的にいわゆる好き・嫌い、憎悪・敬愛・思慕といった、個人がある特定の対象や他者に対して一貫してとる心の姿勢や態度を指し、今ここで生じた事象に対する、その場限りの一過性の反応ではないという点で情動などとは区別される。

　いずれにしても、日常の多くの場合、上述したような多様な心的現象をあまり区別することなく感情という言葉で一括りにして表現している。このように感情と総称されるものに共通するものは何なのだろうか。おそらく、それは、これらすべての現象には基本的に私たち個人のある事柄あるいは状態一般に対する何らかの評価（appraisal）（自分にとってそれはどんな意味をもつのか、いいのか悪いのかといったことなど）が絡むということである。

　そして、驚きや興味などのごく一部の例外を除き、中立的であるということはまずなく、程度の差こそあれ、快か不快いずれかの感情価（affective valence）を必ず伴うということである。驚きや興味にしても、そこには新奇性のような事象に対する特異な評価が密接に関係しているものと考えられる。ここでは、感情を正負いずれかの、あるいはほぼ中立であっても何らかの意味をもった評価的な反応のことであると考える。そして、その快・不快などの独特の質および程度にしたがって、その後の私たちの種々のふるまいを方向づけるものだと理解しておく。

2　感情はどのような仕組みで生じるか

1　身体と情動：身体的変化・生理的覚醒からみる情動の生起

　感情のなかでも最も代表的なものとされる「"emotion"＝情動」の生起メカニズムについて考えてみよう。これにかかわる議論は、近代心理学の興りとともに始まったといえる。心理学の祖ともいわれるジェームズ（James, W.）が19世紀末に示した考察のなかに、すでに情動の生起に関する重要な仮定が含まれていた。

　彼は、主観的情感（たとえば「悲しい」「腹立たしい」など）が先にあって、その結果として何らかの身体的反応（たとえば「涙が出る」「身体が熱い」など）が生じるという見方を否定し、内臓や骨格筋といった各

種身体部位の反応が先にあり、それが脳にフィードバックされて、そこに主観的情感が生じると考えたのである。この考えは、情動の始発点が中枢（脳）ではなく末梢（身体部位）にあるという意味で情動の**末梢起源説**、あるいは同時期に循環器の活動に関して同様の仮定を採ったランゲ（Lange, C.）の名と併せて**ジェームズ＝ランゲ説**とも呼ばれている。

　しかし、このジェームズの考えは、20世紀に入って、キャノン（Cannon, W. B.）およびバード（Bard, P.）等から批判を浴びた。身体的変化はほぼ等質でも時に異質な主観的情感が生じたり、主観的情感が瞬時に生じても、内臓などの動きは緩慢であったり、四肢麻痺で身体の動きを奪われた人からもリアルな主観的情感が報告されたりと、「身体的変化が脳にフィードバックされて主観的情感が生じる」というジェームズの仮定に、必ずしもそぐわない研究報告が相次ぎ、キャノンらは、情動の起源を中枢神経（脳）に置いて考える情動の**中枢起源説**を提唱するに至った。

　もっとも、この流れは、ジェームズの仮定が全否定されてキャノンらの考えに置き換わったというものでは必ずしもない。たとえば、1960年代から70年代にかけて一世を風靡した情動理論にシャクター（Shachter, S.）とシンガー（Singer, J.）による情動の二要因理論があるが、これなどは、もともとジェームズ理論の復権を掲げて提唱されたものである。実際にはジェームズ理論そのものの正当性というよりも、情動経験が中枢、すなわち脳だけで生み出されることはなく、それが生じるにはある種の身体的変化が不可欠であることを再確認するものといえる。ただし、彼らが着目した身体的変化は、内臓、骨格筋、循環器といった複数部位の複雑な変化のことではなく、身体全体にわたる**生理的覚醒**（arousal）であり、彼らはこの生理的覚醒に、それおよび状況に関する認知的解釈が加わることで初めて情動が生起するのだと考えた。すなわち情動の生起は、「情動＝生理的覚醒×認知」という定式によって示せるものであり、覚醒および認知の有無を1,0で表現するとすれば、その積は両要因が1（有）の場合にのみ1になり、情動経験が生じるということになる。実際、シャクターらは、身体の生理的覚醒状態と状況に対する認知的解釈を操作する実験によって、一部自説の正当性を確かめている。

2　認知と情動：認知的評価理論からみる情動の生起

　上述したシャクターらの考えは、その後の追試研究の多くが失敗して

★**中枢起源説**
提唱者の名前にちなみ、キャノン＝バード説と呼ばれることもある。この説は、人がある刺激に遭遇すると、その情報が脳のある特定部位に送り込まれて処理され、そこから枝分かれする形で独立並行的に、主観的情感と身体的反応が生み出されると仮定するものである。

★**生理的覚醒**
交感神経が活性化している状態。呼吸数や心拍数の増加、血圧の上昇、発汗などを伴う。

★個人の潜在的目標・
　利害関心との関連性
主に、今接している状
況は自分の潜在的な目
標や利害関心にかかわ
るものか否かを指す。

★目標・利害関心との
　合致
状況が自身にかかわる
とすれば、それは正負
いずれの方向でかかわ
るのかを指す。

★自我関与の種類
状況はより細かいレベ
ルにおいて自分自身に
どのような意味を有す
るのかということを指
す。

★原因・責任の所在
自分か他者かそれ以外
か、いったい誰（何）
に責任や原因があるの
かということを指す。

★対処可能性・統制能
　力の有無・程度
自分はこの状況に対し
てどれだけうまく対処
できそうかということ
を指す。

★将来展望
自分はこの先どうなり
そうかということを指
す。

いるということもあり、現在では、ある特定の条件下でのみ当てはまる限定的な理論と考えられている。この説では、生理的覚醒状態が先んじ、その後に認知的解釈が付加されることによって多様な主観的情感が生み出されるという因果的プロセスが想定されていたが、現在の情動研究の主流は、その順序性を逆転させ、事象に対する評価（appraisal）こそが、覚醒も含めた生理的状態および情動反応そのものを惹起（じゃっき）すると考えるようになってきている。

　こうした考えを採る代表的な研究者に、ラザルス（Lazarus, R. S.）がいる。ラザルスの理論モデルでは、遭遇した出来事に対する評価のプロセスが、第一次評価と第二次評価の2段階からなるものと仮定されている。前者は、自動的・無意識的に進行する最小限の情報処理のことであり、そこでは、「個人の潜在的目標・利害関心との関連性」「目標・利害関心との合致」「自我関与の種類」が評価されるという。後者は、やや意識的でより高次の情報処理を伴う評価プロセスであり、「原因・責任の所在」「対処可能性・統制能力の有無・程度」「将来展望」ということがチェックされることになるという。

　ここでは、第一次評価のみに焦点を当て、そこでの評価の違いがそれぞれどのような情動の生起に通じるかを示す。まず何らかの出来事が生じると「目標・利害関心との関連性」という評価次元からチェックが行われ、それが何らかの形でかかわるものであるとすれば情動が生じることになる。次に、「目標・利害関心との合致」という次元からチェックがなされ、いいことか悪いことかということにしたがって、大きく二つ、ポジティヴな情動かネガティヴな情動かに分かれることになる。さらにその後、「自我関与の種類」という次元からチェックがなされ、たとえばネガティヴな情動であれば、自尊心が傷つけられたという評価の場合には怒りが、自分にとって危険・脅威だという評価の場合には恐れや不安が、また自身にとって何か大切なものの喪失があったという評価の場合には悲しみが生起してくることになる。

３ 二重の情動生起プロセス：ザイアンス－ラザルス論争とその展開

　ラザルスの発想は、認知的評価そのものを情動の不可欠の下位要素とみなし、評価が存在しなければ情動自体も生じないと仮定するものである。しかし、1980年代に、こうした考えを批判した研究者として、ザイアンス（Zajonc, R. B.）がいる。ザイアンスは、感情の生起に必ず

しも評価のような認知的活動が先行する必要はなく、ある出来事に遭遇した際に、人は通常、それが何かを認知的に判断するよりもはるか前に、すでにある感情を経験し表出しているのだとしている。また、認知と感情の間に関連性があるとしても、それは多くの場合、先に生じた感情がその後の認知を方向づけるというようなものであるという。

ザイアンスは、その根拠として、ある刺激に対する顕在的意識に上らない形での（閾下での）瞬間的で単純な接触でも、その刺激に対する好感情を生じさせるという、**単純接触効果**を挙げている。彼の実験は、ある複雑な多角形図形を被験者に1ミリ秒瞬間呈示したうえで、その後、一定時間を置いて今度は少し長めに（1秒間）同じ図形を、そこで初めて呈示する新奇図形とペアにして再呈示し、被験者に、それらをすでに見た覚えがあるか、そしてまた並置された二つのうちのどちらの図形を好むかを問うというものであった。結果は、被験者の多くが、瞬時、呈示された既出の図形に対して、既知感はないが、それを並置されたもう一つの図形よりも好ましく感じるという傾向を示すものであった。ザイアンスはこうした結果をもって、対象に対する明確な認知活動がなくとも（この場合は好きという）感情は生じ得ると結論づけたのである。

それに対してラザルスは、ザイアンスが刺激の単純な知覚と呼ぶプロセスにも、ある種の評価が含まれているのだと切り返し、新たにさまざまな証左を上げて自説の正当性をあらためて強調した。この論争は今では、両者が仮定する感情あるいは認知という術語の意味範囲に大きな食い違いがあったということで、議論そのものはある程度、収束したかにみえる。しかし、このやりとりをきっかけに、情動の発動に大別して2種類の情報処理プロセスが関与し得ることがあらためて確認されたことには大きな意義があったものといえる。

一つは大まかできわめて迅速に生じる自動的評価プロセス★であり、もう一つはより高次な思考や記憶が絡む複雑で抽象的な、そして多くの場合、意識の介在する評価プロセス★である。

3 ▶ 感情はどのような機能を有しているか

1 個人「内」現象としての情動の働き

感情、特に情動には、主観的情感や神経生理的変化のように個人「内」に閉じて進行するプロセスと、それが顔の表情や声の調子のように外に

★自動的評価プロセス
個人の危機や安全にかかわるある特定の情報のみを検出する最小の処理過程である。解剖学的にいうと、身体内外の刺激情報が、高次認知機能を司るとされる大脳皮質を経由せずに直接、大脳辺縁系に送出される回路（皮質下性の視床―扁桃神経回路）にほぼ対応しているといわれている。

★意識の介在する評価プロセス
事象刺激を詳細にわたって複数の角度から分析・統合する処理過程である。刺激情報が大脳皮質を経由して大脳辺縁系に送出される回路（新皮質性の皮質―扁桃神経回路）にほぼ対応しているといわれている。

漏れ出て他個体の覚知するところとなり、個人「間」に開かれて作用するプロセスの、二重過程を想定することができる。まず、個人「内」機能について考えてみる。

❶適応的行為に向けた動機づけおよび身体の準備体制を瞬時にもたらす機能

　情動を経験するとき、私たちの心身は多くの場合、瞬時「いても立ってもいられない」状態に置かれ、特にネガティヴな情動の場合は、その状態からの脱却に強く動機づけられることになる。情動は、それまで個人がいかなることに従事していても、そこに強引に割り込み、当該の出来事に優先的に意識・注意や身体のエネルギーを配分する働きをする。

　つまり、そこでの情動の機能は、個人の利害にかかわるその場その時の状況をしのぐのに適切な、ある行為を起こすための心理的な動機づけと生理的賦活状態を瞬時に整えることだといえる。たとえば山中で突然大きなクマに遭遇した際に、強い恐れを覚えるが、それはその場から逃げるために必要な動機づけと身体状態とをとっさにもたらすといえる。

❷重要事象にかかわる効率的学習を可能にする機能

　上述した情動の働きは、今、自分が置かれている状況への適応に深くかかわるものである。また、その後の適応にかかわるきわめて重要な事柄も生じている。情動は、その原因となった出来事やそこでとった自身の行為やその結果等について、きわめて効率的な記憶形成あるいは学習を促すのである。

　たとえば、私たちは、幼いときから、自動車が頻繁に通る道や熱いアイロンなどが危険であることを迅速に学習する。そこには情動が深く関与している。実際に車にぶつかったりアイロンに触ってしまったりした場合にはもちろん、そうした経験がなくても、子どもの頃に、おそらく多くの場合、危険を予見した周囲の大人の叱責や怒声、そしてそれを通して自らが経験した驚きや恐れなどの情動によって、その生死にかかわる状況の潜在的意味を迅速に知るのだと考えられる。

　漢字や数式等の学習は、何十回と諳（そら）んじたり、書いて覚えようとしたりしても、なかなか長く確かには記憶に残らないものである。それに対し、情動が絡む出来事の記憶は、たった１回きりの経験だとしても、大概は長く確実に、脳および身体に独特の感覚を伴って刻み込まれる。そして、一度そうした記憶をもった個人は、車やアイロンに対してとても敏感になり、それらに伴う危険を効率的に回避するようになるといえる。

2 個人「間」現象としての情動の働き

❶文化の違いによらず人同士のコミュニケーションを可能にする機能

　情動は、多くの場合、顔の表情や声の調子を介して他者に伝わり、自分と他者との「間」、すなわち関係性にさまざまな影響をおよぼし得る。こうした情動の働きにいち早く着目した研究者に進化論の祖であるダーウィン（Darwin, C. R.）がいる。彼によれば、❶主観的情感と表情との間には特異な結びつきがあり、かつ❷同じ表情に接した場合、人は誰でも等しく、その背後にある特定の主観的情感を認識することができるという。

　すなわち、人の情動および表情には、学習経験によらない共通の生得的基盤があり、どんな地域・文化の人でも、互いに情動を伝えあい、また読みあうことができる。そして、これまでに、エクマン（Ekman, P.）やイザード（Izard, C.）らの手によって、さまざまな文化圏で、こうした考えの妥当性を問う表情認識実験が行われ、その多くで、それを支持するような結果が得られている。特に、エクマンらが1970年代初頭に発表した研究では、当時、異文化圏の人との接触をほとんどもっていなかったニューギニアのフォレ（Fore）族を対象に実験を行い、この部族の大人も子どもも、初めて見るアメリカ人のさまざまな表情写真に対してかなり適切な認識を示したことを報告している。

❷他者との利害関係におけるバランスを適切に調整する機能

　上述した情動の個人「間」機能は、情動が発動された際に、それを感知した他者に、いかなる情報が伝達され、どのような効果がおよび得るかということを問題にしたものといえる。しかし、ある特定の情動に関していえば、短期的な利害というよりはむしろ、未来における、あるいは生涯にわたる究極的な適応性における、より長期的な社会的利害に深く関係している可能性がある。

　それは、現時点においては利益を遠ざけ、むしろ損害を背負い込ませるような情動の働きが、長期的視点からみれば、時にその個人に高度な社会的および生物学的な適応をもたらすという事態が多々想定されるということを意味する。たとえば、私たちは集団のなかで不公平にも自分だけが莫大な利益を得ている状況で、何か他の人たちにすまないといった罪の情動を覚え、それ以上の利益追求を自らやめてしまうようなことがある。それどころか、そうした利益をもたらしてくれた他者がいたとすれば、その他者に強い感謝という情動をもって、せっかく得た自分の取り分のなかから相応のお返しをしようとしたりする。この場合、単純

に今ここでの損得という視点だけからすれば、きわめて不合理ということになる。

しかし、生物としてのヒトは高度に社会的であり、関係や集団のなかでの適応が、結果的に生物的適応に通じる確率が際立って高い種といえる。たとえば狩猟採集や捕食者への対抗、子育てにおいて、集団生活が単独生活よりもはるかに多くの利点を有していたということであり、また、それを維持するために必然的に集団のなかでの自分と他者との関係性や利害バランスの調整のメカニズムが必要になったということである。そして、そこに最も密接に絡むものとして互恵性の原理、すなわち相互に何かをもらったりそのお返しをしたり、助けられたり助けたりするという形で、集団内における協力体制を確立・維持するために必要となる一群のルールがある。

先に見たような罪、感謝や、恥、共感、同情、公正感、義憤、嫉妬などのほかの情動について、その場では必ずしも個人の利益に適わず、逆に損害をもたらすものであったとしても、それらの情動があるからこそ、互恵性のルールに従って行動し、より長期的な視点でみれば、結果的には他者との関係を相対的に円滑に保ち、集団のなかにうまく溶け込んで適応的に生きていくことが可能になるといえる。

Active Learning

社会生活において、感情がもたらすよい効果と悪い効果について考えてみましょう。

4 動機づけ・欲求

1 動機づけの捉え方

❶動機づけとは

私たちは、日常生活のなかで、授業や仕事があるので早起きをする、お腹が空いて食事をする、友達と遊んで楽しく過ごす、疲れたので休むなど、さまざまな行動をとる。目標に対してある行動を引き起こし、結果として目標が達成されるように行動を持続させる過程や機能のことを、**動機づけ**(motivation)と呼ぶ。動機づけは、一般的に使われる「やる気」や「意欲」とほぼ同義と考えられている。

動機づけは、感情とは異なるものであるが、動機づけが感情の原因になったり、感情がある行動の動機づけになったりすることがある。「友達と映画を観に行って楽しかった」という感情は、映画を観ることや遊びに出かけることに対する強い動機づけが原因の一つとして考えられる。また、「試験に失敗してしまい悔しい」と感じたことで、次の試験

勉強に対するやる気が生じることもあるだろう。その人にとって有益で手に入れたいものかどうか、簡単に手に入るのかどうかなどの条件によって、生じる感情が異なることも指摘されている[1]。

❷欲求

　生体には、生命を維持するために生体内の環境を一定に保とうとする働きがあると考えられており、キャノンは、こうした働きのことを**ホメオスタシス**（恒常性）と呼んだ[2]。たとえば、体の温度が高くなりすぎると、発汗作用が起きてその温度を下げようとする。また、あるレベルに達した血液中の血糖量が時間経過などによって低下し、エネルギーが欠乏し始めたという内的状態になると、我々は飢えを感じ、食べ物を摂取しようとする。このように、行動を引き起こす内的状態を**欲求**と呼び、欲求は動機づけの源のような働きを担っている。

　欲求は、大きく二つに分けて考えることができる。一つ目は**基本的欲求**（一次的欲求）で、生まれつき備わっている生得的欲求である。基本的欲求には、食欲、睡眠の欲求のように、ホメオスタシスによる生命の維持にかかわる**生理的欲求**と、種の保存に関する欲求や、好奇心のように、生得的なものであるが生命維持とは関連しない欲求が存在する。二つ目は**社会的欲求**（二次的欲求）で、社会での学習経験によって獲得された欲求である。社会的欲求は、基本的欲求を満たすための手段だったものが独立して欲求となったものである。たとえば金銭への欲求は、一般的な社会のなかでは、食べ物を手に入れて食欲を満たすためにお金が必要であるため、食欲とは独立して形成されるようになったものである。

　マズロー（Maslow, A. H.）は、人間の欲求を低次から高次の順序で分類し、欲求の種類を5段階の階層に位置づける**欲求階層説**を提案した[3]（**図2-3**）。ピラミッド型の階層の最下位、第1層には生理的欲求が置かれ、第2層には予測可能で秩序だった状態を求める、安全と安定の欲求が置かれている。その上に、他者とのかかわりに関する欲求が位置づけられ、第3層には「どこかに所属していたい」「他者から受け入れられたい」という所属と愛の欲求、第4層には「価値があると認められたい」「尊重されたい」という承認・成功への欲求が置かれる。最上位の第5層には、自己成長や創造活動にかかわる自己実現の欲求が位置している。この欲求階層説では、下位の欲求は上位の欲求よりも優勢とされ、上位の欲求は、下位の欲求が部分的にでも満たされてはじめて生じると考えられている。

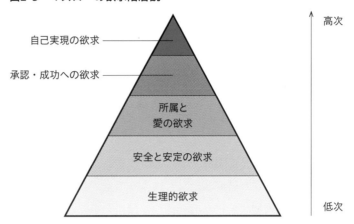

図2-3 マズローの欲求階層説

高次

自己実現の欲求 ——

承認・成功への欲求 ——

所属と
愛の欲求

安全と安定の欲求

生理的欲求

低次

❸動機づけの過程

　動機づけの過程をまとめると、**図2-4**のようになる。まず、外的な環境や記憶、内的要因といった先行要因によって欲求（たとえば渇き）が生じ、動因（何か飲みたい）や誘因（コンビニエンスストアの存在）によって、動機（新発売のドリンクが飲みたい）が発生する。それによって具体的な行動（新発売のドリンクを買う）へと導かれ、目標（新発売のドリンクを飲む）が達成されれば動機づけの過程は終了する。目標が達成されなかった場合には、達成を諦めたり、目標を修正（他の飲み物を飲むなど）して新しい動機づけの過程が始まったりする。目標が達成された場合でも、新たに別の目標を設定し、一連の過程を繰り返すこともある。

2 動機づけの種類

❶社会的動機づけ

　他者が何らかの形でかかわるような動機づけを**社会的動機づけ**という。マレー（Murray, H. A.[4]）は、社会的動機づけを28に分類しており、ある目標を立て、それを完遂しようとする達成動機、他者に自分を認め

図2-4 動機づけの過程

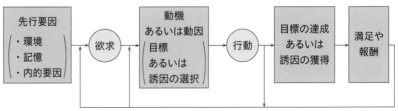

出典：桜井茂男編著『心理学ワールド入門』福村出版，pp.115-134，2001．より筆者作成

てもらいたいという承認動機、他者と友好な関係を成立させ、維持したいという親和動機や、他人を攻撃したり、傷つけたりしようとする攻撃動機などが含まれている。しかし、社会的動機づけは、人々が所属する社会のあり方や価値観によって変わってくるため、すべてを網羅することは困難である。また、実際にどのような行動が結びついているのか、動機づけの強さはどの程度なのかということも、文化の影響を受けると考えられている。

❷内発的動機づけと外発的動機づけ

① **内発的動機づけ**

動機づけのなかでも、行動そのものが目的となり、報酬を必要としないようなものを**内発的動機づけ**と呼ぶ。内発的動機づけは、勉強が楽しいから勉強するというように、行動そのものに興味・関心があり、楽しいと感じられているような状態であるため、長い時間真剣にその行動を続けることが可能である。

❶ 内発的動機づけにかかわる心理的要因

内発的動機づけには、新しいことを知りたいという知的好奇心、自分はできるという感覚である有能感、自分の判断で自律的に取り組んでいるという感覚である自己決定感などが影響すると考えられている。苦手な科目の勉強やまったく手が出せないほど難しい課題に取り組むとき、強制的に、あるいは指図されながら行動しないといけないときには、楽しいとは思えず、内発的動機づけは下がってしまうだろう。反対に、「前よりもできるようになってきた」「勉強の方法や計画は自分で決めている」などと感じられれば、内発的動機づけを高めることができる。

❷ 報酬と内発的動機づけ

内発的動機づけを高める他の要因として、報酬が挙げられる。報酬とは、お金やプレゼントのような物質的報酬のほか、褒める、お礼を言うなどの言語的報酬も存在する。

報酬には、基本的側面と制御的側面の二つの側面があると考えられている。基本的側面とは、報酬によってその行動が正しいというメッセージが伝わることを意味し、「努力を認めてもらえてうれしいので勉強を頑張って続けよう」と、動機づけを高める効果がある。一方、制御的側面は、「お小遣いのために家の手伝いをするが、もらえないなら手伝わない」など、報酬の有無によって行動を制御してしまうことを指す。

Active Learning

授業の課題に取り組むとき、自分の内発的動機づけを高める方法を考えてみましょう。

もともと楽しいと感じていた行動に対して報酬が与えられると、内発的動機づけが低下してしまうことがある。これを**アンダーマイニング効果**という。楽しくて、自分の意思でとっていた行動が、報酬を目的とした手段としての行動に変わってしまうのである。しかし、報酬が常にアンダーマイニング効果を生じさせるわけではない。言語的報酬を与えた場合、報酬を与えられる人が与える相手を信頼している場合や、相手からコントロールされているとは感じない場合には、内発的動機づけは低下しにくいとされている[5),6)]。

② **外発的動機づけ**

　　一方で、他に何らかの欲求が存在し、それを満たすための手段として行動が動機づけられることを**外発的動機づけ**という。外発的動機づけは、賞罰、強制、義務など、外からの働きかけによってもたらされる。資格をとるために勉強する、お金を稼ぐために働く、上手にできないと恥ずかしいので楽器の練習をするなどがこれにあたる。内発的動機づけとは異なり、別の目標を達成するために行動が動機づけられる。

③ **自己決定理論**

　　動機づけは、内発的動機づけと外発的動機づけの二つに分類されると考えられてきた。しかし、近年では、人の動機づけを二分するのは難しいと考えられている。ライアン（Ryan, R. M.）とデシ（Deci, E. L.）は、内発的動機づけに関する研究を統合し、**自己決定理論**を提唱した。自己決定理論では、内発的動機づけと外発的動機づけを連続的なものと考え、動機づけを自己決定性（あるいは自律性、積極性）の程度によって捉えている。自己決定理論では、内発的動機づけ、外発的動機づけ、非動機づけを一次元上に示している（**図 2-5**）。最も自己決定性が高い動機づけが内発的動機づけで、次に自己決定性が高いのが外発的動機づけである。外発的動機づけは、さらに四つに区分され、自己決定性の高い順に、自分の価値観と一致しており、違和感なくその行動をとる統合的調整、自分にとって重要であるなどが理由になる同一化的調整、価値を認めているがまだ義務感が残っている取り入れ的調整、外部からの強制による外的調整と並ぶ。そして、最も自己決定性が低いのが非動機づけ、つまり動機づけが生じていない状態となっている。

3 達成動機に関する動機づけ理論

　　「目標」を立ててその達成のために行動しようとする達成動機については、さまざまな研究が行われている。

図2-5 自己決定理論における内発的動機づけと外発的動機づけの連続性

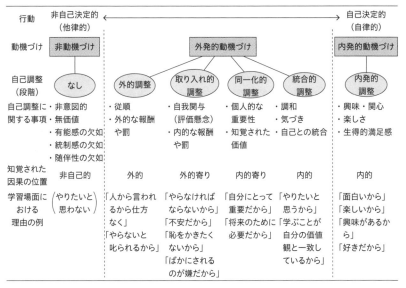

出典：櫻井茂男『自ら学ぶ意欲の心理学——キャリア発達の視点を加えて』有斐閣，2009.
Ryan, R. M. & Deci, E. L., *Self-determination theory and the facilitation of intrinsic motivation, social development, and well-being*, American Psychologist,（55），pp. 68-78, 2000. より筆者作成

表2-1 ワイナーらによる原因帰属の分類

内在性次元	安定性次元	統制可能性次元	
		統制可能	統制不可能
内的	安定的	普段の努力	能力
	不安定的	一時的な努力	気分
外的	安定的	教師の偏見	課題の困難さ
	不安定的	他者の日常的でない援助	運

❶原因帰属理論

　あることが起こったときに、その原因を考えることを原因帰属という。原因帰属は、その後の動機づけや行動に大きく影響すると考えられている。ワイナー（Weiner, B.）ら[7]は、原因帰属を分類し、成功・失敗を捉えるための原因は、内在性次元（自分に原因があるか）と安定性次元（時間的に安定したものか）で分類されるとし、のちに統制可能性次元（行為者に統制可能か）を加えた（**表2-1**）。エイブラムソン（Abramson, L. Y.）ら[8]は、内在性次元と安定性次元に全般性次元（ほかの場面・状況でも起こり得るか）を加えた3次元で、原因帰属を分類している（**表2-2**）。内在性次元は感情に影響し、安定性次元は次回

表2-2 エイブラムソンらによる原因帰属の分類
（数学のテストで失敗したとき）

内在性次元	安定性次元	全般性次元	
		全般的	特殊的
内的	安定的	頭が悪いから（能力）	数学の能力がないから
	不安定的	疲れて勉強しなかったから（努力）	風邪をひいていて計算力が鈍っていたから
外的	安定的	授業で習っていないところが出題されたから（課題の困難さ）	数学のテストはいつも不公平だから
	不安定的	13日の金曜日だったから（運）	数学の問題が13問だったから

への期待に影響すると考えられている。たとえば、成功を内的なものに帰属した場合、自尊心が高まり、ポジティブな感情が生じ、動機づけも高まりやすい。失敗を安定的なものに帰属すれば、次の結果にも期待ができず、動機づけが低下する可能性が高くなる。

❷学習性無力感理論

動物や人に統制不可能な課題を課すと、解決のための努力が結果に結びつかないため、何をしてもだめだという無力感が学習され、今直面している課題だけでなく、あとで簡単に解決できる課題を与えられても、解決しようとしなくなってしまう。このような現象を**学習性無力感**という。セリグマン（Seligman, M. E. P.）とマイヤー（Maier, S. F.）の実験[9]では、統制不可能な電気ショックを与えられた犬が、その後統制可能な状況になっても、電気ショックから逃れようとせず、うずくまったままであったことが明らかになった（図2-6）。

その後、人間を対象とした実験で、解決が困難な課題に直面した誰もが統制不可能だと認知するわけではなく、学習性無力感への陥り方には個人差があることが明らかになった。エイブラムソンらはこの個人差を説明するために原因帰属理論を取り入れ、改訂版学習性無力感理論を提唱した。失敗の原因を、能力のように安定的で全般的なものに帰属するほど、学習性無力感が生じやすくなる。

❸自己効力感

努力すれば成功することがわかっていても、それを成し遂げる自信があるかは別である。バンデューラ（Bandura, A.[10]）はこの二つを区別し、行動による結果の期待を結果期待、行動自体を起こせる自信を**自己効力感**または効力期待と呼んだ。この自己効力感は、ある結果（目標の達成）

Active Learning

疾病や障害によって学習性無力感を感じやすいとき、どのような支援をするとよいか考えてみましょう。

図2-6　セリグマンとマイヤーの実験

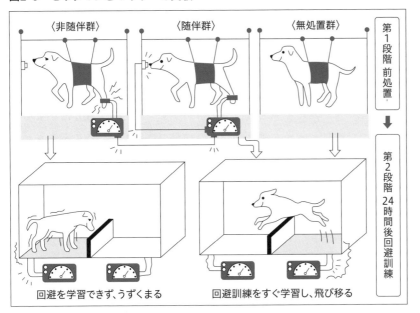

出典：Seligman, M. E. P. & Maier, S. F., 'Failure to escape traumatic shock', *Journal of Experimental Psychology*, (74), pp.1-9, 1967.
坂本真士『自己注目と抑うつの社会心理学』東京大学出版, 1997.
櫻井茂男『自ら学ぶ意欲の心理学－キャリア発達の視点を加えて』有斐閣, 2009.

をもたらすために必要な一連の行動を計画し、遂行する能力に対する信念と定義される。自己効力感が高い人は、困難な課題でも努力でき、失敗への耐性が強いことがわかっている。また、自己効力感は、実際に行動してみたり、他者の行動を観察したり、励まされたりすることによって高められると考えられている。

❹期待・価値理論

アトキンソン（Atkinson, J. W.[11]）は、達成動機づけの強さが「目標を達成できる自信がある」という期待と「達成によって得られる結果の望ましさ」である価値の掛け合わせで決まるとする**期待・価値理論**を提唱した。達成する自信があっても、本人が得られる結果に対してあまり価値を感じられなければ、やる気が出ないだろう。本人にとって価値があり、実現できそうだと感じられるという場合に、動機づけは高まる。

❺達成目標理論

ドウェック（Dweck, C. S.[12]）らによって提唱されたといわれる**達成目標理論**では、人は有能さを求める存在であり、有能さの実現のために達成目標をもつとされる。達成目標理論では、学習において個人のもつ目標は学習目標と遂行目標の二つに分けられる。学習目標は、自分の有能さを高めるために、新しいことを習得しようとする目標であり、個人

の知的能力は柔軟で努力によって伸ばすことができるという増大的知能観によってもたらされる。一方、遂行目標は、他者から自分の能力が高いと評価してもらおうとする目標であり、知能は生まれもったものであるという実体的知能観によってもたらされる。学習目標をもつ人は、自信があってもなくても動機づけは高い傾向にあるが、遂行目標をもつ人は、自信がないとやる気を失ってしまいやすいため、失敗した不安や恐怖をあおるのではなく、積極的によい結果の獲得に向かうよう働きかけることが大切である。

◇引用文献

1）Arnold, M. B. & Gasson, J. A., 'Feeling the emotions as dynamic factors in Personality integrations', Arnold, M. B.,*The human person : An approach to an integral theory of personality*, The Ronald Press, pp.294–313, 1954.

2）Cannon, W. B., *The wisdom of the body*, W. W. Norton and Company, 1932. (W. B. キャノン，舘隣・舘澄江訳『からだの知恵——この不思議なはたらき』講談社，1981.)

3）Maslow, A. H., *Toward a psychology of being*, D. Van Nostrand. 1962.

4）Murray, H. A., *Exploration in personality*, Oxford University Press, 1938.

5）Deci, E. L., Koetner, R., & Ryan, R. M., 'A meta-analytic review of experiments examining the effects of extrinsic rewards on intrinsic motivation', *Psychological Bullerin*, 125(6), pp.627–668, 1999.

6）櫻井茂男『自ら学ぶ意欲の心理学——キャリア発達の視点を加えて』有斐閣，2009.

7）Weiner , B., Frieze, I., Kukla, A., Reed, L., Rest, S., & Rosenbaum, R. M., 'Perceiving the causes of success and failure', Jones, E. E., Kanouse, D. E., Kelley, H. H., Nisbett, R. E., Valins, S. & Weiner, B., *Attribution : Perceiving the causes of behavior*, General Learning Press, pp.95–120, 1972.

8）Abramson, L. Y., Seligman, M. E. P., & Teasdale, M., 'Learned helpless in humans : Critique and reformulation', *Journal of Abnormal Psychology*, 87(1), pp.49–74, 1978.

9）Seligman, M. E. P. & Maier, S. F., 'Failure to escape traumatic shock', *Journal of Experimental Psychology*, 74(1), pp.1–9, 1967.

10）Bandura, A., 'Self-efficacy : Toward a unifying theory of behavioral change', *Psychological review*, 84(2), pp.191–215, 1977.

11）Atkinson, J. W., *An Introduction to Motivation*, Van Nostrand, 1964.

12）Dweck, C. S., 'Motivation process affecting learning', *American Pychologist*, 41(10), pp.1040–1048, 1986.

● おすすめ

・上淵寿・大芦治編著『新・動機づけ研究の最前線』北大路書房，2019.

・櫻井茂男『自ら学ぶ意欲の心理学——キャリア発達の視点を加えて』有斐閣，2009.

学習のポイント

● 感覚・知覚の基本的な仕組みを学ぶ

● 視覚の情報処理過程を理解する

● 視覚の諸現象を理解する

1 感覚・知覚とは

1 感覚と知覚

　私たちは見ること（視覚）、聞くこと（聴覚）、におうこと（嗅覚）、味わうこと（味覚）、触ること（触覚）など外界の情報を取り込む仕組みをもっている。触覚は、全身に及んでおり、どの部分に生じた感覚であるかも感じることができる。また、外界だけでなく生体内の情報として、平衡状態、筋骨の状態、一部の内臓の状態や動きを感じることができる。こうしたさまざまな情報を絶えず取り入れ、認識しながら、それに対する判断をして生活している。

　各感覚では、それぞれの感覚受容器で外部からの刺激を受け取り、感覚神経を通って、脳に伝達される。そのため、視覚は「光」（可視光線）、聴覚は「音」（可聴音）など、それぞれの感覚受容器が感じ取ることができる固有の刺激が決まっている。このような感覚ごとに、感覚受容器が受け取ることで、本来の感覚を引き起こす刺激を適刺激という。一方で、感覚受容器に適刺激以外の刺激を与えても感覚が生じる場合がある。たとえば、目を閉じて眼球を軽く押すと光の変化を感じる。このように適刺激ではないが感覚が生じる刺激を不適刺激という。

　しかし、たとえば視覚においては、適刺激である光を感じているというよりも、対象となる物体や文字などを認識していることが多い。このように感覚によって生じる認識の働きを知覚と呼んでいる。

2 感覚モダリティ（感覚様相）

　感覚モダリティとは、それぞれの感覚器から得られる感覚の種類の違いのことである。　異なる感覚モダリティによる感覚的経験はそれぞれ

表2-3 感覚モダリティの種類

感覚モダリティ	感覚受容器	適刺激
視覚	眼球（網膜）	可視光線
聴覚	耳	音波
嗅覚	鼻腔内粘膜	揮発性の化学物質
味覚	舌苔（味蕾）	溶解性の化学物質
触覚（皮膚感覚）	皮膚	機械的刺激（圧・力等）、温度等
自己受容感覚	筋・関節等	機械的刺激
平衡感覚	内耳	重力・身体の動き等
内臓感覚	内臓	機械的刺激、化学的刺激等

質的に異なり独立した経験である。**表2-3**に示すように、感覚受容器の種類ごとに感覚を引き起こす刺激が決まっており、得られる感覚経験が特定されている。

3 クロスモーダル知覚

感覚モダリティは通常独立しているが、ある感覚モダリティの情報が他の感覚モダリティの知覚に影響を与えることがあり、これを**クロスモーダル知覚**という。たとえば、視覚的には「ガ」の発声をしている顔の映像とともに「バ」の音声を聞かせると「ダ」に近い音声に聞こえる（マガーク効果という）。また、一瞬だけ光が点灯する刺激を見ているときに聴覚的に二つのごく短い音を聴かせると、2回点滅したように見える。視覚と触覚の間にも**ラバーハンド錯覚**★というクロスモーダル知覚が生じる現象が報告されている[1]。

また、必ずしもクロスモーダルではないが、黒で書かれた数字や文字を見ると、その文字や数字に対応した色を感じるというような、ある刺激に対して通常の感覚とともに、本来は刺激として存在しない別の感覚が生じる経験をしている人がいる（**共感覚**★という）。

★ラバーハンド錯覚
実験参加者は机上に腕をのせ、それを衝立等で見えないように隠す。一方でゴムで作った腕の模型を机上に見えるように置く。実験参加者は模型の手を見ながら、実験者は本人の隠された手と見えているゴムの手を同時に筆でこする。すると、実験参加者はゴムの手を自分の手のように感じ、ゴムの手をこすられていることで触覚を得ているように感じる。

★共感覚
本文の事例以外には、音に色を感じる共感覚等、ほかの組み合わせも報告されている。

2 ▶ 知覚の情報処理過程

1 知覚情報処理とは

知覚は外界の情報について、感覚受容器を通じて取り込み、その情報を脳で処理することで認識が成立する情報処理過程と考えることができ

る。その過程では、まず、感覚受容器の構造や機能が受け取ることが可能な情報を制限している。しかし、感覚受容器で受け取った情報のすべてがそのまま知覚されるわけではない。**知覚情報処理**では、外界から受け取った情報をもとに脳内の中枢で構成した世界を知覚として経験していると考えられている。

　ここでは、感覚モダリティのなかでも最も研究が進んでいる視覚についてその過程を見ていく。視覚の情報処理過程は大きく二つに分けられる。一つは外界の情報を感覚受容器が受け取るまでの過程であり、もう一つは感覚受容器が受け取った情報が脳に伝達され、脳内の視覚中枢の働きによって知覚を生じさせる過程である。

■2 視覚情報処理の仕組み

❶外界の情報：視覚の適刺激

　視覚の適刺激は光であるが、光は電磁波である。視覚が捉えられる光の**波長**の範囲は限定されており（約 400 ～ 800nm）、この範囲を**可視光線**という。光の波長の違いが色の知覚に対応しており、波長が短いほうから、紫（約 400nm）、青（約 450nm）緑（約 550nm）黄（約 580nm）赤（約 700nm）に対応している。

❷感覚受容器（眼球のしくみ）

　視覚の感覚受容器は**眼球**であり、適刺激である光（可視光線）を捉える仕組みを備えている（**図 2-7**）。**眼球**は、カメラにたとえられることがあり、類似の点もあるが、まったく同じ仕組みというわけではない。

　眼球への光の経路としては、まず、眼球の中心部を保護している角膜を通過する。次に、眼球に入る光量を制御し、明るさの調整を行うため

★**波長**
電磁波は「波」の性質をもっており、その波の1周期の長さを波長という。電磁波の周波数は1秒間に生じる波の数であり、波長＝電磁波の秒速（光速：定数）÷周波数となる。ちなみに携帯電話で使われている周波数800MHz の波長は約37cm である。

★**可視光線**
可視光線の波長の外側は不可視光線と呼ばれ、短いほうの波長が紫外線、長いほうの波長は赤外線である。

図2-7　眼球の断面図

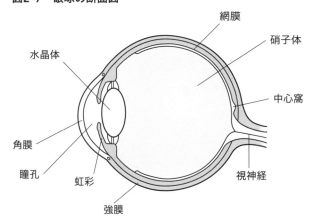

網膜
硝子体
水晶体
中心窩
角膜
瞳孔
虹彩
視神経
強膜

に虹彩の伸縮によって、光の通り道である瞳孔の径を調整する仕組みがある。その働きは、反射によるものであり、明るいと瞳孔が小さく、暗いと瞳孔が大きくなる。次に光を集めて像を写すためのレンズの役割をする水晶体があり、ピント（焦点）の調整が可能になっている。水晶体は通常では厚みがあるが、それを筋によって引っ張ることで、その厚みを薄くすることができ、遠近のピントを調整している。水晶体を通過した光は、眼球内の多くの部分を占めている透明なゲル状の物質である硝子体をとおり、眼球の最奥部にある網膜に像として映される。

❸視細胞による神経情報への変換

網膜上には光を感じる視細胞が存在し、外界の像を捉え、神経情報に変換する役割を果たしている。視細胞には錐体と桿体の２種類があり、それぞれが異なる機能をもっている。錐体には三つの種類があり、それぞれ赤、緑、青の各色に対応する光の波長に反応する。この組み合わせによって、色の判別が可能になる。また、錐体は細部まで対象を識別することができるが、十分な明るさが必要である。網膜の中心部（中心窩）に密集して分布している。一方の桿体は１種類しかなく、色の識別は難しい。また、細部は識別できないが、暗くても反応し網膜の中心窩以外の部分（周辺部）に広く分布している。視細胞で得られた情報は視神経を通じて視覚の中枢に伝達される。網膜はカメラでいうとフィルムや受光素子にあたるが、決定的な違いは視細胞は不均一であり、脳には私たちが知覚しているような空間的に均一な情報が伝えられているわけではない。

❹視覚の神経系の基本的特徴

網膜で捉えられた情報は視神経を通じて、脳に伝達される。視神経は視交叉と呼ばれる分岐点において、左右の視野の情報に分割され、右側の視野が脳の左半球に、左側の視野が脳の右半球に伝達される。その後、外側膝状体という部位（こめかみの奥あたり）を経由し、大脳の後頭葉の第１次視覚野（Ｖ１）に伝達される。視覚の中枢では、色、線分、明るさ、運動といった要素に分解されて処理されていき、その後、情報が統合されて、高次の情報処理が行われ、私たちが経験している知覚が成立すると考えられている。

▌3 知覚情報処理によって生じる知覚現象

❶明るさの知覚

人の視覚は、星明かりの下のような暗いところから強い太陽光の下の

ような非常に明るいところまで幅広い明るさに対応できる。瞳孔反射による光量の調整も行われているが、それでは追いつかないほどの明るさの差である。そのために、人の視覚過程は暗い場面に対応する仕組み（暗所視）と明るい場面に対応する仕組み（明所視）を自動的に切り替えることで対応している。しかし、急激な明るさの変化によって、この二つの仕組みの切り替えが間に合わないことがある。たとえば、暗い部屋で寝ていて、朝起きたときに急にカーテンを開けると眩しくて見えない。しかし、しばらく時間が経つと眩しさを感じなくなる。このように暗所視から明所視に切り替わることを**明順応**という。逆に、上映途中の映画館に入館すると座席が見えないが、しばらくすると見えてくる。このように明所視から暗所視に切り替わることを**暗順応**という。

❷色の知覚

前述のように色の違いは可視光線の波長の違いに対応している。網膜上の３種類の錐体細胞は、それぞれ赤、緑、青に対応する波長の光にそれぞれ感度が高いことで、その反応の組み合わせによって色の違いを検出できる（**三原色説**）。三原色説は色が混じりあう混色といった現象を説明しやすい。しかし、「青味のある黄色」といったあり得ない組み合わせがあり、緑─赤、青─黄（それに白─黒（明るさ）が加わる）の対比で色の知覚が成立しているという説が提案されている（**反対色説**）。反対色説に適合する現象も観察されており、たとえば、黄色をずっと見続けたあとに白色の紙を見ると青色が知覚される（色の残効現象）。両方の説は統合され、網膜では三原色に分解されるが、中枢では反対色に情報が整理され色の知覚が生じると考えられている（段階説）。

❸奥行きの知覚

外界は立体（三次元）であるが、網膜像では二次元情報に置き換えられる。そこから我々が体験している立体的な知覚を構成する仕組みが知覚過程には備わっている。外部からの情報としては、大きさの比較、斜め線、ぼやけ具合、陰影のでき方等が奥行きを復元する手がかりとなっている。また左右の目の網膜像のズレ（**両眼視差**）や左右の眼球の内向きの運動（輻輳）といった身体的な情報も手がかりとなる。

たとえば、３Ｄの映画は両眼視差を応用したものである。左右の眼球に交互に位置のズレを人工的に作った映像を提示し、そのズレを両眼視差として捉えることで立体的な知覚が生じる。奥行き視は、錯視や大きさの恒常性と関係している。

★暗順応
暗順応は加齢の影響を受けて、老年期には時間がかかるようになる。夜に外出するなど、急に明るいところから暗いところに移動したとき、若年者は暗順応して見えているのに、高齢者はまだ見えていないということが生じるので、注意が必要である。

★三原色
ここでいう三原色は光の三原色と呼ばれるものであり、その混色の現象は加法混色という。加法混色では、たとえば赤と緑の光を合わせると黄色になり、三原色が合わさると白になる。なお、絵具やプリンターのインクなどでは、イエロー（黄）、マゼンダ（赤紫）、シアン（青緑）が色の三原色として用いられている。その混色は減法混色といい、たとえばイエローとシアンの混色は緑となり、三原色が合わさると黒に近づく。

❹体制化

視野のなかにあるさまざまな要素は、一定の法則に基づくまとまりとして知覚される（**体制化**あるいは**群化**という）。ゲシュタルト心理学者は、体制化が生じる要因を**プレグナンツ（簡潔性）の法則**として整理した。**図2-8**に示すように、近接、類同、閉合のように、複数の要素がまとまりを形成しやすい法則がある。また、「よい形」のように円や四角形などの一定の形はまとまりとして認識されやすい特徴がある。

❺知覚的補完

視覚情報処理の過程は現に眼前にある物理的情報だけによるのではなく、そこには存在しない情報を補完する働きをもっている（**知覚的補完**）。たとえば**図2-9**のように隠された部分が存在するように知覚する場合がある（**アモーダル補完**）。また、**図2-10**のように物理的には線がない部分に輪郭線があるように感じることがある（**主観的輪郭線**）。

映画は物理的には1コマずつの写真を連続して投影しているだけであり、コマとコマの間の動きが提示されているわけではない。しかし、実際にはコマとコマの間の動きは補完されて知覚されることで動きを知覚することができる。この現象を**仮現運動**といい、これも知覚的補完による現象の一つである。

Active Learning

図2-11の錯視図形について、定規等を使って、物理的にはどのような属性（大きさ、線の方向）なのか調べたうえで、再度図形を観察してみましょう。

❻錯視

物理的な刺激と知覚の間に大きな違いがある場合を錯覚と呼ぶ。視覚における錯覚を**錯視**という。自然現象のなかでも錯視は生じており、たとえば、月が建物や地平線に近い位置に出ているときには、天空高く出ているときよりも大きく見える（**月の錯視**）。錯視の研究は古くから行

図2-8　体制化の例

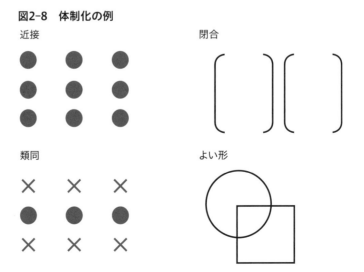

われており、錯視を生じさせるさまざまな図形が示されている（図2-11）。

　錯視を生じさせる原因は多様である。たとえば、奥行き視を得る手がかりの一つである斜め線を検出すると、自動的に奥行きを感じてしまう

図2-9　遮蔽の効果の例（アモーダル補完）

二つの円に隠された部分は、他の部分と同じく小さな四角形があるのだが、隠されている部分は、上の円では十字が、下の円では四角形が隠されているように感じる。

図2-10　主観的輪郭線の例（カニッツアの三角形）

図2-11　錯視図形の例

ポンゾ錯視
・内部の横線は物理的には二つとも同じ長さである。

ツェルナー錯視
・縦線は物理的には平行線である。

デルブーフ錯視
・中心の円は物理的に同じ大きさである。

ミュラーリヤ錯視
・上下の横線は物理的には同じ長さである。

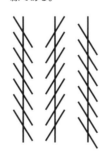

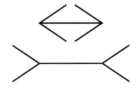

（線遠近法）。そのため、奥行きを示すものではない斜め線にもその効果によって錯視が生じると考えられる（ミュラーリヤ錯視、ポンゾ錯視、ツェルナー錯視など）。

❼恒常性

　網膜上に投影される像は変化しやすいが、知覚像は網膜像の変化に比べて安定していることを**恒常性**といい、さまざまな知覚的な属性においてみられる。対象（特に人物）との距離が遠くなれば網膜像はその距離に反比例して小さくなる。しかし、その対象はそれほど小さくは知覚されない（**大きさの恒常性**★）。そのほかにも以下のような恒常性が観察されている。

① 　形の恒常性

　階段を見上げると階段の蹴込板（階段の垂直部分）は「台形」として網膜に映っているはずであるが、長方形と知覚される。

② 　明るさの恒常性

　白い紙を明所と暗所で見ると網膜上の明るさは非常に異なっているが知覚上は明るさの差は小さい。

③ 　色の恒常性

　照明の色を変えても色の知覚が変わりにくい。

④ 　位置の恒常性

　頭部や眼球が動くと網膜像が大きく変化しているはずだが、知覚は安定している。

★**大きさの恒常性**
同じ身長の人物が10m離れていれば、1m離れているときに比べて網膜像の大きさは10分の1になるが、知覚的には10分の1ほどに小さくなったようには見えない。

Active Learning
白い紙や色紙を暗い場所と明るい場所で、明るさや色の違いについて観察して、恒常性の現象を実際に体験して確認してみましょう。

▌4 アフォーダンス

　ギブソン（Gibson, J.）は、これまで説明してきたような網膜上の像を脳内で処理することで知覚が生じると説明するのではなく、環境そのものから直接的に情報が得られ、知覚されているという理論を示した。**アフォーダンス**という語は、ギブソンの造語であり、動詞のアフォード（afford：～を与える）を名詞にしたものである。つまり、環境内に存在するものには、それぞれの動物や人に意味のある環境的な情報が存在して常に与えられており、動物は環境内でその情報を容易に発見し、直接的にピックアップできると考えている。たとえば、足元の平面が傾いていなくて、その表面が固そうな状態は、そのような情報の分析を行わなくても、直ちにそこに足を踏み出して歩くという行為を引き起こす（歩けると知覚できる）。ギブソンの知覚理論は生態心理学に引き継がれている。

◇引用文献

1）Botvinick, P. & Cohen, J., 'Rubber hands 'feel' touch that eyes see', *Nature*, 391, p.756 , 1998.

◇参考文献

・綾部早穂・熊田孝恒編　『ライブラリスタンダード心理学　スタンダード感覚知覚心理学』サイエンス社，2014.
・横澤一彦『視覚科学』勁草書房，2010.
・佐々木正人『アフォーダンス──新しい認知の理論』岩波書店，1994.

第4節 学習・行動

学習のポイント

● 学習の概要について学ぶ
● ヒトや動物の行動が変化する仕組みや過程を理解する
● 古典的条件づけとオペラント条件づけについて理解する

　学習というと、一般的には勉強をするということをイメージする人が多いかもしれないが、心理学における「学習」とは「経験によって獲得する比較的永続的な行動の変化」と定義される。したがって、経験によらず遺伝的に規定された発達や加齢などによる身体的変化に伴う行動の変化は、学習によるものではない。また疲労や薬物の影響による行動の変化も一時的であるため学習によるものとはいえない。

　上記のような定義から考えると、学習されるものは必ずしも適応にとって好ましい行動ばかりではない。特定の対象に対する極端な恐怖や不安といったように、学習という機能により、結果として不適応な行動が獲得されてしまうこともある（たとえば不潔恐怖）。したがって、さまざまな学習のメカニズムを明らかにすることは、そのような不適応な行動にどのような対応をすればよいのかという治療に結びつけることにも役立つ。

　このような学習には、大きく非連合学習と連合学習の2種類の基礎的な学習形態がある。非連合学習とは単一の事柄に関する学習であり、連合学習とは複数の事象間の関係についての学習である。それぞれについて以下で説明をしていく。

1 ▶ 単一の事柄に関する学習（非連合学習）

1 馴化と脱馴化

　ある同一の刺激を繰り返し与えられることにより、その刺激に対する反応が弱まる現象を<ruby>馴化<rt>じゅんか</rt></ruby>と呼ぶ。一般的な言い方をすれば、慣れのことである。たとえば突然工事がはじまって大きな音が鳴ると、ヒトや動物は大きな反応を起こすが、長時間にわたって同じ音を聞いていると、反

応は次第に小さくなっていく。そして、ある刺激に対して馴化が生じた
のちに、その刺激を提示しない時間があると、再び刺激した際の反応が
強まる。これを**自然的回復**という。

　一方で馴化刺激とは別の刺激を経験することによって、馴化した反応
が回復することがある。これを**脱馴化**という。繰り返し聞いていたこと
で気にならなくなっていた工事の音が、別の刺激である飛行機の音など
が突然聞こえると、その後再び工事の音に対する反応が戻って気になり
はじめることなどがこの例として挙げられる。

2 鋭敏化

　馴化とは逆に、強い刺激が繰り返し提示されることで反応がむしろ増
強する場合がある。これを**鋭敏化**と呼ぶ。例を挙げると、強い地震を何
度か経験した際には、強い恐怖を感じるが、続く余震に対しても恐怖は
弱まらず、むしろ増強されてより強い恐怖感を感じるということがこれ
に当てはまる。

3 馴化―脱馴化法

　馴化の現象を利用して、乳幼児が与えられた刺激について区別できて
いるかを確認する方法として**馴化―脱馴化法**が挙げられる。乳幼児に、
ある視覚刺激Aを提示すると、最初のうちは長く注視するが、繰り返し
提示していくと注視時間が短くなる。次に別の視覚刺激Bに変えて提示
すると、注視時間が回復し長くなる。このような測定を行い、乳幼児が
最初の刺激Aと次の刺激Bとを区別できているかを調べる方法である。

2 複数の事象間の関係についての学習 （連合学習）

1 古典的条件づけ（レスポンデント条件づけ）

❶古典的条件づけとは

　古典的条件づけは、19世紀末のロシアの生理学者パブロフ（Pavlov,
I. P.）により発見され、一連の研究がはじめられた。このような実験の
一つでは、まずイヌにベルの音を聞かせてからエサを与える手続きを繰
り返している。最初のうちイヌはベルの音には注意を向けるだけで、エ
サに対して唾液を分泌していた。しかし、しばらくベルの音とエサを一
緒に与えることを繰り返すと、イヌはベルの音を聞いただけで唾液を分

泌するようになった。これが古典的条件づけと呼ばれるもので、レスポンデント条件づけや、パブロフ型条件づけとも呼ばれる。レモンを見ただけで口に入れなくても唾液がでるのは、この古典的条件づけの例である。

　ここでの唾液の分泌のような生得的な反射反応のことを、**無条件反応**（unconditioned response：UR）という。そして、無条件反応をいつでも同じように引き起こす刺激（ここではエサのこと）を、**無条件刺激**（unconditioned stimulus：US）という。一方、ベルの音は、はじめは唾液の分泌とは無関係であったため、**中性刺激**（neutral stimulus：NS）と呼ばれる。また**条件刺激**（conditioned stimulus：CS（ここではベルの音））と無条件刺激（ここではエサ）を一緒に与えることを、対提示という。そしてベルの音を聞かせただけで、唾液を分泌するというような誘発されるようになった反応を、条件反応（conditioned response：CR）といい、その条件反応を引き起こすようになった中性刺激を、条件刺激という。

　つまり古典的条件づけとは、条件刺激とセットで無条件刺激が繰り返し対提示されると、無条件刺激の提示が無くなって条件刺激だけの提示になっても、無条件反応と同様の条件反応を誘発するようになることをいう。

❷さまざまな古典的条件づけ

　パブロフは前述のとおり、イヌの唾液分泌の条件づけを行ったが、ワトソン（Watson, J. B.）はヒトを対象として実験的に条件づけを行った。生後11か月のアルバートという乳児に対して、白ネズミと大きな金属音の対提示を行った。彼は、アルバートが白ネズミに手を伸ばし、触れた瞬間にアルバートの頭の後ろで大きな金属音を鳴らした結果、何週間も遊び相手にしていた白ネズミに対して恐怖反応を示すようになったことを報告している[1]。

　また別の古典的条件づけの例として、何かを食べたあとに、腹痛や嘔吐を経験すると、そのときに食べたものが苦手になることがある。これは食べ物や飲み物の味やにおいを条件刺激、腹痛や吐き気などを無条件反応とした古典的条件づけの例であり、**味覚嫌悪学習**と呼ばれる[2]。味覚嫌悪学習では、飲食をしてから、無条件反応である腹痛や吐き気が生じるまでに数時間の時間的遅延があったとしても学習が成立するという特徴がある。通常の古典的条件づけに比べて学習が成立しやすいことが知られており、このような学習が生物の生存とかかわりが深く、その意味

合いが大きいためであろうと考えられている。

❸条件刺激と無条件刺激の時間的関係

　条件刺激と無条件刺激を提示する順序やタイミングによって条件反応の獲得のされ方に違いがでることが多くの研究から明らかになっている。

　まず条件刺激の提示開始が無条件刺激の提示開始よりも先行する手続きを、**順行条件づけ**という。逆に条件刺激の提示開始よりも無条件刺激の提示開始が先行する手続きを、**逆行条件づけ**という。逆行条件づけは、順行条件づけよりも条件づけが成立しにくいことが知られている。

　また順行条件づけのなかには、条件刺激の提示開始から無条件刺激の提示開始を遅延させるが、両刺激の提示に時間的重複がある**遅延条件づけ**や、条件刺激の提示終了と無条件刺激の提示開始の間に時間的空白が存在する**痕跡条件づけ**がある。

❹般化

　本来の条件刺激だけでなく、似た性質をもつ別の刺激でも、条件反応を引き起こすことがある。このように古典的条件づけが類似したほかの刺激にも広がる現象を**般化**という。前述の白ネズミに対する恐怖を条件づけられたアルバートは、その後、ウサギや、毛布、綿などに対しても恐怖反応を示すようになった。これは白ネズミに対する恐怖反応が、ほかの刺激にも般化しているという例である。

　また、本来の条件刺激の性質との違いが大きくなるほど、条件反応の強度がしだいに減弱していくことが知られている（**般化勾配**）。アルバートは積み木に対しては、ネズミや、ウサギ、毛布、綿などにみられた恐怖反応を示すことはなく、般化がみられなかった。刺激の類似性に基づき、反応の量と大きさが変わる般化勾配の例である。

❺弁別

　一方、般化とは逆に、ある刺激Aに対しては無条件刺激を対提示し、別の刺激Bには無条件刺激を対提示せずに単独提示するという訓練を繰り返すと、無条件刺激を対提示した刺激Aには条件反応が獲得され、対提示しなかった刺激Bには反応がみられなくなる。このように、ある別々の刺激に対して異なる反応をするようになることを**弁別**という。

❻古典的条件づけの消去

　条件刺激（ここではベルの音）のみを提示し、エサが出てこないという手続きを繰り返すと条件反応（ここでは唾液分泌）は徐々に生じなくなり、最終的にはまったく生じなくなる。このことを**消去**というが、これは条件刺激と条件反応の結びつきが弱められ、消えてしまい、条件づ

けられる前に戻っているというわけではない。なぜなら消去後に再度この学習をさせると、初めてのときよりも早く学習が成立するからである。また消去後であっても一定の期間イヌに休息時間を与え、再度、条件刺激を提示すると減少していた唾液分泌が再び現れる。この現象は自然回復（自発的回復）と呼ばれる。これらのことから消去とは、学習のうえに、消去学習が上書きされているものと考えられている。

❼古典的条件づけの応用

① 系統的脱感作

リラクセーションなどを用いて、不安や緊張、恐怖心などを徐々に消していく方法を**系統的脱感作法**という。標準的な手続きでは、対象者の不安階層表（苦手な場面をリストアップして、それぞれの場面を思い描いた際の不安感を0～100点で評価する）を作成し、点数の低いものから順に介入対象にする。つまりリラックスして、まず一番不安が弱い場面を想像することから始め、そこで何も感じなければ不安は解消されたと考え、次の段階の不安場面を思い浮かべる。このようにして徐々に段階を上げてより強い不安を解消していく。前述した般化勾配（本来の条件刺激の性質との違いが大きくなるほど、条件反応の強度がしだいに減弱していくこと）と関連した介入方法である。

② エクスポージャー法

特定の対象や場面に対する極端な恐怖や不安に対しては、そのような対象や場面を回避してしまい、消去がなされず、不安がいつまでも軽減しないということがある。そのような状態に対して、不安が起こるような場面に曝露し続けることで消去をすすめ、不安を軽減していく方法を**エクスポージャー法**という。

■2 **オペラント条件づけ**

❶オペラント条件づけとは

Active Learning

レモンを見るだけで唾液が出る現象を古典的条件づけ（レスポンデント条件づけ）の原理で説明してみましょう。

ここまで説明してきた古典的条件づけ（レスポンデント条件づけ）は、唾液分泌などの不随意的な反応が変容する過程を示したものであった。しかしヒトや動物の行動は、刺激によって誘発される反応だけで成り立っているわけではない。環境に対して、自分の意思で自発的に働きかける行動のほうが多いともいえる。このような行動をオペラント行動といい、この行動が起こった結果、当然周囲の環境に影響を与える。そしてその環境の変化からも、ヒトや動物の行動に影響が与えられる。ちなみに、このオペラントという言葉は、刺激により誘発される行動をレス

ポンデント行動ということに対して、自発される行動ということでスキナー（Skinner, B. F.）により造られた用語である。

　たとえば小さな子どもが、おもちゃ屋さんの前で、おもちゃを買ってもらえずに大声で泣いている場面を考えてみる。このとき親が根負けして、子どもにおもちゃを買い与えると、子どもはおもちゃ屋の前で泣き叫ぶとおもちゃを買ってもらえるということを学習する。そしてその後は、おもちゃ屋の前では泣き叫ぶという行動が増えていくことになる。このように自発的な行動によって生じた環境の変化が、後の行動に影響を与えていく学習を**オペラント条件づけ**、あるいは道具的条件づけという。

　スキナーは自身が作ったスキナー箱と呼ばれる実験装置を用いてネズミやハトによるオペラント条件づけの研究を行った。オペラント条件づけにおいて、ある状況（先行条件：Antecedent（A））のもとで、ある行動（Behavior（B））が起こったときに、それに続いて起こった結果（Consequence（C））が、次に同じ状況下（A）におかれたときに、その行動（B）を起こす確率に影響を与える。つまり簡単にいえば、行動によって、その直後に何かよいことが起こると、その行動は増え、何か悪いことが起こると、その行動が減るということである。この（A）（B）（C）の連鎖を**三項随伴性**と呼ぶ（**図2-12**）。

❷強化と弱化

　前述のように、ヒトや動物が起こした行動によって、その直後に環境の変化（よいことや悪いこと）が起こる。その環境の変化の影響で、将来的に行動の頻度が増加することを**強化**という。逆に、行動直後の環境変化により、行動が減少することを**弱化（罰）**という。

　そしてここでいう環境変化には、何らかの刺激が出現する、もしくは消失するという二つのパターンがある。行動の結果として、何か刺激が出現する場合に「正」、刺激が消失する場合に「負」という言葉をつけて、次に挙げるように環境変化を表現する。

図2-12　三項随伴性

★正の強化

「正」とは、何らかの刺激が出現することをいう。たとえば授業中に生徒が手を挙げて発言をするという行動に対して、教師が褒めたとする。そしてその後、生徒が手を挙げて発言する行動が増えた。このように行動（手を挙げて発言する）の直後に、刺激が出現する（褒められる）ことで、行動が増える現象や操作のことを正の強化という。

★負の強化

「負」とは、何らかの刺激が取り去られることをいう。行動の直後には、何かが出現するだけでなく、何かが消失することもある。たとえば目のかゆみがあった際に、目をこすることでかゆみがなくなり、目をこするという癖がついてしまうことがある。このように行動（目をこする）の直後に、刺激（かゆみ）が消失することで、行動が増加することが負の強化の例として挙げられる。

★正の弱化（罰）

授業中におしゃべりをしていたら、先生から注意され、その後おしゃべりをしなくなったという例が挙げられる。このようにある行動（おしゃべり）の直後に、刺激が出現する（注意される）ことで、行動が減少することが正の弱化（罰）の例である。

表2-4　環境の変化による行動の増減の4パターン

		行動	
		増加 ↗	減少 ↘
刺激	出現	①正の強化	③正の弱化（罰）
	消失	②負の強化	④負の弱化（罰）

　すなわち行動直後の刺激の出現によって行動の頻度が増加することを正の強化、刺激の消失により行動が増加することを負の強化という。また行動直後の刺激の出現により行動が減少することを正の弱化（罰）、刺激の消失により行動が減少することを負の弱化（罰）という。このように行動直後の環境変化と、それによる行動の増減には四つのパターンが存在することになり（表2-4）、側注にそれぞれの具体例を挙げておく。

❸オペラント消去

　古典的条件づけにおける消去は、条件刺激（たとえばベルの音）のみを提示し、無条件刺激（エサ）が出てこないという手続きを繰り返すことで、条件反応（唾液分泌）が徐々に生じなくなり、最終的にはまったく生じなくなるというものであった。一方、オペラント条件づけによって獲得された行動の消去は、行動を起こしても、何の結果ももたらされなくなることで、その行動の頻度が減少していくことである。また、消去バーストという現象もみられることがある。

❹般化と弁別

　オペラント条件づけにおける般化と弁別には、弁別刺激が重要な役割を果たしている。弁別刺激とはオペラント行動が自発するきっかけとなっている刺激である。ある弁別刺激の下でだけある行動が起こり、別の刺激下では行動が起こらないことを弁別という。そのようになった状態は、弁別刺激が行動を制御している状態であり、これを刺激性制御という。たとえば交番の前で赤信号を無視して、交通違反切符を切られたら、交番の前では信号無視をしなくなる。しかし、別の誰も人がいないような場所では信号を無視することがある。これは信号を無視して切符を切られるということが、「交番の前」という状況で起こったためである。「交番の前」という弁別刺激によって、行動が制御されている状態である。

　一方、この弁別とは正反対の現象で、弁別刺激以外の刺激の下でも、その行動が自発されることを般化という。交番の前以外の別の場所でも赤信号を守って止まるようになる状態は、行動が般化している例といえる。

❺強化スケジュール

　行動を増やしたいとき、つまり強化したいときに、常に行動に対して強化子（行動を増加させる刺激）を伴わせる必要はないことが知られている。繰り返し生起する行動のどれに、いつ強化子を提示するかについての規則を**強化スケジュール**という。強化スケジュールの例として、同じ行動が生起するたびに毎回強化子の提示を行うことを**連続強化スケジュール**といい、ときどき強化を行うことを**部分強化スケジュール**、あるいは間歇強化スケジュールという。

　強化スケジュールのタイプは、消去されにくさと関係する。つまり連続強化スケジュールで訓練された行動は獲得されるのも早いが、容易に消去されることが知られている。それに比べて、部分強化スケジュールで訓練されると、行動の獲得には時間がかかるが、消去されにくいことが知られている。ある行動に毎回よい結果が伴っていると、よい結果が得られなくなるとすぐに消去され、毎回よい結果が得られていたわけではない行動は、よい結果が得られなくなってもしばらくは粘って行動を起こそうとするということである。

❻オペラント条件づけの応用

① シェイピング

　新しい行動を身に着けたり、形成しようとしたりする際に、そのままではほとんど自発しないような行動もある。そこで、最終的に形成したい行動に近い行動が生起したら強化をし、さらに少しずつ強化する基準を厳しくしていくことで目標行動に近づけることをする。このように適応的な行動をスモールステップで形成していく方法を**シェイピング**という。

② 機能分析

　問題となっている行動を減らしたり、適応的な行動を増やしたりするための介入を考える際に、その行動の**機能分析**を行う。ヒトを含め動物の行動では、特定の環境下（先行条件：Antecedent（A））において、ある行動（Behavior（B））を起こした直後に、特定の結果（Consequence（C））が伴う。この特定の結果（C）が、以降の類似した状況（A）で、その行動（B）が起こる確率に影響を与えている。増やしたい行動や減らしたい行動（標的行動）の維持要因を、この（A）（B）（C）の三項随伴性に沿って明確にしていくのが**機能分析（ABC分析）**である。つまり機能分析とは、行動のもっている意味や働きを調べる、あるいは行動の原因を調べる方法ということができる。

★**負の弱化（罰）**
子どもがいたずらをしたことで、テレビゲームをすることを禁止されてしまい、その後いたずらをしなくなったとする。このようにある行動（いたずら）の直後に、刺激が取り去られること（テレビゲームの禁止）で、行動が減少することが負の弱化（罰）の例である。

★**消去バースト**
行動の直後にそれまで得られていた特定の結果が伴わなくなると、一時的に行動の強度や多様性が増大することを指す。たとえば、自動販売機などでジュースを買おうとしてお金を入れ、ボタンを押してもジュースが出てこなかったとする。これまで普通であればお金を入れることでジュースが出てくるという特定の結果（メリット）が得られていたが、故障で急にそのメリットが得られなくなると、何度もボタンを押したり、自動販売機を叩いたり、蹴とばすという行動を起こす人もいる。行動の強度や多様性が増す消去バーストをよくあらわした例である。
消去バーストは問題になることも多いが、一概に悪いとも言い切れない。たとえば絵を描くと必ず褒められていた子どもが、あるときから褒められなくなったら、次は絵だけでなく、別の行動（勉強や楽器の演奏）をしはじめ、またそれにより褒められるようになると、よい方向に行動の多様性が増すこともある。

行動の機能（行動がもっている働きや意味）を考えることがなぜ重要かといえば、たとえば介護施設などである利用者が繰り返し「大声」をあげるという行動で考えてみるとよくわかる。ある認知症の利用者にとっては、大声をあげることによって職員が優しくなだめに来てくれるというように他者のかかわりを得るための意味をもっていたり、また別の利用者にとっては大声をあげることによって、嫌いなほかの利用者を追い払うという他者との接触を避ける意味をもっていたりすることがある。つまり、これらは同じ「大声」という行動にみえるが、もっている意味は真逆ということになる。このもっている意味を取り違えてケアをしてしまうと、この行動を逆に悪化させてしまうことになりかねない。同じようにみえる行動でも、それぞれのもつ意味に応じた異なるケアを行わなければならない。

　次に、機能分析に基づく介入やケアの方法としては、機能分析により明らかにした行動の原因への対応を行うことが基本となる。つまり問題となっている行動を減らすには、そのきっかけ（Ａ）を取り去る、もしくは結果（Ｃ）を取り去るようにする。望ましい行動を増やすには、そのきっかけを与え、好ましい結果を伴わせることが重要である（詳しくは第5章 第3節「3 応用行動分析」を参照）。

　そして重要なことは、このように介入（ケア）を行った際には、その効果の検証を必ず行わなければならないということである。つまり、この機能分析はあくまではじめの時点では仮説であるので、これに基づいた介入（ケア）をしてみて、その成果をみることで、はじめてそのＡＢＣの仮説が正しかったかどうかがわかるのである。うまくいっていれば仮説は正しかったことになり、その介入を継続するのがよいが、うまくいっていなければ、仮説が間違っていることが考えられるため、別の仮説を考える必要がある。

■3 社会的学習

　本節のはじめに記したとおり、「学習」とは「経験によって生じる比較的永続的な行動の変化」と定義される。この「経験」も二つに大別することができる。一つは学習者が試行錯誤を重ねて体験する、直接体験である。そしてもう一つは、他者の体験を見たり聞いたりする、代理経験である。

　バンデューラ（Bandura, A.）は、他者の行動の観察をするだけで、直接行動を起こさず、直接強化もされない場面で学習が成立することを

強調した**社会的学習理論**を提唱した。つまり学習には、望ましい結果を得るという直接経験は必ずしも必要とせず、古典的条件づけやオペラント条件づけだけでは説明ができない部分があることを示した。日常的に我々も、他者がある行動を起こし、望ましい結果を得ているのを見て、自分の行動が増えるという経験をしたことがあると思うが、これが社会的学習の一つの例である。

　社会的学習は大きく二つに分けることができ、前述のモデルを観察するだけで学習が成立するものを**観察学習**と呼び、一方、観察後にモデルの行動を実行、照合してみて、強化を受けるなどして学習が成立するものを**模倣学習**という。

Active Learning

観察学習に当てはまる現象を探してみましょう。

◇**引用文献**
　1）Watson, J. B. & Rayner, R., 'Conditioned emotional reactions', *Journal of Experimental Psychology*, 3（1）, pp.1-14, 1920.
　2）Garcia, J. & Koelling, R. A., 'Relation of cue to consequence in avoidance learning', *Psychonomic Science*, 4（3）, pp.123-124, 1966.

◇**参考文献**
　・日本行動分析学会編『行動分析学事典』丸善出版，2019.
　・山内光哉・春木豊編著『グラフィック学習心理学──行動と認知』サイエンス社，2001.
　・眞邊一近『テキストライブラリ心理学のポテンシャル ポテンシャル学習心理学』サイエンス社，2019.

学習のポイント

● 情報の取捨選択にかかわる注意機能を学ぶ
● 記憶の基本的特性と記憶の種類について学ぶ
● 問題解決や意思決定の基本とそこに影響するバイアスを知る

1 注意

1 注意とは何か

　ヒトが行動することとは、特定の状況において情報を適切に処理することであると考えることができる。しかし、ヒトは入力される情報をすべて取り込めるわけではなく、状況に応じて取捨選択していることがほとんどである。そのような取捨選択において大きな役割を担っているのが注意である。

　注意は、入力される情報のうち特定の部分に注目する能力や機能、状態を指す。数人から同時に話しかけられると、話しかけられた内容のうち理解できるのはごく一部に限られるだろう。ここで理解できた情報には注意が向けられていたと考えることができる。このように、注意には、注目している部分の情報は容易に処理することができるが、それ以外の部分の処理は難しくなるという特徴がある。しかし、能力、機能、状態と複数の言葉を用いていることからもわかるように、注意にはさまざまな側面があり、実体がないことからも一義的に定義することが難しい。

2 選択的注意

　パーティの会場で、多くの人が会話をしている場面があるとしよう。そのような場面では周囲が騒がしかったとしても、周りの騒がしさは無視し、目の前にいる人の話はおおむね聞き取ることができるだろう。このような現象はカクテルパーティ効果として知られている。この現象からもわかることは、ヒトは入力される情報をすべて処理できるわけではないこと、そしてノイズも含まれる情報から必要なものだけを選んで注意を向ける能力があるということである。

適切な情報に注意を向けることを**選択的注意**と呼ぶ。選択的注意ができるということはヒトの情報処理のメカニズムのなかには「フィルタ」があり、必要な情報だけを通過させることができることを示している。このフィルタは二つの処理の仕方によって異なる働きを示す。

3 トップダウン処理とボトムアップ処理

選択的注意を有効に働かせるために、ヒトは注意のフィルタをどのように設定しているのだろうか。

特定の目的のもとで情報を処理する場合、その目的に合致した情報に選択的に注意を向ける。友人と待ち合わせをしている場合には、友人の顔や体格、服装といった知識を利用し、それに合致した情報（友人の姿かたち）を探す。このような場合、目的に合致した情報を通過させるというフィルタを設定しているといえる。このような選択的注意は**トップダウン処理**と呼ばれる。トップダウン処理は概念駆動型処理ともいわれ、知識や構えなどに基づいてフィルタを設定し、随意的に注意を向ける。

一方、選択的注意には**ボトムアップ処理**もある。たとえば、急に大きな音が鳴ったり、強い光が目に入ったりすると、驚いてそちらを向くだろう。このように、外部から感覚を通じて入力された情報（データ）に基づく注意であることからデータ駆動型処理とも呼ばれる。ボトムアップ処理では、不随意的に注意が向けられることもあることから、自分の意図とは関係なく情報が通過するようなフィルタも設定されているといえる。

4 注意の要素

注意にはいくつかの要素がある。要素の分け方にはさまざまなものがあるが、高齢者や発達障害のある者がもつ可能性のある注意の問題への対応という側面を考えると、ソールバーグ（Sohlberg, M. M.）とマティア（Mateer, C. A.）の注意の臨床モデルが有効である[1]（**表 2-5**）。

これらの注意を考えるうえでは、注意という能力を限りある「資源」と考えると理解しやすい。ここでいう資源とは何か具体的なものを指すのではなく、何かをするうえで、そこに費やされる労力のようなものを指す。費やせる労力には限界があり、それが十分にある場合には課題を行うことに問題は生じないが、割り当てる労力が不足すると課題がうまくいかなくなるというイメージである。

★ウィスコンシンカード分類課題

この課題では、受検者は提示されたカードが、ある基準をもつ四つのグループのどれに属するのかを考える。課題の始まりの段階では、4 グループがどういった分類なのかわからないが、カードを 1 枚ずつ 4 グループのいずれかに置き、それが正解か不正解か知らされることから、分類の基準を考える。このとき一定回数正解が続くと、突然基準が変えられるので、受検者は知らされる正解、不正解から新たな基準を探す。

★前頭葉

大脳のなかでも特に前部に位置する部分を指す。ほかに後頭葉、側頭葉、頭頂葉がある。哺乳類のなかでもヒトで最もよく発達した脳部位で、意思決定や推論など複雑な精神活動を担っていると考えられる。

★遂行機能

さまざまな精神活動において、決まった目標を立てたり、その目標に向かってどういった行動をとるかや、現状と目標のずれを調整したりする機能のことを指す。脳の前頭葉が遂行機能と密接にかかわっていると考えられている。

表2-5　注意の臨床モデル

焦点的注意	刺激に対する基礎的反応 (例：聴覚刺激に対して振り返る)
持続的注意	・覚醒：継続的活動の間、一定時間以上注意を持続させる ・作動記憶：情報を動的に保持し、操作する
選択的注意	転導性からの開放
転換的注意	心的柔軟性の能力
分割的注意	同時に二つの課題に対応する能力

出典：M. M. Sohlberg, C. A. Mateer, 尾関誠・上田幸彦監訳『高次脳機能障害のための認知リハビリテーション——統合的な神経心理学的アプローチ』協同医書出版社, p.105, 2012.

　注意を資源と考えるのが特に有効であるのが、選択的注意や転換的注意、分割的注意である。

　選択的注意では、特にトップダウン型の注意の場合、自身がどの対象に資源を割り当てるかを決定することが当てはまり、資源が割り当てられない対象には注意を向けることができない。

　転換的注意は、一度割り当てていた資源を別の側面に割り当て直せるかどうかということが当てはまる。ウィスコンシンカード分類課題はこのような転換的注意の能力をみることのできる課題である。受検者は、この課題で基準の変化に気づくと資源を移動させて別の基準を探すが、脳の前頭葉に損傷がある患者などは資源の切り替えができず、同じ基準で分類を続けることが知られている。

　分割的注意では、課題が複数ある状況で、どの課題にどの程度資源を割くか考える。各課題に必要な資源の量は複数の課題を単独ないし同時に行わせる多重課題法という方法で検討される。単独で行わせるよりも、複数を同時に行わせるほうが利用できる資源が少ないため課題の成績は高くない。また、各課題にどの程度資源を割くかという意図も重要であり、特定の課題に資源を割き、別の課題にはあまり資源を割かなくても、成績は大きく下がらないが、各課題に同じ程度で資源を割こうとしたときに、各課題の成績が押しなべて下がるといった現象もある。

　ここまで述べてきたように、注意という資源は適切に利用されるように何かしらに制御されていると考えられる。注意を制御する役割を担うものとして遂行機能という概念が想定されている（記憶の項も参照）。脳の前頭葉が損傷した患者は、注意の制御がうまくいかないことが示されることも多く、前頭葉が遂行機能の役割を担っていると考えられている。

2 ▶ 記憶

注意を向けて取り込まれた情報はその場で活用されるだけでなく、時間が経過した別の場面でも用いられる。別の場面で用いるためにヒトは情報を記憶として留める。

1 情報の流れ

記憶には三つの基本的過程が存在する。まずは、情報を取り込む段階である。これを記銘と呼ぶ。記銘された情報は、後に活用されるために保管される。これを貯蔵と呼ぶ。そして、必要な場面で、必要な情報を思い出す段階があり、これを想起と呼ぶ。このような一連の過程を情報の流れという側面を重視してみることも多く、記銘を**符号化**、貯蔵を**保持**、そして想起を**検索**と呼ぶことも多い。

2 記憶の分類

記憶は単一のものとして捉えられるものではなく、その特徴によってさまざまな種類があると考えられている。

❶保持時間による分類

アトキンソン（Atkinson, R. C.）とシフリン（Shiffrin, R. M.）は記憶の多重貯蔵モデル（**図2-13**）のなかで、保持できる時間に基づき、情報がそのときどきで異なる貯蔵庫に保持されていると提案している[2]。

まず、情報は外部から感覚登録器に入力される。感覚登録器に入力された情報（**感覚記憶**）は基本的に極めて短い時間しか保持することができない。たとえば、スパーリング（Sperling, G.）が行った実験では、視覚的な情報は入力されてから選択的な注意を向けないと、0.5秒後から忘れられ始め、1秒程度で消失することが示されている[3]。

図2-13 多重貯蔵モデル

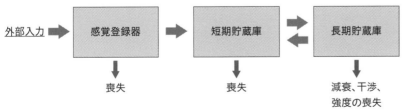

出典：Atkinson, R. C. & Shiffrin, R. M., 'Human memory：A proposed system and its control processes', *Psychology of Learning and Motivation*, 2, p.93, 1968. をもとに筆者作成

感覚登録器に入力された情報に対して選択的注意が向けられると短期貯蔵庫へ転送される。この貯蔵庫に入力された情報は短期記憶と呼ばれる。短期記憶は、リハーサルしている限り忘れられないという特徴をもつ。しかし、リハーサルをしなくなると、徐々に情報は消失する。ピーターソン（Peterson, L.）らの研究によると、意味のない文字列を符号化したあとに、引き算課題をすることで符号化した文字列をリハーサルできなくすると、20秒程度で消失されることが示されている。[4]

短期貯蔵庫から長期貯蔵庫へ転送された情報は長期記憶と呼ばれ、比較的永続的に保持することが可能となる。記憶の多重貯蔵モデルでは、長期記憶は必要に応じて検索され、利用可能な状態とするために短期貯蔵庫に送られ、そこから反応出力がなされると考えられている。

❷機能や内容による分類

① ワーキングメモリ

ワーキングメモリは短期記憶の考え方を拡張したものである。短期記憶が情報の保持という機能に着目している一方で、ワーキングメモリは情報の操作や処理といった機能にも焦点を当てている。ヒトは単に情報の出し入れだけでなく、自らその情報に別の情報を付け加えたり、変化させたりすることができる。たとえば、暗算を考えると、最初に示された数値を保持したうえで、次に入力される数値を符号化するとともにそれらの数値を加減乗除して、その結果を出力したり、保持したりする。

ワーキングメモリがどのような概念であるのかについては現在も多くの研究が行われているが、広く知られている考え方としてバドリー（Baddeley, A.）のモデルがある。[5] このモデルではワーキングメモリには複数の要素がある（図2-14）。視空間スケッチパッドは視覚的な情

図2-14　バドリーのワーキングメモリモデル

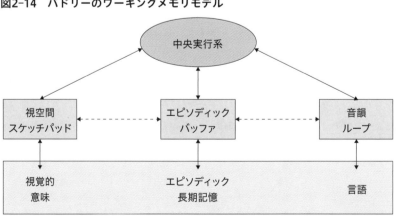

出典：Baddeley, A., 'Working memory', *Current Biology*, 20, pp.R136–R140, 2010. をもとに筆者作成

報を、音韻ループは音声情報を保持する機能を担っている。エピソ
ディック・バッファは視空間スケッチパッドと音韻ループの調整役とし
て長期記憶とワーキングメモリのインターフェイスとなっている。そし
て中央実行系は、各システムを制御し、情報を処理・操作する機能をもっ
ている。中央実行系は注意の制御にもかかわり、遂行機能としての役割
を担うと考えられている。

② 宣言的記憶と非宣言的記憶

長期記憶は比較的永続的に保持される記憶と説明したが、保持時間の
側面よりも内容の違いによって分類されることのほうが多い。スクワイ
ヤ（Squire, L. R.）は**図2-15**のような分類を示している。[6]まず、記憶
は**宣言的記憶**と**非宣言的記憶**に分類される（それぞれ陳述記憶と非陳述
的記憶とも呼ばれる）。

宣言的とは言葉で記述できるという意味であり、意識的に検索が可能
であるという側面がある。宣言的記憶には意味記憶とエピソード記憶が
含まれる。

非宣言的記憶は言語では記述しにくい記憶を指す。このなかには自転
車の運転や楽器の演奏のような技能に関する記憶である手続き記憶や、
先行する経験が、それを意識しなくとも後続する経験に影響するときの
先行する経験を指すプライミングといったものがある。また、古典的条
件づけや非連合学習も非宣言的記憶に含まれる。

❸日常生活にかかわる記憶

ここまで示してきた記憶の特徴は、環境や経験、個人差といったさま
ざまな影響を統制した実験室での研究で見出されたものが多い。しか
し、より日常生活に近い場面で検討したほうが有効であるという考えに

図2-15　スクワイヤの記憶の分類と関連する神経系

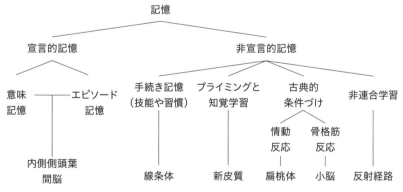

出典：Squire, L. R., 'Memory systems of the brain : A brief history and current perspective',
Neurobiology of Learning and Memory, 82, pp.171-177, 2004. をもとに筆者作成

★**意味記憶とエピソー
ド記憶**
意味記憶はりんごの形
や色といった辞書的な
知識に関する記憶を指
す。一方で、エピソー
ド記憶は、昨日、自宅
で家族とりんごを食べ
たといったようなエピ
ソードに関する記憶を
指す。

★**古典的条件づけ**
刺激（中性刺激（例：
ベルの音））そのもの
は特定の反応や行動
（無条件反応（例：唾
液の分泌））を促さな
いが、その刺激ととも
に無条件反応を促す刺
激（無条件刺激（例：
エサ））を提示するこ
とで、二つの刺激の間
に連合が形成され、中
性刺激の提示のみで無
条件反応を引き出すよ
うになる学習。

★**非連合学習**
一つの刺激に関する学
習で、繰り返しその刺
激が提示されることに
よって、その刺激に馴
れて反応が弱まった
り、反対に、その刺激
に対して敏感になり、
反応が強まったりする
ことを指す。

基づく研究からも記憶の特徴が示されている。

たとえば、**自伝的記憶**はエピソード記憶の一つであるが、単なるエピソードというよりも、その人個人がもつ経験としての意味合いが強い。そこでは、単に自分自身がどういった経験をしてきたかということだけでなく、自身のアイデンティティの確立や維持にかかわったりする。自伝的記憶の特徴として、高齢者に自己の自伝的記憶を尋ねると、最近の出来事がよく想起されるほか、生後すぐの記憶はほとんどなかったり、成人前後の記憶が多く想起されたりするといったことがある。

記憶は過去にあった事実や経験に関する情報が多いが、まだ起こっていない未来に関する情報もある。これは**展望的記憶**と呼ばれる。たとえば、決まった時間に薬を飲むことを覚えていたり、処方薬がなくなったら病院や薬局に行くといったことを覚えていたりすることが当てはまる。前者は時間に基づく展望的記憶、後者は事象に基づく展望的記憶という。

3 忘却

記憶の存在が意識されるのは、それを思い出すときよりも、それを思い出せないときかもしれない。記憶を思い出せないことを**忘却**と呼ぶ。

エビングハウス（Ebbinghaus, H.）[i]は、自分自身を被験者として、意味のない文字列をいくつか記憶する実験を行った[7]。一度、完全に符号化できたときに、その符号化にかかった時間を記録する。そして一定の時間が経過したあとに、その文字列をもう一度符号化するのにかかった時間を割り出す。最初にかかった時間と再学習にかかった時間の差が大きいほど、その文字列を覚えていることになる。このようにしてエビングハウスは経過した時間と節約率の関係を**忘却曲線**として示した（**図 2-16**）。この実験からは、（意味のない内容は）符号化後、短い期間で急激に忘却が起こるが、そこで忘却されなかった内容は比較的長期間保持できるということが明らかになった。

●忘却の特徴

忘却はどういった原因で起こるのだろうか。昔のことほど詳細が思い出しにくいことから、時間が経過することが忘却の原因と考えられる。

---

i 〔Hermann Ebbinghaus〕1850-1909. ドイツの心理学者で、記憶を実験的に検討した最初期の人物である。記憶の研究以外にも、周囲に配置された複数の円の大きさによって中心にある円の大きさが異なって見える錯視を発見した人物としても知られる。

図2-16 忘却曲線

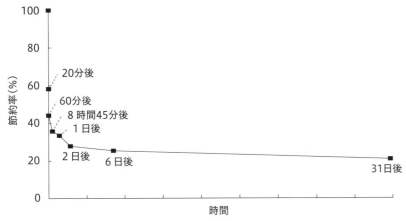

出典：Ebbinghaus, H., *Über das Gedächtnis:Untersuchungen zur experimentellen Psychologie*, Duncker & Humblot, p.106, 1885. をもとに筆者作成

しかし、単に時間が経過して忘却が起こるのではなく、時間が経過することで、その記憶以外の情報が入出力されるために、その記憶に干渉★が起こるという考え方もある。干渉には、前に記憶した内容が、後に記憶しようとした内容に干渉し、後の内容を忘却してしまう順向干渉と、後に記憶した内容が前に記憶した内容に干渉し、前の内容を忘却してしまう逆向干渉がある。加えて、ペアにして覚えた複数の記憶のうち、特定の記憶の検索を繰り返すことで、それ以外の記憶の忘却が起こりやすくなるという検索にもとづく忘却もある。

　このような現象は、記憶には記憶そのものとそれに紐づいた手がかりがあり、検索には手がかりや、記憶と手がかりとの結びつきも重要であることを示している。ある出来事を手がかりなしで思い出すことより、何かしらの手がかり（たとえば写真）をもとにその出来事を思い出すほうが簡単だろう。忘却には記憶そのものが失われていることのほか、記憶そのものは残っていても、適切な手がかりとの結びつきがないために思い出せず、結果的に忘却しているようにみえるということもあるといえる。

★干渉
記銘しようとしている情報がすでに記銘している別の情報とぶつかりあうことによって記銘できず、結果として忘却してしまうという考え方。この考え方は記憶が情報同士の結びつき（連合）によって成立するという基盤があることを示唆している。

3 ▶ 思考・認知バイアス

　思考をかなり大まかに説明すると、現在の状況にはないものごとについて考えることを指す場合が多い。たとえば、ものごとの原因や結果を推論することや、さまざまな問題の解決方法を考えることが当てはま

る。思考はコンピュータのように論理的にできるときもあるが、さまざまな理由で正確でなく、偏った判断をすることもある。

1 推論

推論とは前提となる情報と結果（帰結）の関係を明らかにすることを指す。推論には、正しい前提から特定の帰結を導く演繹的推論★と、観察できる複数の帰結から、その前提にあるものを探る帰納的推論★がある。

演繹的推論を検討する際に用いられる課題に4枚カード課題がある。**図2-17** に示した課題を用いたウェイソン（Wason, P. C.）は、この課題で正答を出せたのが参加者の4％に過ぎないことを示している[8]。この課題では「母音が書かれたカードの裏が何か」を調べようと正しく考える人は多いが、それと同時に「偶数が書かれたカードの裏が何か」も調べようと誤って考える人が多いことによって起こる現象である（実際は「奇数が書かれたカードの裏が何か」を調べれば問いが正しいかがわかる）。

帰納的推論でもその難しさが現れる課題がある。ウェイソンが2-4-6課題と呼ぶ課題では、2-4-6といった形で提示された数列がどういった規則に基づいて出されたものかを参加者に予測させる[9]。ここでは参加者に三つの数字を言わせ、実験者はその数列が規則に合うかを答える。参加者は2ずつ加算される（1-3-5）とか、偶数列である（8-10-12）と考えて数列を出すことが多い。しかし、実際にウェイソンが示した規則は「上昇系列」というものである。つまり、1-2-4でも1-100-102でも規則に合うのである。この例は、推論では規則に当てはまらなそうな前提も考えたほうがよいが、実際は規則に従うものを多く考えてしまう傾向があることを示すものといえる。

★演繹的推論
普遍的であると考えられている前提から、個別の結論を導き出す推論を指す。「AはBよりも大きい」「BはCよりも大きい」「したがってAはCよりも大きい」といったような三段論法は演繹的推論の一つである。

★帰納的推論
個別の前提から、普遍的な結論を導き出す推論を指す。患者の症状から、医師がその原因（病気の種類）を考えるといった事態が当てはまる。一般に個別の前提がその場にすべて挙がることは少なく、導き出した結論は正しくない場合もある。

図2-17　ウェイソン課題の例

課題の説明：カードの表にはアルファベット、裏には数字が書かれている。このとき「もし表に書かれたアルファベットが母音なら、その裏に書かれた数字は偶数である」という問いが正しいかどうか調べるためには、少なくともどのカードをめくればよいだろうか。

A D 4 7

2 問題解決

特定の目標があるときに、その目標が達成されていない場合には達成のための努力をする。心理学ではこれを問題解決という。そして問題解決の方法には**アルゴリズム**と**ヒューリスティック**と呼ばれるものがある。

アルゴリズムは論理だった道筋のある解決方法で、その方法を用いれば確実に目標の達成が導かれる方法である。確実に目標達成できるのであれば、アルゴリズムを常に用いるべきかもしれないが、問題にはその方法で解決できるかどうかもわからないものもある。また、問題解決できることはわかっていても、きわめて労力がかかるのであれば、その方法を使いたがらないかもしれない。

そのような場面で用いられるのがヒューリスティックである。ヒューリスティックは、過去の経験から得られた経験則で、その経験則を用いて容易に目標を達成しようとするときに用いられる。過去にも類似の問題があった場合、ヒューリスティックを用いると、うまく解決できることもあり、直感的に用いてしまうことも多い。しかし、ヒューリスティックを用いたからといって解決できない問題も多くある。

3 認知のバイアス

推論や問題解決では、論理的に答えが得られたり問題を解決できたりする方法があるにもかかわらず、直感的に考えてしまい、論理的にものごとを捉えることが難しかったり、そもそも合理的な方法を取りたがらないこともある。このような認知の傾向を**バイアス**と呼ぶ。これは、人が可能な限り素早く効率的にものごとを処理したり、できるだけ不快な状態にはなりたくないといった動機づけが働いているためであると考えられる。実際、直感的な思考でも日常生活で大きく困ることは多くないことも、そういった捉え方をしてしまう原因かもしれない。

認知のバイアスとして知られるもののうち代表的なものを**表2-6**に示す。このような認知バイアスのなかでも、特に自己と他者という人間関係のなかで起こるものを社会的な認知バイアスと呼ぶこともある。

Active Learning

表2-6の認知バイアスのいくつかについて、実際の事例を考えたり、調べたりしてみましょう。

表2-6 認知のバイアスの一例

利用可能性ヒューリスティック	ものごとを考えるときに、そのときに頭の中で思い浮かんだ情報に基づいて判断しようとする傾向のこと。思い浮かびやすいものとして、よく見聞きするものや、最近見聞きしたものがある。
代表性ヒューリスティック	ある対象について考えるときに、その対象が属するグループの典型的な例を基準にして判断しようとする傾向のこと。特に、判断に必要な情報が少ないときは典型的な例に依存してしまう可能性がある。
係留と調整のヒューリスティック	先に提示された情報に、後の判断に影響を与えてしまう傾向のこと。特に先に提示された情報が基準となり、その基準に近いような判断をしてしまう傾向のこと。
確証バイアス	判断をする際に、自身が考えていることに合致するような情報ばかりを集めて、自身の考えを補強しようとする傾向のこと。
後知恵バイアス	ものごとが起こる確率を事前には正確に予測できていなかったにもかかわらず、その結果を知ったあとに、そのものごとが起こる確率を高く見積もっていたと過大視する傾向のこと。
正常性バイアス	災害や事件などの状況で、自分に都合の悪い情報の重要性を過小評価し、自分には問題は振りかからないだろうと考えてしまう傾向のこと。
錯誤相関	特に当てはまることが少ない二つの事例について、実際には関連がないにもかかわらず、関連があると誤って判断してしまう傾向のこと。
行為者─観察者バイアス	同じ出来事でも、それが自分自身に起こったものであるか、他者に起こったものであるのかによって原因が異なると考えてしまう傾向のこと。
透明性の錯覚	自分の考えが相手に正確に伝わっていると実際以上に考えてしまう傾向のこと。コミュニケーションにおいて自分自身は正確に伝えたと思っていても、実際にはそれほど正確には伝わっていない可能性がある。

◇**引用文献**

1）M. M. Sohlberg, C. A. Mateer, 尾関誠・上田幸彦監訳『高次脳機能障害のための認知リハビリテーション──統合的な神経心理学的アプローチ』協同医書出版社，2012.
2）Atkinson, R. C. & Shiffrin, R. M., 'Human memory : A proposed system and its control processes', *Psychology of Learning and Motivation*, 2, pp. 89-195, 1968.
3）Sperling, G., 'The information available in brief visual presentations', *Psychological Monographs : General and Applied*, 74(11), pp. 1-29, 1960.
4）Peterson, L. & Peterson, M. J., 'Short-term retention of individual verbal items', *Journal of Experimental Psychology*, 58(3), pp. 193-198, 1959.
5）Baddeley, A., 'Working memory', *Current Biology*, 20(4), pp. R136-R140, 2010.
6）Squire, L. R., 'Memory systems of the brain : A brief history and current perspective', *Neurobiology of Learning and Memory*, 82(3), pp. 171-177, 2004.
7）Ebbinghaus, H., *Über das Gedächtnis: Untersuchungen zur experimentellen Psychologie*, Duncker & Humblot, 1885.
8）Wason, P. C., 'Reasoning', Foss, B. M. (ed.), *New horizons in psychology*, Penguin, pp. 135-151, 1966.
9）Wason, P. C., 'On the failure to eliminate hypotheses in a conceptual task', *Quarterly Journal of Experimental Psychology*, 12(3), pp. 129-140, 1960.

◇**参考文献**
・日本認知心理学会編『認知心理学ハンドブック』有斐閣，2013.
・河原純一郎・横澤一彦『シリーズ統合的認知 注意──選択と統合』勁草書房，2015.
・Baddeley, A., Eysenck, M. W. & Anderson, M. C., *Memory*, Psychology Press, 2014.

●**おすすめ**
・石口彰『知覚・認知心理学』放送大学教育振興会，2019.

第6節 知能・パーソナリティ

学習のポイント
● 知能の概要を理解する
● 知能検査の仕組みを理解する
● パーソナリティにおける類型論と特性論の特徴を理解する

1 知能

1 知能とは

知能とは何か。「知能が高い」という言葉は、一般的には「頭がよい人で、勉強ができる人」であるという印象が強い。「頭のよさ」というときには、たとえば子どもに対しては、一人ひとりの能力の違いとして認識されやすい。

また、成人になると、「仕事ができる人」という印象にもつながりやすい。一般的に「知能」という言葉は、その人の「力」の違いを考えるときに代表的な心理的能力として捉えられている。

2 知能の理論

❶二因子論

知能の定義についてはさまざまな議論がある。スピアマン（Spearman, C. E.）は、**二因子説**として以下の二つの因子により知能は構成されていると考えた。

> **一般因子（G）**：知的活動に共通して作用する因子
> **特殊因子（S）**：各領域に別個に作用する特殊因子

彼の理論によれば、ある種の課題で良好な成績を示すものは、しばしば、ほかの多くの課題でも好成績を示すという事実から、知能には、すべての課題の共通する一般的因子と特定の能力の特殊因子が存在するとされる。

❷多因子論

サーストン（Thurstone, I. L.）は、さまざまな検査の成績を因子分

表2-7 サーストンの見出した因子

言語因子	言語・概念などを操作する能力であり、言語力や推理力により構成される
語の流暢性因子	名前・食物の名称などの単語を、連続して話し出すことのできる能力で、その単語自体の内容の理解は含まれない
空間因子	図面を読む、図形の比較や構成を把握する能力
数因子	足し算、引き算、掛け算などの数作業をする能力
記憶因子	言語を記憶したり、過去の経験を再確認する能力
知覚因子	反応時間・知覚・判断の早さなどの能力
帰納因子	与えられた刺激などの資料から、規則や原理を見出す能力

析して、次のような多数の因子を見出し（**表2-7**）、スピアマンの単一因子説と異なる見解を提出した。

　因子分析という調査研究の手法をその後用いた、知能の研究の代表的な研究者が、ギルフォード（Guilford, J. P.）である。

　ギルフォードは、知能構造の因子モデルを、以下の三つの次元で構成していると考えた。

　・操作（評価、収束的思考、発散的思考、記憶、認知）

　・内容（図形的、記号的、意味的、行動的）

　・所産（知識の単位、クラス、関係、体系、変換、合意）

　ギルフォードは、知能とは、上記の三つの次元の因子を組み合わせた120個の因子行動があり、それを総称して知能と考えるとしている。このギルフォードの知能理論の特徴は、三つの次元が並列的ではなく、操作、内容、所産の独立していない相互関係がある次元により構成されていると主張したところにある。

　このほかにもヘッブ（Hebb, D. O.）は、知能の成分は、二つに分けられ、遺伝的能力と現在の知的能力があり、それらは幼児期・児童期に形成され、ある水準の環境的刺激によって発達される能力であるとしている。

❸ CHC 理論

　キャッテル（Cattell, R. B.）はさまざまな調査の結果の因子分析から、知能は、**流動性知能・結晶性知能**の二因子に分かれるとした。

　結晶性知能は、加齢に伴い、成人期や老年期にも増加しつづけるという特徴がある。一方、流動性知能は、成人中期頃から衰退が始まり、低下は、個人差が大きいことが特徴である。特に流動性知能については、

表2-8　流動性知能と結晶性知能の特徴

流動性知能	身の回りに起きた問題を解決する判断、物事・事実の関係を理解、推理する能力などの情報処理と問題解決の能力
結晶性知能	特定の文化に特徴的な言語や知識に適用されるとされ、その人の生活経験、教育、職業経歴などのそれまでの人生を通じた学習が反映される能力

高齢者は思考したり判断したりする反応速度においての低下が著しいため、十分に時間をかけて、自分自身の体験や経験を活かしながら活動することを説明するときに用いられる（**表2-8**）。

　キャッテルの弟子であったホーン（Horn, J. L.）は、二つの因子よりも多くの因子を支持していると考え、視覚的知能（visual intelligence：Gv）、短期の習得と検索（short-term acquisition and retrieval：Gsm）、長期の貯蔵と検索（long-term storage and retrieval：Glr）、認知的処理速度（cognitive processing speed：Gs）の四つの能力因子を加えた。

　その後、反応時間／決定速度（correct decision speed：CDS または Gt）、量的知識（quantitative knowledge：Gq）、読み書き能力（readingand writing skills：Grw）、聴覚的知能（auditory intelligence：Ga）、なども加えた。

　これらの10の能力因子は互いに同格であり、階層的な関係をもつものではないとホーンは考えていた。

　さらに知能検査などの結果について因子分析を行ったキャロル（Carroll, J. B.）は、知能が三つの階層構造をなすことを発見し、**知能の三層理論**を発展させた。このキャッテル―ホーン―キャロルの **CHC 理論**は、知能に階層的な構造を仮定し、70以上の狭い能力因子からなる第一層、そして、その上位に広範な能力因子からなる第二層を置くことに特徴がある（**表2-9**）。

❹多重知能説

　ガードナー（Gardner, H.）は、知能とは問題解決能力あるいは個々の文化において価値のある所産を創造する能力と考えた。さまざまな文化において、その役割を果たすときに求められる技能や能力があり、文化のなかで成功裏に機能していくときにはその能力が重要であるとした。知能とは共通する一つの能力ではなく、組み合わさって作用する能力であるとし、八つの相互に独立した知能により構成される**多重知能**を提唱した。

表2-9　CHC理論における代表的な知的能力（第2層）

認知的処理速度（cognitive processing speed：Gs）
時をかければ解ける比較的単純な課題を素早く正確に解いていく認知的処理速度に関する能力。数列のなかから決められた数字のみを探し出す課題などがこれに該当する。
視空間能力（visual-spatial abilities：Gv）
視覚的なパターンや刺激の知覚・分析・貯蔵・検索・操作・思考に関する能力である。曖昧図形や一部が欠けた図形から元の図形を推測させる課題や、積み木の山から見えない部分を想像してブロックの数を答えさせる課題などがこれに該当する。
短期記憶（short-term memory：Gsm）
与えられた情報を数秒間保持し、その後、取り出すことに関する能力である。電話番号を電話をかけるまで覚えておく課題や、一連の指示内容を保持させ、課題を遂行させる課題などがこれに該当する。
長期貯蔵と検索（long-term storage and retrieval：Glr）
保持した情報を長期記憶から取り出すことに関する能力である。判じ物などの学習課題を10分程度行ったあと、一定の間隔をおいて再度課題を行うことにより測定する。この間隔は30分から8日間とテストによって異なる。
聴覚的処理（auditory processing：Ga）
聴覚的刺激の知覚・分析・統合や、音パターンのなかのかすかな差異の検出に関する能力である。単語から一部の音素を取り除いた音を聞かせ、元の単語を同定させる課題などが挙げられる。
決断／反応速度（decision/reaction time or speed：Gt）
刺激に対する反応や決定の素早さに関する能力である。単純反応時間、選択反応、尋問、意味処理速度などを測定する。
量的知識（quantitative knowledge：Gq）
量的情報や数的表象の操作に関する能力である。具体的には数学の能力である。
読み書き能力（reading/writing：Grw）
書き言葉の基本的な読み、読みの流暢性、筆記による意見表出などに関する能力である。綴りに関する知識なども含まれる。
流動性知能（fluid intelligence：Gf） **結晶性知能（crystallized intelligence：Gc）**
詳細については表2-8を参照。

出典：三好一英・服部環「海外における知能研究とCHC理論」『筑波大学心理学研究』第40号，pp.1-7，2010.

　八つの知能とは、❶言語的知能、❷音楽的知能、❸論理数学的知能、❹空間的知能、❺身体運動的知能、❻内省的知能、❼対人的知能、❽博物的知能である。従来の知能に対する考え方に対して、内省的および対人的知能には、自己および他者の感情や意図、動機づけなどを弁別する能力などが含まれている点に特徴がある。ガードナーは、異なる文化においてその個々の知能の組み合わせにより、個人の能力として機能していくとし、これによって個人が特徴づけられる、すなわち個人差である

とした。

❺知能検査

　知能を測定する知能検査には、フランスのビネー（Binet, A.）により開発され、その後改良が加えられているビネー式知能検査や、アメリカのウェクスラー（Wechsler, D.）によって作成されたウェクスラー式知能検査等がある。

　各検査の詳細については第5章第1節を参照されたい。

2　パーソナリティ

1　パーソナリティとは

❶パーソナリティと心理学

　ソーシャルワーカーの支援において、パーソナリティの理解は援助が必要な人（クライエント）の理解のなかでも大きな比重が置かれる。しかし、パーソナリティを「理解した」と簡単に言えるわけではない。たとえば一般的な人間理解では、血液型の性格診断を聞くと、「あの人はＢ型だから○○な性格だ」と一方的にわかった気になることがおきやすい。

　心理学は、人間の行動を理解するための、さまざまな「物差し」を提供する。パーソナリティの心理学は、人間の「性格」ということを考える手がかりを知る、という点に特徴がある。

　たとえば友達に知り合いを紹介する、という状況を想定してみる。その人の人となりを説明する場合に、「彼は……に住んでいて、家族は……人いて、……の学校に行っていて」などとその人のプロフィールを詳細に説明することは少ないだろう。

　このとき、「明るい」「大人しい」など単純に説明する言葉を使用しやすい。特に対面での会話のなかで紹介しているときは、一言で説明できる表現を使いがちになる。これは決して間違っていることではなく、コミュニケーションを無意識的に円滑にしている方法といえる。このように人間の行動を単純化して理解することは、パーソナリティの心理学では「類型論」という視点になる。

　一方、類型論に対して、「人はそんなに単純に説明できない」と考えることも正しい「性格」に対する考え方といえる。人間はいろいろなことがうまくいって、調子がよいときもあり、トラブルに直面していると

きや「壁」にぶつかっているときもある。行動はそのときの環境に左右されることもあり、人間にはさまざまな側面、いろいろな「顔」がある、という考え方もあり、パーソナリティの心理学では「特性論」がそれを代表している。パーソナリティの心理学では、さまざまな「性格」について考え方を学ぶことになる。

　類型論と特性論を比較すると、類型論は比較的単純化して対人理解をすることが可能という点が特徴である。その人はどのような人なのかについてさまざまな情報を分析して、それを総合的に理解するときに、「〜タイプだから」と単純化することにより、その人を支援する専門職間の情報の共有も効率的に行うことが可能となる。類型論に基づく人格についての心理検査は、専門的な知識がなくとも結果が容易に確認できるのが特徴である。しかし類型論に基づく対人理解は同時に、タイプにわける視点にとどまりやすく、一面的な捉え方になり、その個人のさまざまな側面を見ることができず、表面的な理解にとどまるという課題がある。

　特性論は、人格を一つのタイプにまとめるのではなく、複数以上の特徴を取り上げることにより多角的に対人理解ができるという点が特徴である。社会福祉士の支援の対象となる人は、問題に直面している場合が多く、社会福祉士は支援においてその問題に直接かかわる人格の側面に注目しやすい。しかし人間の行動にはさまざまな側面があり、否定的側面と肯定的側面が同時に存在することがある。潜在化したその人の可能性を引き出すことにつながる支援を行ううえで、特性論の視点に立った対人理解は不可欠である。

　人格を測定する心理検査では、質問紙法および投影法のいずれの検査方法においても人格を幅広く把握する特性論の視点に基づく検査がある。しかし類型論に比較すると特性論は、特性についての結果がさまざまその人の一面を表すこととなり、総合的な全体像がわかりにくいという点がある。

❷性格

　character と personality という二つの英語は、日本語では、「性格」とくくることができるが、語源が異なる。

　character には、ギリシア語において「きざみ込む」というニュアンスがあり、その人の生まれもった資質、すなわち変化するものではない、その人固有のものを性格とするという考えがある。

　一方 personality はラテン語における「仮面（persona）」が語源となっ

ており、日本の古典演劇の一つの「能」のように、その人がどのような役柄なのかを、その役者がつける「仮面」で表現することにつながる意味がある。その人のさまざまな「人柄」を表現する手段として用いている「仮面」を付け替えるように、場面や状況、つまり環境により変化するものであるということが人間の性格の一面であることを意味している。さらに personality の語源からくる意味は、広い意味での環境、たとえば生育環境や教育が大きく性格形成に影響していることが含まれる。

性格とは生まれつきのものか、あるいは環境がつくりだすものか、二つの語源は矛盾することのように思われるが、ここに心理学の特徴がある。つまり、「生まれつき」または「つくりだすもの」のどちらかではなく、どちらも「あり」といえる点である。クライエントとの信頼関係を形成し、その人の行動傾向を考え効果的な支援をするときには、一つの物差しでその人を理解するのではなく、どちらの側面もあると念頭において、支援をすることが、ソーシャルワーカーには求められる。

❸パーソナリティと心理検査

心理学を活用した支援において、パーソナリティとして認められる特徴を把握する代表的なスキルが、心理検査になる。心理検査には非常に多くのものがあり、そのなかでパーソナリティの理解のために使用されるものは、性格検査に分類される。質問紙法、投影法、作業検査法などがある。各検査の詳細については第5章第1節を参照されたい。

心理検査は一つの検査だけでなく、組み合わせて、それぞれの検査の利点や欠点をカバーするというテストバッテリーが重要となる。アセスメントのツールの一つである性格検査は、生活歴などのさまざまな情報を加えて初めて有効な情報となる。

パーソナリティの心理学をソーシャルワークで活かすのは、クライエントの理解のためだけではなく、「自己覚知」のための手段にもなる。これはソーシャルワーカーが自分のパーソナリティの傾向について理解をすることを意味している。

なぜそのような理解が必要なのか。それはソーシャルワーカー自身の人間関係の特徴が、クライエントとの間に無意識的に生じ、ソーシャルワーク実践に影響することがあるためである。

2 類型論

❶ユングの理論

ユング（Jung, C. G.）の理論は、その考え方の基本に「無意識」の

存在がある。心理学における無意識の存在を最初に提唱したのはフロイ
ト（Freud, S.）であり、彼は意識されてない状態、一般的にいうと「心
の内面」というものがあるということをヒステリーの治療において強調
した。

フロイトが、無意識とは押さえ込まれた（抑圧された）エネルギーで
あり動物的・性的なエネルギーが支配しているとしていたのに対して、
彼の弟子でもあるユングは、無意識とは押さえ込まれたものではなく、
意識とは逆の傾向がある世界であって、両者は反対の傾向にあり、バラ
ンスをとっているのが精神的に安定している状態であるということを強
調した。人と触れあうことが大好きな社交的な性格の人は、その人が意
識できない無意識において、自分の世界に閉じこもるような傾向が潜ん
でいるものであるということが例として挙げられている。

またユングは、意識のタイプを**外向型**と**内向型**に分けることができる
とした。先に述べたように、意識と無意識は反対の傾向にあるため、無
意識には意識と逆の傾向のタイプが潜んでいると考えている。

図2-18 は、それをさらに四つの心理機能があることにより、細かく
タイプが分かれることを説明している。四つの機能とは、**直観機能、思
考機能、感情機能、感覚機能**であり、その人のパーソナリティを理解す
るときに、理屈や根拠はなく「直観」を重視しやすい（直観機能）、しっ
かりと考えながら判断する（思考機能）、自分の喜怒哀楽の感情が行動
の基本にある（感情機能）、さまざまな刺激を受け止め感覚的に左右さ
れる（感覚機能）といった人間の基本的な心理機能を考えた。

したがって、ユングのパーソナリティの類型は、細かく分けると、四
つの機能と、外向的と内向的の組み合わせでタイプが分かれる。つまり、

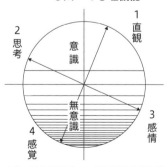

図2-18　ユングの類型説におけ
る四つの心理機能

出典：河合隼雄『ユング心理学入門』培
　　　風館, p.58, 1967.

表2-10　体格と気質（E・クレッチマー）

細長型	統合失調症	非社交的、きまじめ、臆病、神経質、従順、鈍感、無関心、など
肥満型	躁うつ病	社交的、善良、陽気、活発、激しやすい、物静か、鈍重、など
闘士型	てんかん	几帳面、執着性、粘り強い、怒りやすい、など

外向直観型、内向直観型、外向思考型、内向思考型、外向感情型、内向感情型、外向感覚型、内向感覚型の8タイプがユングの考える類型になる。これは意識における、つまり表面的に出てくる態度や行動の部分から分かれたタイプといえる。

　自分の「カン」に頼る、周囲の顔色をうかがう、理屈をつけて行動する、好き嫌いなどの自分の感情により判断する、それらは逆の機能という考えが背景にある。たとえば意識が外向直観型である場合、無意識は内向感覚型であるということになる。自分のカンに頼りつつ、社交的に交流している人は、周囲の目を気にして人を避けたいというのが無意識の傾向だということになる。

❷クレッチマーの理論

　精神医学者のクレッチマー（Kretschmer, E.）は、人間の体型を、細長い体型（細長型）、ぽっちゃりとした体型（肥満型）、筋骨がしっかりとしたがっちり体型（闘士型）の三つのタイプに分け、その体型の人の性格が**表2-10**にあるような傾向にある、と指摘した。

　現在、この考えがほぼ支持されていないのは、その根拠が、体型と精神疾患と結びついているという説明にある。体型、つまり身体状態が生理学的に、統合失調症、躁うつ病、てんかん、などの疾患とどのような関係があるのか、科学的に立証されてはいない。しかしこの考えについて、心理学の類型論の一つとして取り上げられるのは、これが正しいということではなく、人間の性格傾向は、いくつかのタイプ、型にはめて考えるという視点を、調査により初めて行った、という点にある。

3 特性論

　パーソナリティにおける特性論はオールポート（Allport, G. W.）、キャッテル、アイゼンク（Eysenck, H. J.）などの理論が代表的なものとして取り上げられている。特性とは、個人の思考や感情、行動の一貫したパターンを示す傾向であり、それは個人差そのものであると考えられる。

❶オールポートの理論

オールポートは、辞典から人間の行動に関する単語を収集し、因子分析による多変量解析により、特性を抽出した。そして、個人の特徴が反映される固有の個別特性と、人間に共通している共通特性があるとした。個別特性は、個人の日記や手紙などを手がかりにした事例的な研究により把握が可能であると考えた。共通特性は、表出的特性と態度的特性にわけ、この二つの特性の特徴の違いが個人間の比較において必要であるとし、共通特性の比較に用いる指標を心誌（サイコグラム）とした。

❷キャッテルの理論

キャッテルは、オールポートの研究にならい、因子分析により、個人の特徴となる個別特性と共通特性の分類に加えて、周囲から観察できる外部的な**表面特性**と観察されない**根源特性**に分類されることを指摘した。根源特性は、自己観察や内省により確認できるものであり、表面特性を決定するより深い層にあると考えられる。表面特性は根源特性に影響される。根源特性は、環境条件を反映する環境形成特性と遺伝条件を反映する体質的特性に分けることができるとされる。キャッテルの根源特性には、A尺度（親近さ）、B尺度（推理力・問題解決力）、C尺度（情緒安定性）、E尺度（支配性）、F尺度（衝動性）、G尺度（規則性）、H尺度（大胆さ）、I尺度（繊細さ）、L尺度（猜疑心）、M尺度（空想性）、N尺度（狡猪さ）、O尺度（懸念の強さ）、Q1尺度（変革）、Q2尺度（自立）、Q3尺度（完璧さ）、Q4尺度（緊張度）の16特性があり、その特性を検査する心理検査が、16PF人格検査である。

❸アイゼンクの理論

アイゼンクは、上記の二人に比べて、類型論的な分類に関心があり、類型とは特性の体制化されたパターンであると考えた。体制化された二つの次元として、外向―内向と神経症的傾向がある。類型論と異なるのは、この二つの次元を質的に異なるものとして考えるのではなく、二つの次元を量的に測定し、その測定値の違いにより性格を説明するという特徴がある。この理論に基づく性格心理検査がモーズレイ人格目録（MPI）である。

❹5因子モデル（ビッグファイブ）

特性を明らかにするための研究が蓄積され、現在では、人間の誰もがもっているといえる特性は5因子（ビッグファイブ）（**表2-11**）ではないかという説がほぼ定着しつつある。

表2-11の思考や感情、および行動の傾向を反映していると考えら

表2-11　5因子モデル

神経症的傾向 (Neuroticism)	落ち込みやすいなど感情面・情緒面で不安定な傾向
外向性 (Extraversion)	興味関心が外界に向けられる傾向
開放性 (Openness)	知的、美的、文化的に新しい経験に開放的な傾向
協調性 (Agreeableness)	バランスを取り協調的な行動を取る傾向
誠実性 (Conscientiousness)	責任感があり勤勉で真面目な傾向

れ、その特性を測定する心理検査のうち、日本版標準化版は、NEO-PI-R 人格検査が使用されている。

◇引用文献
1）H. ガードナー，松村暢隆訳『MI：個性を生かす多重知能の理論』新曜社，2001.

◇参考文献
・河合隼雄『ユング心理学入門』培風館，1967.
・詫摩武俊編著『性格の理論 第2版』誠信書房，1978.
・和田さゆり「性格の5因子モデル」『現代のエスプリ──性格のための心理学』第372号，pp.193-202, 至文堂，1998.
・戸川行男ほか編『性格心理学講座 第1巻 性格の理論』金子書房，1961.
・下垣光・山下雅子編『介護福祉士のための教養学 1 介護福祉のための心理学』弘文堂，2007.
・安藤公平『知能心理学研究』福村出版，1977.
・八木保樹「特性論」重野純編著『キーワードコレクション 心理学 第11版』新曜社，pp.296-301, 2005.
・辻平治郎・藤島寛・辻斉ほか「パーソナリティの特性論と5因子モデル：特性の概念，構造，および測定」『心理学評論』第40巻第2号，pp.239-259, 1997.
・下仲順子・中里克治・権藤恭之ほか「日本版 NEO-PI-R の作成とその因子的妥当性の検討」『性格心理学研究』第6巻第2号，pp.138-147, 1998.
・八木冕編『心理学II』培風館，1968.

社会のなかでの心理

学習のポイント

● 自己の成り立ちや自己に影響する要因について学ぶ
● 他者の認識、人々の行動に対する他者の影響について理解する
● 集団に関連する諸理論を把握し、考察・応用する

1 ▷ 自己

1 自己概念

　私たちは1歳くらいから、鏡に映った姿が自分であると認識できるようになる。また自分とは異なる他者という存在がいることで、自己を意識する。自己とは自分によって認識される自分のことである。性格や能力、身体的特徴などに関する自分の考えのことを自己概念という。自己概念は、自分の自分に対する観察や、周囲の人からの評価や、自身の言動等によって形成される。

　自己の形成は子どもの頃の体験に大きな影響を受ける。子どもにとって重要な他者（親、教師、友人など）からの承認や拒否によって、自分の役割を理解し自己に取り入れる。あるあだ名で呼ばれることで、自分の特徴を理解する。また、同性の親を同一視して性別を認識したり、親の役割、価値観などを模倣して取り入れる。ごっこ遊びやゲームでは役が割り当てられ、参加した役割を理解してそれに応じた行動や態度を身につける。さまざまな経験から自己を発達させていく。

　「自分のことは自分が一番よく知っている」というが、他者の目には自分はどのように映っているだろうか。また自分を他者にどのくらい見せているだろうか。自分にも他者にもわかっていること（開放）、自分にはわからないが他者がわかっていること（盲点）、自分はわかっているが他者にはわからないこと（秘密）、自分も他者もわからないこと（未知）という区分で考えられる。これをジョハリの窓と呼ぶ（図2-19）。この概念を利用して自己を振り返り、理解を深めることができる。

図2-19　ジョハリの窓

	自分がわかっている	自分がわかっていない
他者がわかっている	開放	盲点
他者がわかっていない	秘密	未知

2 社会的アイデンティティ

アイデンティティ★とは、エリクソン[1](Erikson, E. H.)が用いた言葉で、自己概念を形成する過程における重要な課題である。人生の発達段階のなかでも青年期の課題として、自分とは何か、自分らしさとは何かなどを探求し、迷い、悩み、不安を抱えながら模索する。アイデンティティの確立を意図的に避ける若者のことを、ピーターパンシンドロームという。

人々はアイデンティティを確立するために、さまざまなことを材料にする。社会的アイデンティティとは、自分自身を認識する際に自分が所属する集団や組織等を基準にすることである。高校野球等の各都道府県の代表が競いあう競技では、「○○県民」として最初は自分の出身都道府県のチームを応援する。しかし、そのチームが負けてしまうと隣接県、九州などの地方、西日本とエリアを広げて応援する。普段はライバル視している隣県も大きく括ると西日本、と、所属集団の基準を広げたり狭めたりしながら自分に当てはめて、自己理解に用いたりその集団にふさわしい行動をとったりする。

★アイデンティティ
自分とは何者か、自分には何ができるのか、自分の心の中で保持される考えのこと。自己同一性、自己の存在証明などと訳される。

Active Learning
実際に社会的アイデンティティが高まる事例を考えてみましょう。

3 自尊心・自尊感情

自尊心・**自尊感情**★とは「自分自身に対する評価」のことである。人間には他者に「認められたい」という欲求があり、「自分が価値のある、尊敬されるべき、優れた人間である」という感情をもっている。これらの感情は明らかに意識される場合もあるし、自分でも気づかないうちに強まったり弱まったりする。

自尊感情は自己に気づき意識され始める幼児期に、褒められたりけなされたりすることによって高くも低くもなる。周囲の大人からの励まし

★自尊感情
自己に関する評価と評価によって喚起される感情的側面を含む。自尊欲求の充足は自信、価値、有用性などと結びつき、うまく充足されないときは劣等感、弱さ、無能さと結びつく。

や声かけが自尊感情に影響し、意欲を高めることもあれば、何をしても褒められないことで無力感につながることもある。

　自尊感情はその後も経験によって影響を受ける。生き方や人格を否定されるような経験は「自分は生きている価値がない」と感じさせて自尊感情を低下させ意欲を失い落ち込ませる。他者を援助することは自己の有能感が感じられ自尊感情を高めるのに役立つ。しかし、援助をされると「自分は援助されなければならない人間だ」と考え、自尊感情が低下する。そして援助が必要な困難な状況にあっても、自尊感情の低下を予測して援助を求めることを差し控える場合がある。援助が必要な状況にある人が自分らしさを失わず、不当にさげすまれることなく暮らせるように「人としての尊厳を守る」ことは、対人援助における基盤である。

■4 社会的比較

　自分自身の能力や考え方などを確認するために、自分の周囲の他者を探して比較し確証を得ることを**社会的比較**という。[2] 自分よりも高い能力の人との比較を上方比較といい、自分もあんなふうになりたいと憧れ、目標として物事に意欲的に取り組むことができる。比較する他者が自分と同程度であれば自己は安定するが、自分よりもずっと高い能力の人が現れると「どうせ無理だ」と自信を失うこともある。一方で自分よりも能力の低い人との比較を下方比較といい、「あの人よりはまし」と思ってその人をさげすむことで自分の評価を維持してそれ以上の努力を怠る。このように人々は自己と他者を比較することで、自己評価や自尊感情を維持・向上させて自分自身を守り適応的に過ごしている。

■5 原因帰属

　物事の捉え方として失敗や成功の原因を何とするかが自己に影響する。たとえば、テストの点が悪かったことについて、自分の努力不足であれば一時的なもので今後も挽回可能であるが、能力不足であると永続的で今後も改善の余地がない。あるいは、テストのときに周りがうるさかったとか、前日に長電話をされて勉強する時間がなくなったとか、自分以外のことが原因であると考えると、自分の評価は下がらない。このように、自分自身の評価が下がらないように「言い訳」をすることを**セルフハンディキャッピング**★という。自分自身に不利な状況があったとすることで、自分の評価を下げず、自尊感情を維持しようとするのである。一方で、失敗の原因を自分の能力など全般的なことと考える傾向にある

★**セルフハンディキャッピング**
相手に与える印象を想定し、意図的に自己を表現する自己呈示の一つ。失敗することが予想されるとき、自己の評価が下がらないように別の失敗の原因をつくっておくこと。

と、無力感を感じてうつになりやすい。

2 対人関係

1 社会的認知（印象形成、ステレオタイプ）

　私たちは他者を認知するときに、さまざまなことに影響されている。ある人物に対する印象を調査する実験では、この人物に関する紹介文を二つのグループに聞かせた。紹介文は一つのグループは「温かい」、もう一つのグループは「冷たい」という1か所だけが異なっていたが、両グループはまったく異なる印象をもつことが明らかになった。すなわち「温かい」「冷たい」という言葉が人物の**印象形成**★に大きな影響を与えたのである。このような言葉を「中心特性語」という（**表2-12**）。

　また、情報の提示順序は他者の印象形成に影響する。ある人物に関する特徴を6～8個、「知的な」「勤勉な」などのポジティブな印象を与えるものと、「頑固な」「ねたみ深い」などネガティブな印象を与えるものを用意し、順番を変えて提示する。すると、最初の情報が大きく影響する場合（初頭効果）と、最後の情報が大きく影響する場合（新近効果）がある。初頭効果は、最初の情報がポジティブな情報の場合最後のネガティブな情報は弱まり「多少の欠点はあるが有能な人」とされ、最初がネガティブな情報の場合は「問題のある人」として最後のポジティブな情報が打ち消されてしまう。すなわち、私たちはよく知らない相手のパーソナリティ等を推論するときには、出会ったときの見た目や特徴に大きく影響されて印象を形成している。また、身体的魅力など、ある一つの魅力的な特徴に引っ張られて、能力や人柄も高く評価されることを**ハロー効果**（後光効果・光背効果）という。ハロー効果は外見や肩書などで生じやすいが、いわゆる容姿だけではなく、身だしなみや姿勢、態度、笑顔などが印象に残って評価を高める。

★印象形成
他者を認知する際に、認識した特性（性格、見た目など）からその他者の印象をつくること。生活経験による信念体系（個人差）や出会った状況も影響する。

表2-12　中心特性語

人物紹介A	人物紹介B
佐藤さんは、この大学の卒業生です。現在、製薬会社で総務を担当しています。彼をよく知っている人は彼を、**<u>温かく</u>**<u>て</u>、勤勉で、批判力に優れ、実際的で、決断力があると言っています。	佐藤さんは、この大学の卒業生です。現在、製薬会社で総務を担当しています。彼をよく知っている人は彼を、**<u>冷たく</u>**<u>て</u>、勤勉で、批判力に優れ、実際的で、決断力があると言っています。

注：提示する際には太字・下線をはずす。

Active Learning

「高齢者」の特徴を
示す単語をイメージ
して書き出してみま
しょう。グループで
発表しあい、意見を
整理して、ステレオ
タイプとはどのよう
なものか考えてみま
しょう。

さらに、ある人物や集団に一つの紋切り型（ステレオタイプ）の印象をもつことがある。たとえばA型の人は几帳面、O型の人はおおらか、など血液型によって性格が決まっているという考え方である。もちろん、ある血液型の人がみな同じ性格だとは思っていないが、なんとなくこれを信じている。そしてその集団の特徴は強く残り、イメージと異なる情報は間違いとされたり、なかったこととして無視されたりする。したがって、第一印象やステレオタイプ化された考えは改めにくく、差別や偏見につながることもある。

そして、住まいが近い、席が隣同士であることなど、接触する機会が多いほど親しくなりやすいことを**単純接触効果**という。単純接触効果は対人関係に限らず、音楽や景色などでも接触機会が多くなると好意的な印象をもつようになる。

■2 向社会的行動（援助行動、傍観者効果）

●援助行動

援助行動は、困っている人に対してその状態を解消するための力を貸す行動である。人命救助などの危険が伴うものから、ドアを押さえておくといった日常的なものまで多様である。援助行動には援助する人とされる人（被援助者）が存在し、それぞれに援助行動を促進・抑制する要因がある。また人々が置かれた状況が、援助行動を促進・抑制することもある。

① 援助者の要因

援助しようとする人が、援助が必要な人に共感しやすいほど、援助行動が促進される。たとえば、募金や寄付についてその必要性を客観的に伝える映像よりも、必要な状況や背景を本人等が訴える映像のほうが共感を得やすく援助行動が起こりやすい。

また、快適な気分のときはそうでないときよりも援助が促進される。しかし、不快な気分のときは援助が促進されることも抑制されることもある。たとえば、不快な気分の原因となった出来事によって落ち込んでいるとき、周囲の援助が必要な状況に気づきにくいために援助行動が抑制される。しかし、一方では不快な気分の原因が自分の失敗だった場合など、それによって低下した自尊心を回復させようと、積極的に「よいこと」をしようとすることも考えられる。

さらに、援助者に時間的余裕があるかどうかが援助行動の生起に影響することがわかっている[3]。朝の通勤ラッシュ時は多くの人が同じ場面に

存在しているが、そのほとんどが時間に追われているため、電車内や駅等で病人がいても援助は発生しにくい。

② 被援助者の要因

一般的に、女性のほうが男性よりも援助が必要と思われ、実際に援助を受けやすい。また、グラフ（Graf, R. G.）とリデル（Riddell, J. C.）は、きちんとした服装の人のほうがだらしない服装の人よりも援助されやすいと報告している[4]。すなわち、身なりを整えることは見た目の印象を左右するだけでなく、危機のときに援助を受けられるかどうかに影響する可能性がある。さらに、援助が必要になった原因が、本人の努力不足など統制可能な場合よりも、自分ではどうしようもない統制不可能な状況であった場合に援助されやすいことがわかっている。たとえば、欠席した授業のノートを貸してと頼まれたとき、本人の寝坊で欠席した場合よりも、家族の事情等で欠席せざるを得なかった場合のほうが貸す側はすんなりと快く貸してくれる。

③ 環境・状況の要因

クラーク（Clark, R. D.）とワード（Word, L. E.）は、隣の部屋で作業をしている人がいて、はしごが倒れる音のみがする条件（あいまい）と、はしごが倒れ作業員が苦しむ声がする条件（明確）とで援助行動の発生率を比較した[5]。その結果、はしごが倒れる音のみでは援助が必要かどうかがあいまいであったため、援助行動が起こりにくく行動の反応時間も長かった。また、大都市の騒音があるところと地方都市の騒音が少ないところで「いま何時ですか？」と聞いた場合、騒音が少ない地方都市の人のほうが時間を教えてくれた。これは、都会の人が冷たいわけではなく、騒音があると自分が尋ねられているかどうかがあいまいであるため、援助が発生しにくいと考えられている。

④ 傍観者効果（bystander effect）

状況の要因のうち、他者の存在によって援助行動が抑制される現象を**傍観者効果**と呼ぶ。ラタネ（Latane, B.）とダーリー（Darley, J. M.）は、存在する他者の数が多くなるほど責任の分散が生じ、援助行動は起こりにくくなることを指摘した[6]。1964年アメリカで起こったキティ・ジェノベーズ事件は、キティという若い女性が深夜強盗に襲われ30分以上にわたって助けを求めているにもかかわらず、住民は警察に通報せず、キティは死に至ったという殺人事件である。事件に気づいた住民は明かりをつけ窓やドアを開けたので、お互いに事件に気づいていることは認識していた。「みんなが気づいているのにパトカーは来ないし、悲鳴は

★傍観者効果
他者がいると率先して行動を起こさない心理のこと。周囲の目を気にして、「周りも悪い」「責任を負いたくない」と自ら傍観者で居続けようとする。傍観者が多いほどその効果は高くなる。

気のせいだったか、緊急性はないのでは」という事態の誤認と、「誰か
が通報するだろう」という責任の分散とが生じたと考えられる。した
がって、人が人を援助するという行動の発生には、援助が必要な状態か
どうかの認識や判断、実際の行動に対するさまざまな要因が関連してい
るのである。

3 社会的促進・抑制

周囲の他者の存在によって、人々の行動が起こりやすくなったり起こ
りにくくなったりする。起こりやすくなることを社会的促進、起こりに
くくなることを社会的抑制という。たとえば、短距離走では単独で走る
ときよりも隣にライバルがいるときのほうがよい記録が出る。一方で楽
器の演奏など一人では上手にできるのに、他者が見ていると緊張してう
まくできないこともある。また、他者から期待をかけられると、学習や
作業の成果が上がる効果のことをピグマリオン効果という。教師が期待
をかけると生徒の成績が上がるという実験から、教師期待効果・ローゼ
ンタール効果とも呼ばれる。

実行する課題が十分に練習されている場合と、不十分で身についてい
ない場合とでは、十分に練習されている場合は周囲に人がいると促進さ
れる。慣れないことを人前で実行することは避けたい人も多いであろう
が、得意なことは動機が高まり普段以上の出来栄えで実行できることも
ある。

一方で他者の存在によって課題達成の動機が低下する現象を社会的手
抜きと呼ぶ。他者とともに物事を実行するとき、個人の活躍の程度がわ
からない場合は他者からの評価や責任感が低下する。綱引きでは一人が
力を入れていなくてもわからないので社会的手抜きが生じやすい。

3 集団・組織

1 同調

アッシュは図2-20のような図を見せて、Aと同じ長さのものを判断
する実験を行った。実験は約8名の集団で行われるが、本当の実験参
加者は1名だけで他7名は実験協力者である。実験協力者は複数名で
何回かわざと間違った回答をするが、そのときに実験参加者が協力者た
ちの誤答に引きずられる。これを同調（conformity）という。線分の

図2-20　同調の実験例

（A と同じ長さのものを abc から選ぶ）

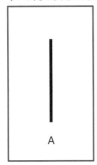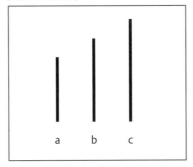

長さを判断する問題は非常に簡単なもので正答が明白であったが、いくら正しくても誤った回答で全員一致しているところに異議を唱えることは難しい。実験参加者は集団の圧力によって、集団の設定する期待や基準に沿った行動をした。

　また、高級レストランでいくつものナイフやフォークがあり、どれを使ったらよいのかわからないとき、他の人を見て従うことがある。これを情報的影響という。自分があいまいな状況であり、ほかの人々の判断や方法が正しいと思うときに同調する。さらに、大学で新しい生活を始めたときに、好かれよう、受け入れられようとして集団にとって典型的な行動に同調することがある。これを規範的影響という。主に若者が広める流行は、同調の規範的影響である。規範的影響の圧力は、年をとるにつれて減少する。

　そして身近な他者との交流において、見た目や行動パターン、スピード等を合わせる（同調する）ことで、自分の印象を変えたり他者から好意的に思われたりすることがある。すなわち同調はコミュニケーション手段として意図的に用いることもできるのである。

■2 集団極性化現象

　たとえば、会社で大きな損失が出そうな危機的状況のときに一発逆転のチャンスが巡ってきた。そのチャンスの成功率は60％、40％、10％である。このチャンスを活かさなければ、会社が傾くことは明らかである。どのくらいの成功率ならばチャンスを勧めるか、最初は個人で決定し、その後集団で討議して決定した。両者を比べると、後者のほうが成功率が低い（危険が高い）状態でも勧めていた（**図2-21**）。当初この現象はリスキーシフトと呼ばれたが、集団での決定は必ずしも危険なほうに傾くわけではなく、慎重ならばより慎重なほうに導かれる。すなわ

図2-21　集団極性化現象

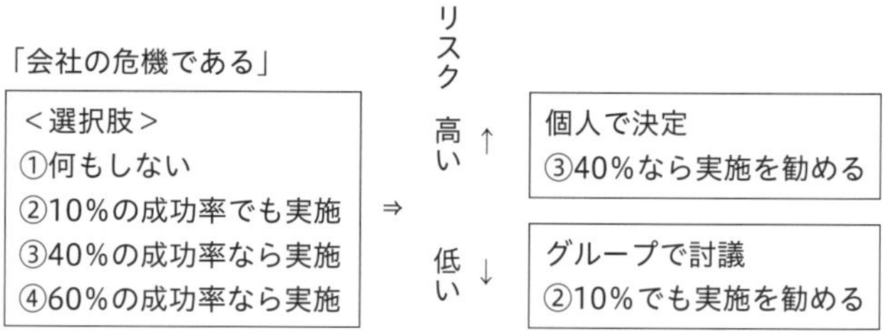

「会社の危機である」

＜選択肢＞
①何もしない
②10%の成功率でも実施
③40%の成功率なら実施
④60%の成功率なら実施
⇒

リスク
高い ↑

リスク
低い ↓

個人で決定
③40%なら実施を勧める

グループで討議
②10%でも実施を勧める

ち、集団は個人による決定よりも極端なほうに導かれ、これを**集団極性化効果**（group polarization effect）という。

3 リーダーシップ

Active Learning

①授業の課題を共同で行うグループ、②親睦を深める目的のサークル、のそれぞれでリーダーに求められるリーダーシップのタイプを検討しましょう。

　リーダーの機能や役割は主に、グループ成員への支持や配慮とグループの目標遂行に分けられる。レヴィン（Lewin, K. Z.）らのリーダーの類型では、リーダーがすべてを決定する「専制型」、集団討議で決定する「民主型」、フォロワー任せの「放任型」となる（表2-13）。その集団の特性や状況に応じて、どのようなリーダーが適しているのか異なるため、一概にどれがよい悪いとはいえない。また、マグレガー（McGregor, D. M.）のX・Y理論[8]では、管理行動の相違からリーダーを捉えている。X理論は権力による命令と服従関係で仕事を遂行し目標を達成させる伝統的管理論である。Y理論は集団成員にやる気を起こさせ、本人の自発性によって仕事に取り組み目標を達成させる行動科学的管理論である。背景にある人間観によって、リーダーもフォロワーも行動が大きく変わる。

　リーダーの機能から捉えたPM理論は、リーダーシップの二つの機能としてP（Performance）機能とM（Maintenance）機能から捉えた。P機能は課題を遂行すること、M機能は集団を維持強化することである。PもMも両方強い場合もあれば、どちらかだけ強い、両方とも弱い場合もある。この組み合わせによって4タイプのリーダー類型

表2-13　リーダーシップの型

レヴィンらのリーダーシップの型
①専制型　リーダーがすべて決定、リーダーがフォロワーへ指示。 　　　フォロワー⇒欲求不満に陥る、攻撃的リーダーがいる場合仕事量は大
②民主型　リーダーは支援的立場。方針・分担などは討議で決定。 　　　フォロワー⇒仕事も仲間も好む、自主的、独創的
③放任型　リーダーは関与せず、フォロワーに尋ねられた場合に対応。 　　　フォロワー⇒士気が上がらずダラダラする、自分勝手

図2-22　PM 理論

が考えられる（**図2-22**）。PM 型は集団の生産性、成員の意欲が高く、Pm 型は生産性は高いが成員の意欲は低く、pM 型は生産性は低いが成員の満足度が高く、pm 型は非生産的で意欲も満足度も低くなる。また、フィドラー（Fiedler, F.）はコンティンジェンシー理論[9]（contingency theory）において、①リーダーと成員との関係、②課題の複雑さ、③リーダーの権限の三つの要因から状況を設定し、リーダーの態度と生産性との関係について明らかにした。たとえば、人間関係が良好であるが、課題が複雑で、リーダーの権限が強い職場では、いつまでに誰がどの課題をするのか明確に指示する課題志向型のリーダーシップが効果的といわれる。

◇引用文献

1）バーバラ . M. ニューマン，フィリップ . R. ニューマン，福富護訳『新版 生涯発達心理学——エリクソンによる人間の一生とその可能性』川島書店，1988.

2）Festinger, L., ' A theory of social comparison process', *Human Relations*, 7, pp.117–140,1954.

3）Darley, J. M. & Batson, C. D.,' From Jerusalem to Jericho : A study of situational and dispositional Variables in helping behavior', *Journal of Personality and Social Psychology*, 27(1), pp.100–108, 1973.

4）Graf, R. G. & Riddell, J. C., ' Helping behavior as a function of interpersonal perception', *Journal of Social Psychology*, 86, pp.227–231, 1972.

5）Clark, R. D. & Word, L. E., ' Why don' t bystanders help?　Because of ambiguity?', *Journal of Personality and Social Psychology*, 24, pp.392–401, 1972.

6）Latane, B. & Darley, J. M., *The unresponsive Bystander : Why doesn' t help?* Appleton-Century-Crofts, 1970.

7）Asch, S. E., *Social psychology*, Englewood Cliffs(New Jersey), Prentice-Hall,1952.

8）吉森護編著『人間関係の心理学ハンディブック』北大路書房，1991.

9）同上

◇参考文献

・スーザン . ノーレン . ホクセマほか，内田一成監訳『ヒルガードの心理学 第16版』金剛出版，2015.

・水田恵三・西道実編著『図とイラストでよむ人間関係』福村出版，2001.

・吉森護編著『人間関係の心理学ハンディブック』北大路書房，1991.

・海保博之監，唐沢かおり編『朝倉心理学講座⑦ 社会心理学』朝倉書店，2005.

第3章

人の心の発達過程

　第3章では、発達的な観点から人の心を捉えていく。ソーシャルワークでかかわる人には、さまざまな人生の歴史がある。妊娠期、そして誕生から死の床につくまで、喜び、幸せや、生きづらさ、傷つき、悲しみとさまざまな体験をする。その歴史を、その人固有の個人史や家族史だけでなく、発達的な観点から捉えることで、そうせざるを得なかった、あるいはそうならざるを得なかった歴史に、生涯にわたる発達のまなざしが加わる。そのまなざしを通して、固有の歴史に対する理解が深まる。この章では、生涯発達・心の発達の基盤（認知発達理論、言語発達、アタッチメント理論、道徳性の発達）を学ぶことで、生涯にわたる発達のまなざしをしっかりと学ぶことを目指している。これまでの自分を振り返りながら、学びを深めていく。

第 1 節 生涯発達

学習のポイント

- 成長・成熟・発達にはどのような違いがあるのか理解する
- 発達における遺伝的要因と環境的要因の関係を理解する
- 発達段階と発達課題について理解する

1 発達の基本的理解

1 成長・成熟・発達とは

❶成長・成熟とは

　人が時間的経過に伴って変化していく様子を指す用語として「成長」がある。たとえば、誕生後の身長、体重の増加、筋力、臓器の増大、およびそれらの機能の向上などを成長と呼んでいる。「成熟」という語は本来、思春期に第二次性徴が出現し、生殖機能が完成されていくことを指す語であるが、成長と同じような意味で用いられることもある。成長や成熟という観点から人の一生の変化をみると、誕生から子どもの時期には成長していき、成人になるとほとんどの機能について成長や成熟は完了する。成人期以降は身体やその機能が徐々に低下していく時期であり、特に老年期では老化による機能低下が著しく、かつては衰退の時期として捉えられてきた。

❷発達とは

　たとえば、生まれてから 1 年間子どもをみると、身長や体重が急速に成長する。その期間、身長や体重が量的に増えていくだけでなく、環境のなかでの経験を通じて寝返り、つかまり立ち、歩行等の行動が順にできるようになっていく。また、言語活動や社会的行動など人間の行動の多くは成長とともに経験をすることによって習得されていく。小・中学校での学習のなかでも、理解できる内容が量的に増えていくとともに、理解できる内容の質的な変化が生じていく。

　こうした心身の成長に伴いながら、置かれた環境のなかで経験をしていくことで生じる質的な変化を「発達」という。成人するまでの期間は、心身の成長が著しいことでさまざまな行動が可能になっていく発達が著

しい時期ともいえる。そのため、かつては、発達は出生から大人になるまでの過程に目を向けたものであった。

❸生涯発達

　成人に到達すると多くの身体的機能の成長は完了する。その後は身体的機能の多くは緩やかに減退していき、特に高齢になるとさまざまな機能が低下していくが、すべての身体的機能が一様に大きく低下するわけではない。また、成人になったあとも、社会的活動等については能力の向上を感じることも多い。さらに、若い頃にはなかったパソコンやスマートフォンの使い方など、高齢になってから新しいことを習得することもできる。人は、身体的な機能の低下がありながらも、環境に適応するために行動を新たに習得したり、変化させたりすることができる。このように環境への適応に目を向けると成人期や老年期の身体的機能の低下に応じた環境への適応過程も「発達」と捉えることができる。

　さらには、誕生前の胎生の期間における環境的要因の影響も明らかになってきており、発達という観点から人の一生をみると、受精から死に至るまでを一連の発達の過程と捉えるようになっている。このように一生を連続的な発達の過程と捉える考え方を生涯発達という。

■2 発達に影響を与える遺伝的要因と環境的要因

❶遺伝的要因と環境的要因

　発達には、心身の成長や衰退に関係する遺伝的要因（生得的要因、先天的要因ともいう）が影響を与えている。遺伝的要因は、人として生物学的に共通した要因とそれぞれの親から受け継いでいる個人的な要因が含まれている。

　また、発達には、遺伝的要因だけでなく、環境のなかで経験をすることが大きく影響を及ぼしている。このような経験による発達への影響要因を環境的要因（経験的要因、学習的要因ともいう）という。

　発達は、社会や文化のなかで適応した行動をとることができるという面を重視しており、どのような環境のなかで、どのような経験をするかということが環境的要因である。

　発達は、遺伝的要因と環境的要因の相互作用によって生じると考えられる。たとえば、言葉を話したり理解したりすることは、人間に固有の遺伝的要因が影響を与えているが、乳児から幼児までの期間に言葉を聞いたり、話したりする経験をすることが母国語の習得には必要である。日本語に接すれば日本語を話すことが可能になり、英語に接すれば英語

Active Learning
あなた自身の遺伝的要因と環境的要因の相互作用について考えてみましょう。

を話すことが可能になる。遺伝的要因と環境的要因のそれぞれの影響力については、発達の内容や理論によって異なる考え方が示されている。

❷刻印づけと臨界期・敏感期

カモなどの鳥類には、孵化したあとに初めて見た動く対象を追っていく行動が持続的にみられる。生まれてすぐの特定の時期に特定の刺激によって生じた反応が、そのまま永続的に継続するような学習を**刻印づけ**（インプリンティング）といい、遺伝的要因の影響が強い行動だと考えられる。

人間にも、歩行などの運動機能や母国語の理解や発話等について、誕生後の早い時期から幼児期の初期において、必要な経験をすることによって習得され、その時期を過ぎると習得が難しくなる機能がある。このような特定の発達が可能な限られた期間を**臨界期**といい、遺伝的要因の強さを示していると考えられる。ただし、近年では、運動機能や言語習得については、臨界期と考えられていた期間以降であっても、適切なかかわりや教育を受けることで習得ができた事例も示されており、特定の経験が発達に影響を与えやすいという意味で**敏感期**と呼ぶようになっている。

❸成熟優位説

近代以前のヨーロッパ社会では、生まれこそが人生を決定する要因であり、1859 年に発表されたダーウィン（Darwin, C. R.）の「種の起源」による進化論も、発達に対して遺伝的要因を重視する立場に影響を与えたといわれている。

ゲゼル（Gesell, A.）は、遺伝的に類似である双子の子どもを対象として、発達における遺伝的要因の重要性についての研究を行った（1929 年発表）。階段上りを題材にした研究では、生後 46 週の双子の子どもの一方に 4、5 段ほどの階段を上る練習を行わせた。その結果、52 週目には、26 秒で階段を上ることができるようになった。一方で、同じ 52 週目に、まだ練習をしていなかったもう一方の子どもに階段上りをさせると 45 秒かかっていた。しかし、練習をしていなかった子どもも 52 週から階段上りの練習を開始すると、2 週間の練習によって 10 秒で階段を上れるようになった。46 ～ 52 週までの 6 週間の練習よりも、

---

i 〔Arnold Gesell〕1880-1961．ゲゼルは、アメリカの心理学者。子どもの発達や養育に関する研究の先駆者である。1925 年に『就学前児童の知的発達』を刊行した。ある行動について経験による発達が効果的になるための成長や成熟の状態をレディネスと呼ぶ。

52 週から始めた 2 週間の練習のほうが効果的であったといえる。ゲゼルは、さまざまな内容について同様の研究を行い、十分に成長したあとでないと経験の効果は有効ではなく、発達に決定的に影響があるのは遺伝的要因であるという「成熟優位説」を唱えた。

❹生理的早産

多くの哺乳類は、生後すぐに自分で移動が可能であり、自力で生存できる能力を有して生まれてくる。しかし、人間は誕生時には、自力での移動はできず、飢えや寒さに自力で対応することもできず、養育者なしで生きていくことは不可能である。この特徴をポルトマン（Portmann, A.）は「生理的早産」と呼んだ。未熟な状態で生まれることによって、環境のなかで大きく変化していく可能性をもっており、遺伝的要因だけでなく、環境的要因が大きく影響する存在であるとしている。

❺発達の最近接領域

ヴィゴツキー（Vygotsky, L.S.）[ii]は、遺伝的要因によるレディネス（準備性）を考慮しながらも、積極的な教育による環境的要因の効果も重視する考え方を提唱した。ある発達段階では、子どもが一人で解決可能なレベルが存在しており、これには遺伝的要因の影響が強く働いていると考える。しかし、そこに大人がかかわり助力すれば、子どもが一人で解決できるレベルよりも高度なレベルの問題解決が可能となる（潜在的発達可能水準という）。たとえば、算数の問題を子ども一人で解いてもわからないという場合でも、周囲の大人が考え方のヒントを与えるだけで、自分で解くことができるようになる場合がある。しかし、あまりにも高レベルの問題は、助力しても解決に至らず、これは潜在的発達可能水準を超えていると考える。一人で解決可能なレベルと潜在的発達可能水準の差を「発達の最近接領域」と呼び、環境的要因である教育は、遺伝的要因を無視することはできないが、最近接領域に働きかけることによって、発達を促すことができるというのがヴィゴツキーの考え方である。

2 ライフサイクルと発達課題

1 発達段階

人の一生の変化の流れをライフサイクルといい、大きな質的な変化が

---

ii 〔Lev Semenovich Vygotsky〕1896-1934. ヴィゴツキーは、旧ソビエト連邦の発達心理学者。早逝したが、教育分野を中心として、大きな影響を与えている。

生じるいくつかの段階に分けることができる。この段階を発達段階という。いくつかの考え方があるが、ここでは代表的な分け方を示した（**表 3-1**）。

　乳児期、幼児期、学童期の発達については、次節で認知、言語、社会的関係、道徳性について解説しているので、参照してほしい。ここでは青年期以降の特徴を概観する。

❶青年期（12 〜 20 歳代以降）

　青年期は、日本の学校制度でいえば中学校、高等学校および大学等以降の学校に所属する時期であり、職業に就き、社会的に自立するまでの時期と捉えられている。中学生、高校生の時期を青年前期、それ以降の時期を青年後期と分けることができる。また、**思春期**は学童期後期から始まり、青年前期までの性的に成熟する時期である。

① 　青年前期

　青年前期は、思春期にもあたり、**第二次性徴**がみられ、性的機能が成熟していく時期である。身体面でも再び急成長期を迎え、1 年に 10cm も身長が伸びる場合もある。知的には、首尾一貫した思考が可能となり、目に見えない抽象的な事柄について、深い思索ができるようになる。自意識が強まる時期でもあり、自意識と社会の実態との違いに葛藤しやすい時期といえる。

② 　青年後期

　青年後期の終わりについては、20 代前半から 30 歳頃までさまざまな考え方がある。就職期を境目とする考え方も、将来を見据えて生涯の職業的決意をする時期という考え方もある。思春期の心身の混乱から脱

表3-1　生涯発達の段階

胎生期（受精〜出生）	卵体期（胚期）、胎芽期、胎児期に区分する場合もある。
乳児期（出生〜 1 歳）	出生から 4 週間を新生児期と区分する場合もある。
幼児期（1 〜 6 歳）	3 歳頃までを幼児前期、以降を幼児後期と区分する場合もある。
学童期（児童期）（6 〜 12歳）	9 歳頃までを学童前期、10 歳以降を学童後期と区分する場合もある（児童福祉法においては、児童は 18歳未満と規定されている）。
青年期（12 〜 20歳代）	18歳頃までを青年前期と区分する場合もある。
成人期（青年期以後）	40歳頃から中年期として区分する場合もある。
老年期（高齢期）（65歳〜）	74歳までを前期高齢者、75歳以降を後期高齢者と区分する場合もある。

して、社会の中でどのように生きていくのかという課題に取り組まざるを得ない時期である。現代は、社会的な価値観や職業選択が多様化しており、青年後期における価値観の獲得や行動の選択は難しくなっている。

❷成人期

青年期以降、老年期を迎えるまでの長い期間を一括りに**成人期**というが、40歳頃からを中年期として区分することもある。成人期には身体的成長は完了しており、発達に対する環境的要因の影響が大きくなる時期である。この時期に生じる就職や転職等の職業的なできごと、結婚、出産、子育てなどの家庭的なできごとなど多様な社会的経験のなかで発達していく。

中年期を迎えると加齢に伴う心身の変化が顕在化する。**ユング**(Jung, C. G.)は40歳前後の時期を人生の後半に差しかかり、新しい価値観に出会う時期として1日の時間に例えて「人生の正午」と呼んだ。中年期の発達を研究した**レヴィンソン**(Levinson, D.)は、青年期までを春、成人期の前期を夏、中年期を秋、老年期を冬というように生涯を季節に例えている。

❸老年期

老年期は65歳以降の時期とされている。法律的な定義も65歳以上で統一されているが、60歳ぐらいから高齢者と位置づける考え方もあり、現在の高齢者の健康や心身の状況を踏まえて、70代からにすべきだという意見もある。老年期は身体的にはさまざまな機能が低下していく時期であるが、低下しやすい機能と低下が小さい機能があり、急激な機能低下が一様に生じるわけではない。また、老化は個人差が大きく、同じ暦年齢であっても老化の程度には大きな差がある。さらに、経験の個人差が発達の個人差に影響していることも特徴である。

2 生涯発達の理論と発達課題

❶ハヴィガーストによる発達段階と発達課題

発達段階ごとに解決したり達成したりすべき**発達課題**があるという概念は**ハヴィガースト**(Havighurst, R. J.)によって提唱されたと言われている。生涯発達の視点で、発達段階を乳幼児期から老年期まで六つに分け、各発達段階における、身体的成熟とそれに関連する技能、社会

iii 〔Robert James Havighurst〕1900-1991. ハヴィガーストは、アメリカの教育学者。もとは物理・化学が専門であり、やがて教育学を中心とした研究に移行し、教育の立場からの生涯発達論を提唱した。

第3章 人の心の発達過程

Active Learning
生涯発達の段階にそって、自分のこれまでの人生を振り返ってみましょう。

文化的な規定によるもの等について、具体的な内容を挙げた。ある段階の発達課題を習得していないと次の段階の課題の習得に影響があると考えており、習得されるべき内容を示した教育的視点が強い。

❷エリクソンのライフサイクル理論

エリクソン（Erikson, E. H.★）は、精神分析理論をもとにして、生涯発達を念頭に置いたライフサイクル理論を提唱した。

人としての遺伝的要因とそれを取り巻く環境的要因の相互作用について、エリクソンの理論は、**心理社会的発達理論**とも呼ばれ、社会とのかかわりを重視した考え方を示している。遺伝的要因に強く影響を受ける成長に着目されがちな子ども～青年期の発達を、社会的な要因を重視することで老年期まで拡張した理論が大きな特徴である。人生を八つの発達段階に分けて、それぞれの段階で生じる心理社会的危機を示しており、その考え方はその後の生涯発達研究に大きな影響を与えた（**表3-2**）。

たとえば、青年期では、**自我同一性**（アイデンティティ：自分自身の社会のなかでの生き方や役割を選択できること）を「獲得」することが課題だが、実際には揺れ動くなかで「拡散」してしまうこともある。最終的に各段階において示された危機の解決が優勢になることで、自分自身の存在について肯定的な感情が得られ、次の段階にスムーズに移行していくと考えられる。

★**精神分析**
オーストリアの精神医学者であるフロイト（Freud, S.）が創始した。無意識の過程を重視した人間理解をもとにした理論である。精神医学、臨床心理学だけでなく、思想、文学、芸術等にも影響を与えた。

Active Learning
エリクソンの発達段階にそって、自分のこれまでの人生を振り返ってみましょう。

表3-2　エリクソンの発達段階

段階	年齢	心理社会的危機	獲得される人格的強さ
乳児期	0－1歳頃	「基本的信頼」対「基本的不信」	希望
幼児前期	1－3歳頃	「自立性」対「恥・疑惑」	意志
遊戯期（幼児後期）	3－6歳頃	「自主性」対「罪悪感」	目的
学童期	7－11歳頃	「勤勉性」対「劣等感」	適格
青年期	12－20歳頃	「同一性獲得」対「同一性拡散」	忠誠
前成人期	20－30歳頃	「親密」対「孤立」	愛
成人期	30－65歳頃	「世代性」対「停滞」	配慮
老年期	65歳頃―	「統合」対「絶望」	英知

出典：Erikson, E. H., Erikson, J. M., & Kivnick, H. Q., *Vital Involvement in Old Age*, W. W. Norton & Company, 1994. より作成

iv 〔Erik Homburger Erikson〕1902-1994. エリクソンは、ドイツの心理学者。精神分析の創始者であるフロイトのもとで学び、アメリカに渡って、児童を対象とした臨床心理を専門とした。自身の経験や臨床家としての経験をもとにライフサイクル理論やアイデンティティ理論を構築し、その後の生涯発達研究に大きな影響を与えた。

❸バルテスの生涯発達理論

　バルテス（Baltes, P.ᵛ）は、発達に対する影響要因について理論化し、生涯発達の理論を示した。発達に影響を及ぼす遺伝的要因と環境的要因およびその相互作用を3種類の要因に分け、生涯にわたって、それぞれの要因の影響力が変化することを示している（**図3-1**）。一つ目の要因は、年齢と関連している成長・成熟にかかわる生物学的要因とそれにかかわる家庭や学校等における環境的要因の相互作用によるもので、**標準年齢的要因**という。標準年齢的要因は、子どもの時期には強く働き、青年期にかけて小さくなっていくが、その後、老年期に向けて発達への影響力を強めていく。子どもから青年期までの発達はこの要因が大きいといえる。二つ目の要因は、ある世代や集団に共通する経済的状況、戦争、社会的変化などで、**標準歴史的要因**という。標準歴史的要因は、特に青年期や成人期の初期の発達に大きな影響をもつと考えられている。三つ目の要因は、人生における個人的な出来事であり、たとえば、転職、転居、事故、失業、離婚などによる影響である。個人差が大きな影響要因であり、**非標準的要因**という。非標準的要因は、年齢とともに影響が

図3-1　バルテスによる生涯にわたる三つの要因の典型的な影響力

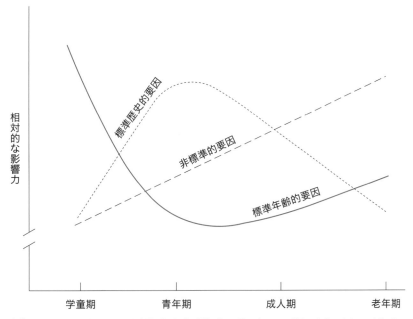

出典：Baltes, P. B., Reese, H. W. & Lipsitt, L. P., 'Life-Span Developmental Psychology,' *Annual Review of Psychology*, 31, p.77, 1980. を一部改変

ⅴ　〔Paul Baltes〕1939-2006. バルテスは、ドイツの発達心理学者。博士号取得後、アメリカの大学で教育・研究を行っていたが、40歳頃にドイツに帰国した。高齢者の知能研究を中核として、生涯発達論を示した。

大きくなっていき、老年期には最も大きな影響をもつ要因となる。

　バルテスの生涯発達理論は、生涯を獲得と喪失が混在した過程と捉えている。子どもの時期には獲得ばかり、高齢になると喪失ばかりと捉えるのではなく、どの年代でも発達のなかで獲得と喪失の両方が生じていると考える。

◇参考文献
　・内藤佳津雄・北村世都・鏡直子編『発達と学習 第 2 版』弘文堂，2020.
　・開一夫・齋藤慈子編『ベーシック発達心理学』東京大学出版会，2018.

第 2 節 心の発達の基盤

● 認知の発達について、発達段階に即して理解する
● アタッチメント理論とその臨床的な適用について理解を深める
● 道徳性の発達について、基本的な考えを理解する

1 認知発達理論

1 認知の発達

　認知とは、人間がものごとを認識する仕組みのことである。人間は、目や耳、手などの感覚器官を通して、光や音、においなどの刺激を捉える。これらの視覚、聴覚、嗅覚、触覚、味覚の五感で感じる刺激を、脳で情報として処理する。それにより、外界の状態や自分の状態を把握することが可能となる。

　認知の発達には個人差があるが、規則的な順序性が存在している。この一定の規則性をもってまとまりのある段階ごとに進んでいくプロセスを、認知の発達過程と呼ぶ。乳児期に感覚・知覚的な基礎ができあがり、模倣、遊び、意図の認知や、記憶、学習などが可能となる。幼児期には言語が発達し、時間や空間を超えた認識を行う基礎ができるとともに、この記憶システムの発達により情報処理能力が大幅に高まり、児童期以降の思考や認知の基礎となる能力が獲得される。

　認知発達の理論としては、**ピアジェの認知的発達理論**、**バウアーの感情ネットワーク理論**、エリクソンの心理社会的発達理論、ヴィゴツキーの発達の最近接領域、ハヴィガーストの発達課題、そして**心の理論**や**素朴理論**などがある。

2 ピアジェの発達理論

　認知の発達に関する研究の多くはピアジェ（Piaget, J.）の研究から始まっているといわれている。スイス人の心理学者ピアジェは、子どもはさまざまな試行錯誤を繰り返しながら経験を重ね、仮説を立て、修正し、環境との相互作用を通して環境に適応するように発達していくと考

えた。子どもは決して受け身の存在ではなく、環境に対して能動的、主体的に働きかけることで知識を獲得し、発達していくと考えたのである。

❶適応と体制化

ピアジェの発達理論において重要な概念に、**適応**と**体制化**がある。

ピアジェは、子どもがすでに獲得している行動や知識などの認識の枠組みを新しい対象にもそのまま適用し（同化）、それがうまくいかなかったときに自分のやり方を修正する（調節）ことを繰り返していくことによって発達していくと考えた。たとえば、赤ちゃんが母親の乳首を吸うのは、乳児がもともともっている原始反射（唇にものが触れると自動的にそれを吸うという吸啜反応）が土台となっており、それをそのままおしゃぶりなど別のものにも適用することで同じように吸うことができるが（同化）、それがうまくいかないときには別のやり方を試してみる（調節）などである。すなわち、同化は内界にある（すでに自分が獲得している）認知の枠組みをそのまま環境に用いようとすることであり、調節は外界（条件や制約などがある周囲の環境）に対して主体的に自分を変化させていく（適応する）ことで自分の内界にある認知の枠組みを変容させていくことである。ピアジェは、こうした子どもが自分と外界との相互作用を通してさまざまな認識の枠組みを獲得していく同化と調節というプロセスのことを、適応と呼んだ。

この適応を通して獲得したさまざまな認識が結びつき、一つの機能的なまとまりとなることを**体制化**と呼ぶ。体制化されることによって、それぞれの認識の枠組みが互いに結びつき、より複雑な認識の枠組みを形成することが可能となる。その結果、複雑で柔軟な知識が形成され、行動が可能となると考えたのである。同化や調節を含めた適応が外的環境との関係を扱っているのに対して、体制化は子どもの内的側面に注目している。ピアジェは、この適応と体制化は認知発達のどの発達段階にもみられ、これによって認知発達が進んでいくと考えた。

❷四つの発達段階

ピアジェは人間の思考に関して、**感覚運動期、前操作期、具体的操作期、形式的操作期**の四つの発達段階を提唱した。

①　感覚運動期（０〜２歳頃）

この時期の子どもは心の中にイメージ（表象）を作り上げそれを保持する能力がないため、ものをつかむ、触るなどの具体的行動自体が思考となる段階のことである。この時期は五感と身体感覚を使うことによって認識を発達させていき、行動に対する結果から、少しずつ行動を修正

して適応行動パターン（シェマ）を獲得する。目の前にあるおもちゃに布をかぶせて見えなくしてしまうとおもちゃがなくなったと思うが、この時期の終わり頃になると、見えなくてもおもちゃは存在しているということがわかるようになる（**対象物の永続性の獲得**）。これはイメージを保持する力が備わったこと（**表象機能の獲得**）を意味し、これによりこれ以降の段階の心の中での思考が可能になる。

② 前操作期（2〜7歳頃）

表象機能は獲得されているがそれを論理的・一般的な思考の道具として使いこなすことはできない段階である。目の前にないものを記憶したり、関係性を意識したりすることができるようになるため、「ごっこ遊び」などができるようになるが、まだ他者の視点や立場に立つことができずに自分の知覚ですべてを判断している（**自己中心性**）段階である。

③ 具体的操作期（7〜11、12歳頃）

具体的な物事に対して論理的思考ができるようになる段階のことを指す。ものの形や形状を変えても重量や体積は変化しないという**保存の概念（保存性）**を理解できるようになり、自己中心性からの離脱が進み、自分と異なる他者の視点を理解できるようになる。しかし、外部の物事の助けを借りずに頭の中だけで行う論理的、数理的、抽象的な思考は十分に発達しておらず、複雑な抽象思考や概念の操作を行うことはまだ難しい段階である。

④ 形式的操作期（11、12歳以降）

目の前に存在しない抽象的な概念や観念的なイメージを操作し、抽象的思考や仮説的思考（**抽象的仮説的思考**）が可能となる発達段階である。

Active Learning

ピアジェの発達段階を参考に、自分自身の思考の発達について振り返ってみましょう。

3 バウアーの感情ネットワークモデル

バウアー（Bower, G. H.）は、認知と感情には相互作用があることを見出し、**感情ネットワークモデル**を提唱した。バウアーは、うつ状態で覚えたことは回復すると思い出しにくいが、うつ状態になると思い出しやすくなるというように、ある気分で覚えた内容は、異なる気分では思い出しにくくなることを見出した。これを**気分状態依存効果**という。また、楽しい気分のときには楽しい連想が浮かび、悲しい気分のときには悲しい連想が浮かぶというように、気分状態に一致した認知が生じることを**気分一致効果**とよんだ。

この感情ネットワークモデルをもとにして、フォア（Foa, E.）らは**情動処理理論**を考え出した。情動処理理論とは、トラウマ体験などによ

る恐怖は、恐怖刺激、恐怖反応、意味づけ、そしてそれらへの反応など がひとかたまりの認知構造として記憶されていると考えるものである。 そのため、恐怖刺激に対して自動的に同じ思考と感情が引き起こされて しまい、些細な刺激に対してもトラウマ体験と同じインパクトをもった ものとして体験され、過敏に反応してしまうために、PTSD（心的外傷 後ストレス障害）などの症状が出るものと考えた。この情動処理理論を もとに、フォアはPTSDの治療方法である **PE療法**（prolonged exposure therapy：持続エクスポージャー療法）を開発した。

4 心の理論

　心の理論とは、他者の心の状態を推測し理解する能力のことである。 この心の理論がいつ獲得されるかを調べる課題として、誤信念課題があ り、代表的なものにサリー・アン課題がある。一般的に、４歳後半か ら５歳の子どもの多くがこれらの課題を通過することができ、他者の 心の状態を推測し理解する心の理論が獲得されていると考えられてい る。また、中核的欠損として他者の心を読むことの困難さがある自閉症 児・者には、障害が認められる。この心の理論を一つの起源として、**メ ンタライゼーション**という概念が見出されている。メンタライゼーショ ンとは、相手の行動の背後にある考えや感情などの精神状態を推測し、 そのうえで相手や相手の行動を理解しようとすることである。このメン タライゼーションの考え方は、対人支援において必須のものといえる。

★ **誤信念課題とサ リー・アン課題**
誤信念課題とは、ある 事象を見た人とそれを 見ていない人との心的 な差異はどのようなも のかを答える課題であ る。代表的なものにサ リーとアンの課題があ る。被験者に次のよう な劇を見せる。「サリー はかごにおもちゃをし まって、外に遊びに 行った。そこにアンが やってきて、別の箱に おもちゃを移して外に 出ていった。」その後、 被験者に「おもちゃで 遊ぼうと思ったサリー はかごと箱、どちらを 探す？」と質問をする。 サリーはアンによって おもちゃが箱に移され たことを知らないの で、『かご』が正解で ある。しかし、こうし た回答をするために は、他者であるサリー の心的状態を推察でき る（現実にはおもちゃ は箱の中にあるが、ア ンによっておもちゃが 移されたことを知らな いので、現実とは異な る誤った信念をもって いるだろうと想像でき る）ことが必要である。

2 言語発達

1 ことばと人間

　人間にとって、ことば（言語）の獲得はきわめて重要である。ことば というツールを獲得することにより、自分の思いや考えを表現すること ができるようになり、他者との間で感情の交流をはじめとする、複雑な 情報を含むコミュニケーションが図れるようになる。自己を表現し、他 者とコミュニケーションが図れることは、ヒトの情緒的安定や幸福感に 作用する。感情のコントロールをはじめとする心理的発達も、ことばの 獲得とその過程に大きく関係している。また、言語を共有していること により、言語を介して複雑な知識の獲得や伝達、文化の継承なども可能 となる。ことばは、ヒトに心理的な安定をもたらす大切な手段であると

同時に、人間が社会的な存在として機能し、人間社会を文化的に維持していくことに大きく貢献している。ヒトがことばを獲得していくプロセスは、子ども自身の身体的要因という土台のうえに、養育者などとのかかわりがもたらす社会的要因と子どもの認知的発達要因が複雑にからみあって実現していく。

2 ことばの発達を支えるもの

　ことばの獲得は、**生物学的基礎、社会的基礎、認知的基礎**の三つから成り立っている。生物学的基礎は、耳で音を聞き口から発声をする身体的な機能のことである。社会的基礎は、乳幼児期からの身近な大人とのやりとりのなかで育つ、他者との間のことば以前の視線のやりとりや注意や集中の共有、感情のやりとりなどのコミュニケーションの力のことである。そして認知的基礎は、前項で説明した、目で見て図形の形が判別できたり、外界にある具体物の操作を通して「手段と目的」の関係がわかったり、物が目の前になくても消えてしまったわけではなくどこかにあるという「物の永続性」がわかるなどの認知発達のことである。

　つまり、話しことばの発達は、子ども本人のもつ聴覚や発声などの生物学的側面や能力を土台に、身近な大人などとの間に育ってくるコミュニケーション能力を基盤とし、子ども自身の認知の発達に伴うことばの理解があわさって、人や経験などの環境との相互作用により育っていく。

3 共同注意と指さし

　言語の発達と獲得においてとりわけ重要となるのが、共同注意の成立である。共同注意とは、他者と一緒に外界の同じものに注意を向け、一緒に見ようと意識を向けることである。養育者が「見てごらん！」と視線と注意を向けているもののほうに赤ちゃんも顔を向け同じように注目したり、赤ちゃん自身がおもちゃや動物など自分が関心をもったものを指さし、「あっ、あっ」などと言いながら養育者の顔を見て関心を向けさせようとするなどの行為である。これはことばが出てくるよりも前にみられ、およそ９か月以降１歳頃までに起きる。指さしも共同注意と同じ意味をもつ行為であり、共同注意と同じ時期に行われ始め11か月以降に増加する。

　共同注意や指さしがことばの発達過程において重要となるのは、それが他者とつながり、世界を共有する行為だからである。これらが行われるのは、自分の意図や感情など、自分のなかで起きていることを他者に

伝えることが可能であると子どもが気づいていることを示している。このコミュニケーションの基本となる気づきは、そのためのツールとしてのことばの獲得を強力に後押ししていく。

そして、共同注意や指さしの発生は、心の発達においてもきわめて重要である。子どものなかに、他者の心を読み取る力が育ってきていることの証であり、他者の感情を理解したり共感したりするなどの、お互いの心のありようを共有する社会性や情緒発達の基盤ともなる。

４ ことばの発達プロセス

ことばの発達のプロセスは個人差が大きいといわれ、子どもによってその進度が大きく異なる。また、子どもの気質や養育者との関係、環境との相互作用の状況が大きく影響する。たとえば、養育者からの話しかけや応答の機会が少ない赤ちゃんは、能力的に問題がなくとも言語の発達が遅れることがある。そのため、これから述べる時期や発達のプロセスをそのままたどる子どもばかりではなく、そこから外れていたとしてもただちに発達に偏りがあるとはいえない。

ことばの発達プロセスは、必ずしも言語を介したものだけではない。前項の共同注意で説明したように、それ以前の非言語的なコミュニケーションや前言語的なコミュニケーションが、言語の獲得において重要な役割を果たしている。

赤ちゃんは母親のおなかの中にいるときから母親の声を聞いており、生まれる２か月前くらいには、母体の外の音に反応を示すことができるようになるといわれている。そして、生まれたのちにも養育者などからたくさんのことばをかけられて育つ。こうした環境はことばを獲得する前段階として重要な意味をもつ。赤ちゃんは生後２、３か月頃からクーイングと呼ばれる声を出し始め、４か月頃になると口腔内の拡大など身体的発達に伴い、養育者と相互に声のやりとりをすることが可能となる抑揚を伴った響きのあるクーイングを発することができるようになる。こうした赤ちゃんのクーイングに対して養育者が応答、声かけを行うことにより、それが自分の発する音に対応してなされるものだと赤ちゃんは理解する。意味をもたない音声のやりとりではあるが、「私が話す―あなたが話す―私が話す」という、交代してやりとりを順番に行うターンテイキングとよばれるコミュニケーションの原型がここに成立している。こうした、話し手と聞き手が同じ場面を共有しながら交互にコミュニケーションを行うというやりとりを前言語の段階から経験しつ

Active Learning

共同注意や指さしについて、親子関係で何が起きているかを考えてみましょう。

つ、そこに話しことばとしての言語が子どもの言語獲得に伴い用いられるようになっていく。

ことばへとつながる前の過渡期の発声を喃語（なんご）という。喃語は、5～6か月頃からみられ、「アーアーアー」などの母音の繰り返しから、7か月頃には「タッ、タッ、タッ」などの母音と子音を組み合わせたものへと発達していく。この母音と子音を組み合わせた喃語がでるようになることは、言語音声を発声できる生物学的基礎が育っていることを示している。

その後、共同注意や指さしなどの非言語コミュニケーションがおよそ9か月頃からみられるようになり、それらが徐々に増え、ことばへとつながっていく。

初めて子どもが話すことばを初語（しょご）という。初語は、早くて10か月から、遅くても1歳数か月頃までには出現する。ことばを理解するようになった頃から30～50語くらいを話せるようになるまでの、およそ10か月から1歳半くらいの時期が語彙（ごい）獲得の初期段階といわれている。初語から50語くらいの頃話すことばは、マンマ、ワンワン、クックなどのような事物名称が最も多い。その後、獲得語彙は急激に伸び、1歳半くらいには語彙の爆発的増加期に入る。語彙の増加に伴って、1歳8か月頃から、「こえ（れ）、ワンワン」「たーたん（かーたん）、いく」などの二語文を話すようになる。2歳頃からは、3語以上の話しことばが増え、4歳以降は文字への興味も生まれ、多くの子どもは5歳でひらがなを読めるようになり、6歳では書くことができるようになる。小学校に入学する頃までには、子どもはおよそ8000語から1万語以上のことばを獲得するといわれている。

5 ことばの発達と環境、養育者とのかかわり

子どもの言語発達は、本人の能力だけでなく、環境、特に養育者との関係性が大きく影響する。言語を獲得する進度だけでなく、言語を獲得するプロセスにおける養育者とのかかわりが子どもの心を育て、さらに体験を伴ったことばの獲得そのものが子どもの心の発達をいっそう後押ししていく。

たとえば、子どもがおもちゃで楽しそうに遊んでいるところに、養育者が「すごいねぇ、楽しいねぇ」と語りかける。子どもの顔を見て、そしておもちゃに目をやり、子どもが体験している気持ちをことばにして話しかけることにより、共同注意が養育者と子どもとの間で成立し、「楽

Active Learning

ことばの発達について、自分自身の小さい時のことを思い出し、ことばの発達プロセスと比較してみましょう。

しい」という感情が養育者と共有され、その気持ちはさらに高まりより楽しく快適な体験となる。そしてそれと同時に、子どもは自分が体験しているこの心の状態が、「楽しい」ということばで表現されるものだということを学ぶ。一方で、何か思いどおりにならないことがあり、欲求不満を感じて泣いているときに、「そうなのね、嫌だったのね、悲しいねぇ」と、養育者に抱っこされ、なだめられながら、声をかけられる。それにより、子どもの気持ちは少しずつ落ち着きを取り戻し、自分の感情が「悲しい」ということばで表現されることを学び、体験がまとめられる。養育者の行為とことばが子どものネガティブな情動反応を抱え、子ども自身では制御することが難しい感情を養育者の力を借りながらともに調節することになり、その経験を重ねていくことによって子ども自身の感情コントロールの力が育っていく。

こうしたプロセスを通して、子どもが体験する感情は分化され、自分自身の感情に気づくことが可能となる。さらに体験した感情には、「楽しい」「悲しい」「面白い」などの名前がつけられ、自らの状態を表すことばとして獲得され、その感情をコントロールする力が育っていく。親との情緒的、時間的かかわりが不足しているマルトリートメントを受けている子どもなどは、自分の感情に気づく力が低かったり、自分の状態や気持ちを表すことばが乏しいといわれることがあったりするが、これらは環境からの働きかけと保護が不十分であったことを示す一つのエピソードであるといえよう。

3 ▷ アタッチメント理論

■1 ボウルビィ、エインズワース、メインの基本理論

アタッチメント理論とは、ヒトをはじめとする霊長類や鳥類の幼体が誕生後まもなく特定の成体に対して形成する結びつき、およびそのメカニズムに関する理論の総称である。アタッチメントは、ボウルビィ（Bowlby, J.）によって確立された概念である。WHO（世界保健機関）の依頼を受けた調査で成育環境の影響の重大さについて、**母性剥奪**（マターナル・ディプリベーション）の観点からまとめた。1951年のボウルビィのWHOへの報告は、アタッチメントの理解を大きく動かすきっかけとなった。親から離れて暮らさざるを得ない環境にある、さまざまな文化的背景をもつ子どもたちを研究し、人生初期の重大な情緒剥奪

は、さまざまな深刻な発達上の課題を引き起こすことを見出した。その課題とは、共感性の欠如、非行行動等の行為障害、愛情の受け取りや提供に伴う困難さ、注意の調整不全などである。

しかし、なぜ、母性的なかかわりが剥奪されるとその後の人生に大きな影響があるのかを的確に説明するために、ボウルビィが長い年月をかけて模索した結果、アタッチメント理論を構築したことは意外と知られていない。ジグムント・フロイト（Freud, S.）の娘であるアンナ・フロイト（Freud, A.）が、ロンドンで開設した戦災孤児の施設で観察された子どもたちの情緒的な不安定さ、不眠、抑うつ、攻撃性などを観察し、そのこともアタッチメント理論の構築に大きく寄与することになる。

ハーロー（Harlow, H. F.）によるアカゲザルによるアタッチメントの研究も、この領域を大きく推進させる。子ザルは、おなかが空いているときに、針金でできた代理母の人形からミルクを飲んでいた。しかし、音を出しながら行進してくるおもちゃのクマのぬいぐるみに直面した際の非常にストレスフルな状況で、ミルクを出す針金の代理母の人形ではなく、肌触りのよい毛布に覆われた代理母の人形にしがみついたのである。これは、スキンシップによる情動調整の重要性を示唆している。

ボウルビィは、ハーローの一連の研究だけでなく、ローレンツ（Lorenz, K.）やティンバーゲン（Tinbergen, N.）らの動物行動学の影響もうけ、アタッチメントというのは本能であると述べた。ボウルビィの著書のなかには、ニホンザルも登場し、おばちゃんザルが子育ての肩代わりをしている。サルの世界も、実親が子育てに疲弊したり、養育が困難であったりする場合には、他のサルが育児の肩代わりをしてくれると日本の研究を引用して記述している。そして、アタッチメントの対象となるのは、母親あるいはそれに代わる人物と明記している。養育者は母親や父親などの実親だけとは限らない。「子ども家庭福祉」「社会的養育」の理論的な根拠を提供しているのである。「社会的なネットワーク」の重要性の理論的な視座となる。ボウルビィは、母性剥奪の指摘をしたのち、多くの試行錯誤を加えながら、アタッチメント理論を構築したのである。ボウルビィは、アタッチメントについて、「生後1年間の後半において、ある特定の保育者に対する接触や社会的相互作用を求める乳児の行動は、次第に一つの行動システムへと統合されていき、また、このときの保育者は乳児の探索の際の安全基地としての役割をなしている」と述べている。ボウルビィは、アタッチメント対象とのかかわりによって、子どもたちの心の中に、自分、家族、自分を取り巻く世界全体

に対する捉え方の基盤が形成されるとして、それを「内的ワーキングモデル（internal working model：IWM）」と呼び、アタッチメント概念を構築した。このモデルが、その後の子どもたちの内的な適応や社会的適応に大きな影響を与えると捉えたのである。

■2 アタッチメントの個人差

子どもたちを理解する際に、養育者へのアタッチメント行動のあり方を見ていくと個人差があることが見出された。この方法の確立に貢献したのがエインズワース（Ainsworth, M. D.）である。アタッチメントの個人差には四つの型があり、ストレンジ・シチュエーション法によって確かめることができる。まず母親などの養育者と同室での幼児の行動を観察し、そこに見知らぬ人が入る。その後、見知らぬ人と子どもだけにして、母親が退出したあとの行動を観察し、さらに母親が戻ってきたときに子どもがどういう行動をとるかということによって観察される。これは、標準化された観察技法であり、この方法によって、アタッチメント研究の実証的な領域は大きく発展することになった。そして、危機場面や不安になった子どもたちの気持ちをなだめてくれ、子どもたちの探索行動を促す基盤として「安全基地（secure base）」の概念を提唱した。

Active Learning

自分の成長のなかで、困ったときに助けを求めた人、あるいは助けてくれた人のことを記述し、アタッチメント行動についてさらに学びを深めましょう。

❶ストレンジ・シチュエーション法

子どもは母親がいなくなると必然的に不安を覚えるが、この観察法は、子どもが、その不安をどのようにして解消するか、また母親が戻ってくると、どのような反応を示すかを知るためのものである。1〜3分間の場面設定（エピソード）を八つ設定する。

このようなエピソードでは、安心→見知らぬ人の存在→分離→再会という状況に応じて、それぞれ感情が生じる。この観察法を受けた子どもたちは、A型からD型までの大きく四つのタイプに分けられる（**表3-3**）。A型は回避型、B型は安定型、C型は抵抗型あるいは両極型、後に見出されて加わるD型は、無秩序・無方向型といわれる。

このようなアタッチメントパターンのうち、D型は、特に虐待など不適切なかかわりによって生じることが多いと指摘されており、その後の解離性障害や非行などの不適応行動への影響があるともいわれている。被虐待児の実に82%が無秩序・無方向型に分類され、安定型は14%であったという研究も報告されている。

表3-3　ストレンジ・シチュエーション法による分類

タイプ	母親との分離	再会場面
A型（回避型）	悲しみや抵抗を示すことがなく、見知らぬ人とも容易に交流する。	母親との再会場面でも、母親を気にすることなく一人遊びをしている。
B型（安定型）	積極的に探索行動をする。母親がいるときには見知らぬ人とも楽しそうに交流できる。	母親へと積極的に近づき、接触を求めて安らぎを得ることができる。探索、遊び、そして母親との交流に容易に移ることができる。
C型（抵抗型あるいは両極型）	母親との分離前も泣きが激しく、母親によって気持ちをなだめることが難しい。	母親に抱きかかえられてもぐずり、かんしゃくなどの行動を示し、気持ちを落ち着けるのに時間がかかる。
D型（無秩序・無方向型）	親との再会時にぼーっとしていたり、急に動きを止める「動作の停止」が見られたり、親に対して接近をしたと思うとすぐに激しく回避したり、親から顔や視線をそらしつつ接近・接触したりする。抱っこされているのに親の体をつねり続けたりする。このように組織化されていない行動を呈する。	

❷成人アタッチメント面接

　アタッチメント研究は、子どものアタッチメントパターンの生成要因へと進み、メイン（Main, M.）らは、青年期以降のアタッチメントの内的ワーキングモデルへの評定法として、親のアタッチメントの子どもへの影響を検討するべく、成人アタッチメント面接を開発した。子どもの頃の自分の親との関係について、当てはまる形容詞を選び、次に選んだ形容詞を例証するような具体的な記憶として残っているエピソードを話すようにいわれる。さらに、子どもの頃情緒的に混乱したときにはどうしたのか、両親のうちどちらの親が自分にとって近しく感じられたのか、親との分離体験についてどういうことを思い出すのかなどの子どもの頃のアタッチメントに関する質問がなされる。さらに、現在の時点からの質問として、どうして親はそのように振る舞ったと思うのかなどについて尋ねられる。その結果、アタッチメントに関する記憶や思考の体制化は四つに分類された。すなわち安定自律型（secure-autonomous）、アタッチメント軽視型（dismissing）、とらわれ型（preoccupied）、未解決型（unresolved）の四つのアタッチメントのパターンである。藤岡[1]を引用して、それぞれについて説明する。

　安定自律型は、アタッチメントと自律の双方に価値を置く。自分の親とのアタッチメント関係やそれが及ぼす現在への影響について語るときも「話しづらさ」「ためらい」「思い出しづらさ」はなく、内容的にも筋

が通っている。子どもの頃と結び付いた親に対する肯定的な感情と否定的な感情が統合できており、親との関係性が自分の現在のパーソナリティにどんな影響を与えているかについても現実的・客観的に話すことができる。

　アタッチメント軽視型は、自分の発達にとって人生早期のアタッチメント関係はほとんど影響を与えていないと感じており、アタッチメントということについても重きを置いていない。子ども時代のアタッチメントにかかわる出来事の記憶は概して想起しがたく、記憶がほとんどないかまったくないと主張する傾向がある。

　とらわれ型は、子どもの頃の家族のアタッチメント関係に現在も過剰にとらわれている。アタッチメントにかかわる特定の記憶を数多く想起し、しばしばアタッチメント経験のつらく不幸な出来事を想起する。しかし、語った内容を全体としてまとまった描写として統合することができず、そのため言述に一貫性がなく、また、記憶として潜在している親へのさまざまな感情を統合することができない。

　未解決型は、深刻なトラウマ体験や深刻な喪失を体験している可能性が高く、アタッチメント対象（人物）の喪失を悼むことがなく、人生にこれらの喪失を統合できていない。トラウマから思い出される記憶と情緒におびえ、痛みを避けるために解離する可能性もある。その語りは、過去の出来事に関して混乱して首尾一貫していない。

❸ FR 行動の理解と対処

　メインたちは、養育上の困難を抱える親の養育行動を観察し、子どもの無秩序・無方向型の行動を呈することにつながる可能性のある養育行動を、FR 行動と捉え、アタッチメント行動の発現を阻害する可能性について検討している。**FR 行動**とは、「おびえたような / おびえさせるような行動」（frightened/frightening　behavior）である。メインとヘッセ（Hesse, E.）によって提唱され、以下の六つの FR 行動のサブスケールがある。❶おびやかす（脅威的行動）、❷おびやかされる（おびえを示す行動）、❸解離的行動、❹おどおどした、あるいは、（過度に、子どもに対して）うやうやしい行動、❺親密さが度を越えた、ロマンティックな行動、❻無秩序な行動。そのなかで、❸解離的行動については、「意識の変性状態 an altered state of consciousness に入っていく可能性がある入口としてのさまざまな徴候」と指摘しており、育児中に何らかのきっかけで、心的外傷体験が思い出され感情的なフラッシュバックが起こる可能性について示唆されている。

Active Learning

成人アタッチメント面接の具体的な方法や実践例について調べてみましょう。

3 アタッチメント理論の臨床的適用

エインズワースやメインらがボウルビィの考えをさらに発展させ引き継いだアタッチメントの観点は、施設・機関や養育家庭（里親家庭等）での子ども支援・支援者支援、子育て家庭への支援だけでなく、夫婦支援を中核においた家族支援、障害児者との関係構築、認知症高齢者の喪失体験への対処や強度行動障害の理解と対処などにも援用されるなど、多くの社会福祉領域で重要な位置を占めるようになっている。そのなかで、重要な概念として、エインズワースの敏感性、ビーリンゲンらの情緒的活用性、フォナギーらのメンタライゼーションを取り上げる。

❶敏感性（あるいは、感受性）

敏感性（sensitivity）は、養育者が子どものさまざまなアタッチメント行動を感受できることであり、ウガンダ等での養育行動の観察によって導き出された重要な概念である。エインズワースによって指摘された。感受性の高い養育者に長期にわたってケアを受けている子どもほど、安定したアタッチメント関係が築けているということである。多くの社会福祉場面で、利用児者のニーズキャッチの重要性が指摘されているが、利用児者主体のニーズキャッチとそれに伴う支援者による応答が、困ったときに助けを求めることができる、また、アタッチメント対象の存在が危機や不安場面での情動調整を促すという関係性の構築に寄与する点はアタッチメント臨床の大きな視座といえよう。

❷エモーショナル・アヴェイラビリティ

エモーショナル・アヴェイラビリティ（emotional availability：情緒的活用性）（以下、EA）は、エムディ（Emde, R.）らの研究や臨床の蓄積を踏まえたうえで、ビーリンゲン（Biringen, Z.）らが主張している。子どものために親が役立つと、親が思えることが、子どもからの助けてというサインを引き出しやすいということである。ビーリンゲンらは、EA を測定するための尺度として Emotional Availability Scale を作成した。養育者と子どもそれぞれの EA を重視している。金丸によれば、「養育者側の EA は、子どもの要求に敏感に適切に応答する。自分の純粋な情動を表出する（sensitivity）、子どもの自主性は尊重しながらも、子どもに枠組みや決まりを与える（structuring）、子どもの自主性を尊重し侵入的ではない（nonintrusiveness）、敵意のないこと（nonhostility）の四つの下位尺度、子ども側の EA は、親への応答性（responsiveness to parent）、親をかかわりに巻き込む（involvement with parent）の二つの下位尺度から構成される」[2]としている。養育者

と子どもとの相互性を重視しており、非常に参考になる。

❸メンタライゼーション

　虐待なども含むさまざまな養育環境の影響を受けたなかで、心の中にエイリアンセルフ（alien self）ともいうべき違和感のある自己を抱え、行動面・認知面・情動調整面において課題[*]（愛着上の課題あるいは愛着の課題）を抱えた人たちに対する臨床的なアプローチとして、メンタライゼーションがある。もともとは精神分析の文脈から端を発しているが、アタッチメント理論や共感に関する理論、ミラーニューロン等の脳科学などの知見を踏まえながら構築された理論と臨床の包括的なアプローチである。構築された理論と臨床技法の総称を**メンタライゼーション**（mentalization）という。また、そのなかで、ミラーリングなどの技法を含む**メンタライジング**（mentalizing）は、子どもの気持ちを察し、言葉にすることで子ども自身が自分の内面に向かうきっかけになるという理論背景をもつ技法である。施設臨床や境界性パーソナリティ障害のクライエントへの支援に対して非常に有益な理論と実践が提案されている。

　クライエントとの相互性のなかで、虐待やネグレクトによって、自分を内省する力、自分を振り返る力がうまく獲得できなかった場合、攻撃性が調整できなかったり、情緒的な不安定性が継続したりすることがある。いかに自分のことを振り返り、自分のさまざまな課題に向きあうようになっていくか。その文脈での**ミラーリング**（クライエントの感情や言葉を、クライエント自身に照らし返すこと）で、クライエントは自分自身の気づかない気持ちや触れたくない気持ちに徐々に向きあうことができるようになっていく。その際、その気持ちをしっかりと捉え、言葉や表情・しぐさ等で伝えることが重視される。そして、その気持ちがクライエント自身の気持ちであり、支援者も共有するが、クライエント自身が受けとめていく（自―他の明確化）。

　子ども家庭福祉領域でも、養育場面で多用される「痛いの、痛いの、飛んでいけ」（支援者や養育者が子どもの痛さを汲みながらも、共感・共有し、そのうえで「それ」が飛んでいくことを共有していく体験の蓄積）は、気持ちの共有の重要性を強調した世界各国にあるなだめ方である。このように、向きあうのがつらい気持ちにわかりやすく「マーク」をつけることも大事である。たとえば、「大変だったねぇ」「びっくりしたねぇ」「おもしろかったねぇ」などである。子どもにとって、自分だけの気持ちが尊重される体験の蓄積が有益である。そのようにして、自

★愛着上の課題
重篤な愛着上の課題として、反応性愛着障害（苦痛や不安な場面でも助けを求める行動を起こせない等）と脱抑制型対人交流障害（誰かれかまわずに警戒なく近づく等）がある（DSM-5、ICD-11）。愛着障害であるかどうかについては、慎重にアセスメントをすることが求められる。

Active Learning

メンタライゼーションについて、日頃の人とのかかわりを振り返って、考えてみましょう。

分の気持ちに向きあうと同時に、共に気持ちに向きあうという体験と志
向性が習得される。

4 道徳性の発達

道徳性の発達は、子どもたちの課題だけではない。生涯発達という観
点で考えた場合、人が生きていくうえで、常に向きあうべき課題となる。
人生には多くの危機場面があり、そのなかに、この自身の道徳性への直
面が含まれる。たとえば、職場での不正に直面した場合、どのようにそ
れに向きあうのか、一人ひとりの道徳性が問われる。子どもたちの道徳
性の発達を考えることは、大人にとっても大きな課題なのである。

では、この道徳性はいかに獲得されていくものであろうか。道徳（よ
さ）はいかに学ばれるかということを考察した佐伯[3]は、道徳の獲得には、
「判例法的」道徳と「制定法的」道徳があり、エピソードの蓄積を通して、
一貫性を有した道徳の獲得の重要性を指摘している。取り上げられてい
る例のなかで、落書きをして叱られた子どもが、親に対して、ここにも
落書きをした、ここにもと親を導いて教え、あたかも、この落書きをし
てはいけないということの一貫性を自分のなかに構築しているようであ
ると記述している。子どもたちは、叱られないために道徳性を構築する
のではなく、自分のなかの道徳性の一貫したネットワークを構築するの
であるということをわかりやすく説明している。

このような道徳性の発達の解明に貢献したのが、コールバーグ
(Kohlberg, L.) である。コールバーグ[4]は、道徳性の発達段階について
論述し、ピアジェの認知発達の考えを展開させた[5]。その内容は、
表3-4 のとおりである。三つのレベルに分け、第一段階から第六段階
までを設定している。

佐伯が述べていた、道徳性の一貫性のシステムとは、第六段階＝普遍
的な倫理的原理への志向とも通底している。

道徳性には、認知、感情、行動から捉えることが大事であり、コール
バーグの考えは、認知的な側面を強調しているが、感情や行動そのもの
の捉え方も大事である。ホフマン (Hoffman, L.)[6] は、道徳的行動を行
う場合の共感性や罪の意識などの感情を強調している。他者の状況に対
して自分がどのような反応を起こし、それがどのように道徳的な行動へ
とつながっていくのかという感情のメカニズムともいうべき側面へと焦

Active Learning

コールバーグの道徳
性の発達にそって、
自分のこれまでの人
生を振り返ってみま
しょう。

表3-4 道徳性の発達段階

慣習以前のレベル	第一段階	罰と服従への志向（罰を受けないために行う行為であり、罰を与えるものへの絶対的な服従が前提としてある）
	第二段階	道具主義的相対主義への志向（行う行為は、自身の欲求や利益を満たすためのものであり、行為は道具に過ぎない）
慣習的レベル	第三段階	対人的同調あるいは「よい子」への志向（よい行為は、他者を喜ばせたり、助けたりするものである。そこには、他者との関係性のなかでよさを判断するという社会性の萌芽がある）
	第四段階	「法と秩序」の維持への志向（善なる行為とは、人間システムのなかでの法や秩序を守るためであり、社会構成員という意識が強くなる）
脱慣習的レベル	第五段階	社会契約的遵法への志向（社会には多様な価値や考えが存在することを容認したうえで、その社会契約的合意に遵じて行為することである）
	第六段階	普遍的な倫理的原理への志向（正しい行為とは、一貫した論理的な整合性があるシステムに基づいて行われる行為である。「良心」はそのことをあらわした言葉である。何が正しいか正しくないかは他者が決めることではなく、自立した個人として判断することとなる）

点を当てている。さらに、意図を考慮した道徳性判断（特に、善悪判断）の発達の研究も、乳幼児を対象にして行われてきており[7]、コールバーグらの研究から大きく展開してきている。

◇引用文献
1）藤岡孝志『愛着臨床と子ども虐待』ミネルヴァ書房，2008.
2）金丸智美「乳幼児期における情動調整の発達」『淑徳大学研究紀要（総合福祉学部・コミュニティ政策学部）』第51号，pp.51-66，2017.
3）佐伯胖『「学び」の構造』東洋館出版社，1985.
4）L. コールバーグ，岩佐信道訳『道徳性の発達と道徳教育』麗澤大学出版会，1987.
5）内藤俊史「Kohlberg の道徳性発達理論」『教育心理学研究』第25巻 第 1 号，pp.60-67，1977.
6）L. ホフマン，菊池章夫・二宮克美訳『共感と道徳性の発達心理学――思いやりと正義とのかかわりで』川島書店，2001.
7）長谷川真里『子どもは善悪をどのように理解するのか？――道徳性発達の探求』ちとせプレス，2018.

第4章

日常生活と心の健康

　本章では、心の不適応状態がどのようにして生じるのか、また、心の健康がどのようにして促進されるのかについて理解を深める。

　心の不適応状態に関する代表的なものとして、本章ではストレスについて取り上げる。ストレスの影響は私たちの日常生活から切り離すことができないものであり、その研究の歴史や理論の変遷など、幅広い視点から基本的な知識を学ぶことは、ソーシャルワーク実践を展開していくうえで不可欠なものである。

　他方で、対人支援においては、心の不適応状態だけでなく、人々の心の健康的な側面に着目する必要がある。そこで本章では、健康の回復・維持・増進に関する理論である健康生成論についても学びを深める。

心の不適応

- ストレスの代表的な理論や理解の仕方を学ぶ
- ストレスによる心理的問題について理解する
- ストレスから回復するためのリソースを理解する

　ストレスという言葉の起源は、14世紀にさかのぼり、中世のフランス語の「destresse（distress）：ディストレス」である。ラテン語のstrictus（加圧した）から派生した言葉である。それは、16世紀まで、「ある物体（物質、身体組織、精神機能）が、緊張や酷使や疲労している状態[1]」を指すものであった。そして、19世紀に入り、ストレスは物理学の正式な科学用語となった。「ストレス」とは、物体になんらかの力が加わって、その結果、物体の形が変わったり、緊張したりした状態になるときの力を指す用語として用いられている（**図4-1**）。1940年にカナダの医師セリエ（Selye, H.）によって、ストレスという用語が初めて心理学の領域で使用されている[2]。

　私たちの生活では、一般的に「ストレス」とは、身体的健康や心理的幸福感が脅かされると知覚されるような出来事を指す。そうした出来事は、「ストレッサー」と呼ばれる。さらにストレッサーに対する人々の反応を「ストレス反応」と呼ぶ。

図4-1　ストレスという言葉の起源

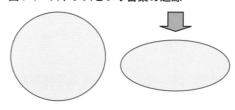

物体の普通の状態　　ストレスがかかった状態

1 生物学的な観点からのストレス

1 内部環境の恒常性維持（ホメオスタシス）

　我々の生体は何らかのストレスが加わったとしても身体内部で正常な状態を保持しようという働きが存在する。これを内部環境の恒常性維持（ホメオスタシス）という。恒常性維持は、ストレッサーが生体に何らかの影響を与えようとしたときに、常時働くものと考えられる。

　セリエによれば、恒常性維持の考え方は、古代ギリシア時代の医学の父といわれるヒポクラテス（Hippocrates）にさかのぼるという。彼は、「病気とは損傷に苦しむ（パトス）ということだけではなく、戦い（ポノス）、つまり身体を自ら正常な状態に復帰させようとつとめる身体内部の闘争でもある[3]」と述べている。また、フランスの生理学者ベルナール（Bernard, C.）は、「内部環境の恒常性」という言葉を用い、血液やリンパ液といった生体の組織や細胞をとりまく生物学的な環境を説明して、外部環境が変動しても「内部環境」は一定であることを唱えた[4]。

2 ストレスと身体反応

　ネコによる動物実験から、ストレスを説明したのは、生理学者のキャノン（Cannon, W. B.）である。1939 年にキャノンは、ストレスという用語を頻繁に用い、「恒常性維持」「緊急反応説」「闘争―逃走反応」という概念を示した。これらの概念は、のちのストレス研究の発展に多大な影響を与えてきた。

❶恒常性維持（ホメオスタシス）

　「恒常性維持」とは、生物に悪影響を及ぼす外的内的環境の絶え間ない変化に応じて、一定の安定した状態を保つ方法のことをいう。たとえば、身体の仕組みとして、人間の体温は、ある程度、外界の温度が変化しても、およそ摂氏 36 度台で一定に保持されていることが挙げられる。身体の中のさまざまな器官が機能するときには熱が発生する。特に、心臓と筋肉が発熱する場合に、循環する血液は熱を拡散させながら冷却する役割も果たしている。激しい筋肉運動を行った場合に、大量の熱が発生し、皮膚の表層にある小動脈が拡張する。また、発汗が増加して、身体からの蒸発熱により身体が冷やされることになる。その他、人間の身体では、血糖値を一定の領域に保ったり、体液量や血中の酸素濃度、酸塩基濃度、ナトリウム、カリウム、カルシウムなどの濃度、赤血球の濃

度などが、身体の機構により一定の状態に保持されるように機能している。こうした生体内の環境を安定した状態に保とうとすることやその状態を、キャノンは「恒常状態」と呼んだ。

　キャノンは、人体のさまざまな機構に広くみられる原則として「恒常状態」を唱えた。さらに、こうした恒常性維持の原則は、人の集合である組織や社会のレベルでも共通に存在するものであるとも述べている。キャノンが研究を行っていた時代に、第一次世界大戦が勃発したため、軍医として参戦した経験をもとに、感情的な変化（苦痛、飢え、恐怖）が自律神経や副腎分泌に及ぼす影響や外傷性ショックによる人体の変化について研究を重ねた。そして、人体には、恒常性があり、自己調節能力や自己修復能力の可能性と限界についても示唆したのである。

❷緊急反応説

　キャノンは、イヌにほえ立てられ、毛を逆立てたネコの状態を観察した。ネコはストレスを与えられると、心拍数の増加、唾液や消化液の分泌減少、筋肉内の血管拡張、消化器の血管収縮、呼吸数の増加、気管支の拡張、血糖の増加、瞳孔の拡大、などがみられることを観察した。そして、緊急時における身体反応に交感神経‐副腎系が深く関与していることを研究し「緊急反応説」を唱えた。これはストレスによる身体反応の特徴を捉えたもので、心と身体との関係を示したものである。

❸闘争─逃走反応

　ストレスから生じる激しい怒りや恐れの感情が生じても、生命を保つために、あえて恒常性の維持を行わないことがある。つまり、情動の変化によって呼吸が深くなり、心臓の拍動を速くし、血圧を上げるなどの身体の状態がつくられる。これらの変化は怒りによって生じる攻撃行動や恐れに伴って生じる逃避行動の準備状態であり、生存のために備える行動である。これをキャノンは、「闘争─逃走反応」と名づけた。これは、人間を含むすべての動物の生存のための歴史のなかで進化的に身につけた情動と身体反応の複合的変化である。

　キャノンの研究によって、ストレスが与えられても人体に備わった「恒常性の維持」によって自己修復能力があるということ、また、生存のために一時的に身体の反応を変化させる「緊急反応」があるということ、それは、攻撃行動や逃避行動のために備えるためのものである「闘争─逃走反応」に基づく変化であることがわかった。

3 身体に影響を与えるストレスの３段階

　セリエは、1936年に、ラットにさまざまな非特異的な悪性刺激（寒冷暴露、外科的外傷、過度の筋運動、さまざまな薬物中毒）を与えた場合、一定パターンの身体変化を起こす事実を発見した。その身体変化は、副腎皮質の膨張、全身リンパ組織・胸腺の萎縮、胃・十二指腸の出血性潰瘍であり、後年「セリエの反応」と呼ばれることとなる。彼は、その現象を後に、「一般適応症候群」ないし「汎適応症候群」（General Adaptation Syndrome：GAS）と名づけた。これが後年「ストレス」という用語となる。

　一般適応症候群は、外界からの悪性刺激に対する身体の適応状態の様子から、「警告反応期」「抵抗期」「疲弊期」の３段階の様相に分類されている（図4-2）。

　警告反応期とは、適応が獲得されていない段階を指し、ショック相と反ショック相に分かれる。ショック相は、外界からの悪性刺激に対して、身体の準備が整う前の状態で、体温低下、低血圧、低血糖、アシドーシス、胃腸のびらんなどの症状が発現し、数分から１日程度継続したのち、反ショック相に進行する。反ショック相では、体温上昇、血圧・血糖値の上昇、アルカローシスがみられ、副腎皮質の拡大や胸腺・リンパ組織の萎縮が起こる。

　抵抗期は、外界からの刺激に対して生体の適応ができている状態を指す。ただし、抵抗力が形成されるのは、持続される悪性刺激に対してであり、悪性刺激以外の刺激に対しては、抵抗力は顕著に低下してしまう。

　疲弊期は、外界からの刺激が長期間生体に働いた結果、生体の適応エネルギーが限界に達し、体重減少、副腎の萎縮、胃潰瘍などを併発し、死に至ってしまう。

★**アシドーシス**
血液の水素イオン濃度が平常域 7.4 ± 0.05 より低く酸性に傾いた状態をいう。肺結核、肺気腫、急性気道閉塞などによって肺機能が低下して、血液中の炭酸ガスが増加するものを呼吸性アシドーシス、胆汁・膵液などのろう孔からの流失、下痢、嘔吐、腎機能不全などの際に起こるものを代謝性アシドーシスという。

★**アルカローシス**
アシドーシスと反対に血液の水素イオン濃度が平常域 7.4 ± 0.05 より高くアルカリ側に傾いた状態をいう。過度の呼吸などによる炭酸ガス分圧の下降が原因となる呼吸性アルカローシスと、大量の嘔吐が続き、水銀利尿剤の乱用による副腎皮質機能亢進症、慢性下痢、重症の腎疾患などの際にみられる代謝性アルカローシスの二つに大別する。

図4-2　一般適応症候群の段階

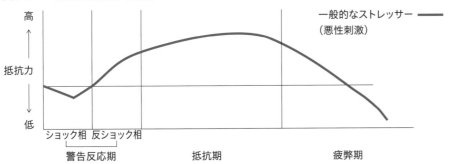

出典：Selye, H., 'The general adaptation syndorome and the disease of adaptation' *Journal of C. E. M.*, 6, pp.117-230, 1946.

外界からの悪性刺激をストレッサーと捉え、それへの生体の変化や反応を「適応」というメカニズムで捉えている点がセリエの学説の特徴である。

このように、適応とは、一次的にストレスが心身に及ぼす影響が高くなり、時間経過によって低減することをいう。しかしながら、長期にわたるストレスは、心身にとって必ず悪影響を及ぼすため、ストレス予防を含めた早期の回復が求められる。

Active Learning

ストレスの3段階のそれぞれの時期に、どのような支援が必要か考えてみましょう。

2 ストレスに関するさまざまな心理学的理論

1 ライフイベントが健康障害に及ぼす効果

1967年に、ホームズ（Holmes, T.H.）とレイ（Rahe, R.H.）は、生活上の出来事と疾病との関連性について明らかにするために、人生上の出来事（ライフイベント）から構成される**社会的再適応評価尺度**（Social Readjustment Rating Scale：SRRS）を作成した。394名の男女に対して、結婚という出来事の後に普段の日常生活パターンに戻るまでに要する再適応のエネルギーを50点としたときに、ほかのさまざまな人生上のストレスでは何点になるかを評価してもらった。この得点をLCU得点（Life Change Unit score）とした（**表4-1**）。これを見ると、配偶者の死から、日常生活に戻るには100点という高得点のエネルギーが必要なのである。つまり、配偶者の死がライフイベントで最も得点が高いことがわかる。

そして、過去1年間の間に、ストレス評価の得点が200点から299点の場合には約50％の人が、300点以上の場合には約80％の人が、その後1年間に心身の健康障害に罹患すると示されている。すなわち、ライフイベントは日常生活に影響を及ぼすと再適応のためのエネルギーが消耗され、そのために健康障害に対する適応力が減少してしまうことが示された。

その後、社会的再適応評価尺度は改訂され蓄積したストレスが疾患を予測することへの説明も明確になってきている。[5]

2 デイリーハッスル（日常のいら立ちごと）の影響

私たちの日々の生活は、ドラマティックで思い出に強く残るような特別な出来事ばかりで成り立っているのだろうか。何気ない日常のこまご

表4-1 社会的再適応評価尺度（点数が高いほどストレス度が強い）

順位	出来事	LCU得点	順位	出来事	LCU得点
1	配偶者の死	100	23	息子や娘が家を出る	29
2	離婚	73	24	親戚とのトラブル	29
3	夫婦別居生活	65	25	目覚ましい成功	28
4	投獄	63	26	妻の仕事の開始あるいは退職	26
5	家族の死	63	27	修学・卒業	26
6	けがや病気	53	28	生活状況の変化	25
7	結婚	50	29	習慣の変更	24
8	失業	47	30	上司とのトラブル	23
9	夫婦の和解・調停	45	31	労働条件の変化	20
10	退職	45	32	住居の変更	20
11	家族の健康上の変化	44	33	転校	20
12	妊娠	40	34	気晴らしの変化	19
13	性交の障害	39	35	宗教活動の変化	19
14	新しい家族ができる	39	36	社会活動の変化	19
15	ビジネスの再調整	39	37	1万ドル以下のローン	17
16	経済状態の変化	38	38	睡眠習慣の変化	16
17	親しい友人の死	37	39	同居家族数の変化	15
18	仕事の変更	36	40	食習慣の変化	15
19	配偶者とのけんかの数	35	41	休暇	13
20	1万ドル以上のローン	31	42	クリスマス	12
21	ローンの抵当流れ	30	43	軽度の法律違反	11
22	職場での責任の変化	29			

出典：Holmes, T.H., Rahe, R. H., 'The Social readjustment rating scale', *J. Psychosom, Res.*, 11, p.216,Table3, 1967.

まとした出来事の連続こそが、普段の生活の主要素なのではないだろうか。

ラザルス（Lazarus, R.S.）とフォルクマン（Folkman, S.）は、日々の生活で起こるさまざまなデイリーハッスル（日常のいら立ちごと）が健康障害と関連が深いとする研究報告を行っている。すなわち、❶デイリーハッスルが長期間続くことによってストレスとの関連が高くなるということ、❷ストレスに対する主観的な認知機能が重要であるということの二つの観点を指摘し、ストレスに対する認知的評価と対処（コーピング）理論へと展開した。

3 心理社会的ストレスモデル

図4-3には、ラザルスとフォルクマンによる**心理社会的ストレスモデル**（相互作用モデル）を示した。これは、**多変量的なシステム理論**とも呼ばれるものである。ある出来事がストレスになり得るかどうかは、個人の主観的な解釈による評価である**認知的評価**によって判断が下される。たとえば、人々に同じように降りかかる出来事であっても、本人がそれをストレスだと解釈しなければストレスにはならないし、一方、重大で深刻で悲劇的であるとその人が解釈するならば、それは深刻なスト

★**心理社会的ストレスモデル（相互作用モデル）**
トランスアクションモデルあるいはトランスアクショナルモデルともいう。このモデルにおける各変数をつなぐ矢印は、一方向としての因果関係を示すのではない。逆方向の矢印もあり得るものであり、時間経過を含む多くの変数が相互に影響を及ぼしているということが表現されている図式である。

図4-3　心理社会的ストレスモデル

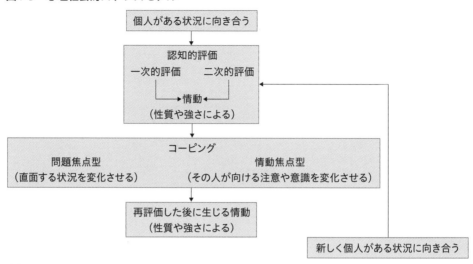

出典：Folkman, S., Lazarus, R. S., 'Coping as a mediator of emotion', *Journal of Personality and Social Psychology*, 54, p. 467, Figure1, 1988.

レスとして、心身に多大な影響となり得るだろう。このような主観的解釈こそが、ストレスの認知的評価である。

　認知的評価は、一次的評価と二次的評価に区別され、ストレスの程度やそれに対する心身の反応の強さや性質に影響を及ぼす。一次的評価とは、環境刺激が自分自身に対してどのように影響しているかを評価する過程である。ここでは、３種類の評価が下される。それは、❶ストレスフル、❷無関係、❸良好である。

　さらに、一次的評価に続いて二次的評価が開始される。ラザルスは、二次的評価について「どのような対処が可能か、その対処は効果が期待できるものか、効果の期待できる対処手段をどの程度もっているのか、等が考慮される過程である」と述べている。一次的評価と二次的評価は相互に反復的に影響を与え、この評価過程を通じてストレスに対する個人の本質的なストレス状態が決まるという。

　こうした認知的評価には個人差がある。特性不安、帰属の型、精神病理、信念、価値、測定時の気分や、過去のストレスの体験などが認知的評価に影響を与えるという。

4　ストレッサーそのものの影響

　ラザルスとフォルクマンの心理社会的ストレスモデルでは、ストレッサーだけではなく、認知的評価が重要であると指摘されている。しかしながら、複雑化した生活環境のなかでは、ストレッサーそのものも、か

なりの影響を与えていることも事実である。

　ストレスへの反応は、個人によって多様であるが、ストレッサーの持続性と強度にもよるという。ディカーソン（Dickerson, S. S.）とケムニー（Kemeny, M. E.）は、2004 年に 200 以上の急性ストレスの研究を展望し、プラズマコルチゾール（ストレス時に増加するホルモン）の指標を含めて検討したところ、ストレスに特定した反応は、持続性と強度によっても明らかに変化していた。このことから、ストレッサーが明確な場合は、できるだけ早くそれを取り除いたり、調整をするなどの工夫をしたりする必要がある。

3　ストレス反応の個人差を生じさせる性格特性

■ ストレスと個人差

　ストレスが持続すると一般的に身体的な症状として現れることが多い。表 4-2 には、ストレスが影響を及ぼしている疾患を示した。これより非常に多くの身体的な疾患がストレスと関連していることがわかる。

　ところが、同じストレスにさらされても、必ずしも人は同じような疾患にかかるわけではない。ストレスにさらされた結果に至るまでのプロセスには個人差があると考えられるからである。それらは身体的な個体

表4-2　ストレスが影響を及ぼしている疾患

神経性嘔吐	摂食障害
上腹部不定愁訴症候群	頭痛（片頭痛、筋緊張性頭痛）
胃・十二指腸潰瘍	痙性斜頸
慢性膵炎	書痙
過敏性腸症候群	眼瞼痙攣
潰瘍性大腸炎	慢性疼痛
本態性高血圧	慢性関節リウマチ
心筋梗塞	原発性緑内障
狭心症	メニエール症候群
パニック障害	顎関節症
心臓神経症	更年期障害
過呼吸症候群	自律神経失調症
気管支喘息	神経症
アトピー性皮膚炎	不眠症
慢性蕁麻疹	アルコール・薬物依存症
円形脱毛症	インポテンツ
甲状腺機能亢進症	うつ状態
糖尿病	その他（慢性疲労症候群、
単純性肥満	不登校、職場不適応症）

出典：石川俊男「ストレスの臨床研究の現状と展望」『現代のエ
スプリ別冊　ストレス研究の基礎と臨床』至文堂，p.139,
1999.

差にもよるものでもあるかもしれないが、心理的側面での個人差とストレスとの関連はどうであろうか。なかでも代表的な性格特性であるハーディネスと楽観主義、タイプA行動パターンについてみてみよう。

❶ハーディネス

　ストレスに直面しても、身体的、情動的に健康を損なうことが少ない人がいる。ハーディネスは高ストレス下で健康を保っている人がもっている性格特性である。ハーディネスの高い人はさまざまな状況で自分を十分に関与させ、出来事に影響を及ぼすことができると信じ、毎日の生活で安定よりも変化が大切だと考えている。ハーディネスについての研究は以下のとおりである。

　この研究調査では、同じ会社の重役や部長など600人を対象に、過去3年間に経験したストレスとなる出来事とかかった病気をすべて記述してもらい、その個数から2群に分けた。一つの群は、ストレスとなる出来事も病気の個数もともに平均点以上の群である。もう一つは、ストレスの個数に関しては平均点以上の高い点数であるが、病気の個数に関しては平均点以下の群である。両群の人々には、性格検査も行った。その結果を比較したところ、ストレスを多く経験してもあまり病気にならなかった男性は、仕事や社会生活に積極的にかかわり、困難な問題や変化にも目を背けず、自分が経験する人生の出来事に対して制御感を強く抱いていた[6]。

　この研究には、病気になった群は、病気だから仕事や社会生活に積極的にかかわることができなかったのではないかという批判がある。この批判に対して、発病する前の性格特性を調べたうえで、2年間の生活ストレスと病気の程度を観察する縦断研究が行われた。その結果、人生に対して、より積極的に関与し、制御できると感じ、変化を肯定的に受け止めてきた人々は、そうした態度があまりなかった人々に比べて長期間にわたり健康を維持していた[7]。女性を対象にしたほかの研究でも同じように、ハーディネスが心理的、身体的健康によい影響を与えていることを報告している。

　このように、ストレスに対して抵抗力のある性格特性があり、それらがストレスを受け止める個人差に影響を与えていると考えられている。

❷楽観主義

　楽観主義とは、出来事を前向きに考える傾向の性格特性である。反対に世の中を悲観的にみるタイプの人は、一貫してどのような場所であっても、どんな物事や人にでも潜在的な欠点を見つけ出そうとするため、

物事を悪く評価しやすい。**悲観主義の性格特性をもつ人々**は、状況の否定的側面を拡大視しがちで、それを相殺するようなソーシャル・サポートや肯定的なコーピングが少なく、ストレスを身体化させてしまう傾向があり、身体症状の訴えが多いことが示されている。[8]

　ストレッサーそのものについての認識は楽観主義という性格特性が影響を与えているといってよい。生活環境そのものやストレッサーそのものを払拭できれば一番よいが、楽観主義思考をあえて用いることはストレスを減らすうえで重要となろう。

❸タイプA行動パターンと敵意性

　ストレスと関連した行動様式として**タイプA行動パターン**がある。これまで、タイプA行動パターンは、冠状動脈性心疾患と関連があるのではないかといわれていた。タイプA行動パターンは、1959年に**フリードマン**（Friedman, M.）と**ローゼンマン**（Rosenman, R. H.）が提唱した行動パターンである。このタイプの行動パターンの特徴として、❶自分が定めた目標を達成しようとする持続的で強い要求、❷競争を好みそれに熱中する傾向、❸永続的な功名心、❹時間に追われながらも常に多方面に自己を関与させようとする傾向、❺身体的精神的な著しい過敏性、❻強い敵意性や攻撃性、❼大声で早口で話すことなどが挙げられている。

　また、タイプA行動パターンのなかでも、敵意性が強い群が特に冠状動脈性心疾患の予測要因となる可能性がある。また、日本文化のなかでは、敵意を表出することが望ましいとはみなされないため、抑圧された形式での非言語化された敵意の表出や無意識下での敵意が存在する可能性があり、その領域への気づきを促す援助方法も大切と考えられる。

★冠状動脈
心臓壁を覆う動脈。この動脈によって血液が送られ心臓が拍動する。病変があると心不全や心筋梗塞などが起こる。

4 ストレッサーと関連した心理的反応

1 無力感とバーンアウト

❶無力感と抑うつ感

　無力感とは、ストレス状態が続き、それに対してうまく対処することができない場合に陥る心理状態である。すなわち、ストレッサーに対するストレス反応の一つと捉えることができる。

　また、対処することができない出来事に対して、無気力、ひきこもり、活動性の低下をみせる**学習性無力感**（第2章第2節参照）に陥ること

がある。しかし、無力感には個人差があり、困難な事柄に対して、活力
をもって対応する人もいれば、完全にあきらめてしまう人もいる。

❷バーンアウト

バーンアウトとは、医療や福祉や教育などのヒューマンサービスの現
場で生じやすい燃え尽き症候群のことである。マスラック（Maslach,
C.）によれば、「極度の身体疲労と感情の枯渇を示す症候群」と定義さ
れている。それまでは、普通に働いていた、あるいは働いているように
みえていた人が、突然動機づけを低下させ、やる気がなくなったように
なってしまうのである。バーンアウトは、さまざまな情動や認知的およ
び行動における症状の複合したものである。その症状は以下に示すとお
りである。

Active Learning

福祉の現場におい
て、バーンアウトを
予防するためにでき
ることを考えてみま
しょう。

① 情緒的消耗感

自分自身の仕事によって疲れ果て、もう働くことができないという気
分をいう。身体的な疲労よりも精神的および情緒的な疲労を伴う。

② 脱人格化

消耗から身を守るために、クライエントなどと接触しないような態度
が多くなり、人間性を欠くような感情や行動が目立つようになる。一見、
遠慮しているように見えたり、敵意を向けているように見えたり、無関
心であったり、拒否をしているように見えたりする。

③ 個人的達成感の低下

医療や福祉、教育現場において援助者は、被援助者がよくなると、「彼
らが頑張ったから」と被援助者の努力と認め、援助者自身が自分をねぎ
らうようなことが少ない。それがかえって、成功体験の少なさにつな
がってしまうこともある。成功体験が少なく、失敗経験が多くなると、
自分の能力への不信感につながり、達成感が得られない状態に陥ってし
まうこともある。

これらの症状は、看護師、ソーシャルワーカー、教師、カウンセラー
のように、人間を相手にサービスを行う人たちほどかかりやすいといわ
れている。人は、過剰なストレスにさらされると、自分が本来何をした
らよいかがわからなくなったり、柔軟さに欠けるような固執的態度が目
立ったりする。このようなとき、バーンアウトのことを思い出してもら
いたい。

バーンアウトは、個人の資質の問題やスキル不足と受け止められやす
い。しかしながら、ストレッサーが非常に多い職場では、個人の対処能
力では限界が伴う。個人がストレス対処を講じていくことはもちろん、

職場環境や経営体制や人材管理の視点からも十分なストレス管理に取り組むことが不可欠であろう。

2 心理的障害

以下には、ストレスによって生じると予想される心理的障害について示す。重い障害を示すような場合には、精神医学の領域の専門家と連携した支援が必要となる。

❶適応障害

はっきりと同定されるストレス因子に対する行動や心理的症状を適応障害と呼ぶ。ストレス因子*の開始から 3 か月以内に生じたものを指す。適応障害の症状は、抑うつ気分を伴うもの、不安を伴うもの、不安と抑うつ気分の混合、素行の障害（無断欠席、無謀運転）などがあり、情緒と素行の障害が入り混じって生じる。

❷うつ病

うつ病は、国民の 15 人に 1 人が人生のなかで 1 回は罹患するといわれている病気である[9]（生涯有病率 6.3%）。興味や喜びが失われ、食欲の増減の著しさや睡眠障害が生じる。また、焦燥感や疲労感が持続して生じる。罪悪感にとらわれたり自己否定感が出てくることもある。

思考力にも影響が生じる。読書をしたり、新聞を読んだりしていても、文字がいっこうに頭に入らないなどの集中力の低下がみられるため、記憶力が低下したように受け取られてしまうことがある。うつ病は自殺対策のためにも治療や予防や地域での対策が大切である。

うつ病になる前段階として抑うつ症状*があり、うつ病とは区別される。生活のなかにストレッサーが持続して存在し対処が困難な場合、うつ病に陥る危険がある。抑うつ的で、希望がまったくなくなり、いわば気落ちしている状態である。しかし多くの人はストレスが存在することで一過性の軽度のうつ病様の症状を経験することがある。抑うつ症状は時間の経過によって回復するものもある。この状態が長期間持続する場合にはうつ病と診断されたり、自殺につながったりするため、軽度であるとしても見過ごすことはできない。

仮性認知症とも呼ばれ、認知症と混同されるようなうつ病様症状もある。このような場合、うつ病の治療によって、記憶力や集中力が改善することもある。しかし、認知症の場合であっても初期症状に抑うつ症状を伴うこともあり、鑑別は難しい。

★ストレス因子
ストレス因子は、単一の出来事（失恋等）であったり、複数の出来事（夫婦間の不和や子どもの非行が同時期に起こること等）であったりする。ストレス因子は反復することもあれば、持続することもある。また、自然災害のように単一の個人にも家族全体やコミュニティに影響を及ぼすこともある。ストレス因子のなかには特定の発達上の出来事（結婚）に伴うものもある。

★抑うつ症状
抑うつ症状とは、悲しい気分、悲観的な考え、虚無感、罪悪感、睡眠障害、食欲のなさを含む症状である。これは、うつ病のみならず、一過性の薬物の副作用や他の原因によっても生じることがある。

❸自殺

　我が国において自殺者数は 1998（平成 10）年以降、3 万人以上を記録し[10]、2019（令和元）年では 2 万 169 人と今なお深刻な状況が続き、多くの対策が講じられている。性別では、女性は 6091 人で男性は女性の 2 倍以上の 1 万 4078 人となっている。青年期の自殺者数とともに働き盛りの男性自殺者数が多く、問題となっている。

　死を試みる前に、**自殺念慮**という自殺願望のような認知が存在している。「死んでしまいたい」「もし、自分が死んだら……」「生きていても意味がない」などのような訴えがあったり、遺書、薬物や刃物などの準備、孤立感を強めているような場合には注意が必要である。その背景は複雑な状況ではあるが、強いストレスが存在する場合があり、それを取り除く現実的な対策も必要である。また、うつ病が存在することもあり、その場合には治療が予防の対策となる。

　また、**自殺企図**といって、実際に自殺を試みる行動が生じる。この行動は、繰り返されることがあり、自殺企図が生じるような場合には、かなり深刻な状況であると考えられ、緊急の対策と支援が望まれる。自殺予防には、心のケアを含む包括的な対策が必要となる。

　遺族の心のケアにも、丁寧な対策が望まれる。喪失感を言語化することが難しいのは、自然なことである。十分な時間をかけて遺族に寄り添うことが大切となる。多くの人は、思いやりの気持ちや配慮がいきすぎて、遺族の語りが受け止め切れないことが多い。遺族サポートに関する専門的知識が不可欠となろう。

❹心的外傷に関連した障害

　心的外傷に関連した障害の基本的特徴は、危うく死にそうになったり、大けがをしそうになったり、自分に脅威が及んだりするような出来事を体験したり、目撃するといった極度に外傷的なストレスにさらされたあとに、多様な心理的苦痛が発現することである。自らの瀕死体験のあとだけではなく、それをテレビなどで見聞きするといったことでも同様の症状が生じることも近年報告されている。

　実際に命の危険にさらされるような戦争への参戦、暴力被害、身体的虐待、性暴力被害、誘拐、人質、テロ、災害、事故などの脅威の体験や目撃によって生じる症状に、**心的外傷後ストレス障害（PTSD）**★がある。この症状では、出来事が反復的に意識せずに想起されてしまうことがある。夢に出てくることもあるが、あたかもそれが現実に生じているかのように感じられてしまうこともある。それを**フラッシュバック**という。

★**心的外傷後ストレス障害（PTSD）**
ICD-11 によると、PTSD には複雑性心的外傷後ストレス障害（複雑性 PTSD）が含まれる。主に持続性の、逃げるのが困難な出来事（虐待、DV）のあとに、PTSD の症状のほかにトラウマに関連した外界への不信感、社会的引きこもり、空虚感や絶望、回避症状、孤立などといった症状がある。

また、心的外傷を引き起こす出来事をできるだけ避けようとする。ある
いはその出来事を思い出せなくなってしまうこともある。さらに別の症
状として、過剰に否定的な予想が生じることがある（例：「私が誤った
行動をとってしまった」）。PTSD によって被害者や被災者の自己認識
は過剰に否定的なものになってしまうため、支援者は注意すべきであろ
う。

　その他、PTSD をもつ人は、いらだちや、感情や行動が攻撃的にな
る（例：怒鳴る）などの行動が特徴としてみられる。

　さらに、大きな音に過敏に驚いてしまうことがある。集中困難、睡眠
障害、離人感といった症状を経験する人もいる。子どもの場合は、言葉
が出なくなる、感情のコントロールの困難、対人関係の困難を体験する
ことがある。

　急性ストレス障害とは、PTSD と同様の症状が、心的外傷的出来事
を体験したあと 3 日〜 1 か月持続する場合のことを示す。この症状が
3 日以内で消失すれば、急性ストレス障害とされる。一方、症状が 1
か月以上持続するなら、PTSD と診断される。

❺物質依存・物質乱用

　違法薬物以外にも、コーヒーや紅茶、タバコ、飲酒、鎮痛剤などの合
法化された薬物は、幅広くストレス解消のために、頻繁に活用されるこ
とがある。これらの物質を意図していた以上に長期間・大量に使用して
いると、使用を中止しようと思っていても止められなくなる。こうした
物質の使用によって身体的・心理的な問題が生じたり、対人関係の問題
を引き起こしたりし、著しい場合には、死に至ることもある。これが**物
質依存**や**物質乱用**という障害である。このような問題はストレスとのか
かわりが深い。

　実験的研究では、飲酒とストレッサーとの関係のあり方について、❶
ストレス後に飲酒する場合と、❷飲酒後にストレスを与えた場合のそれ
ぞれの緊張低減効果を調べた。その結果、緊張低減は、飲酒後にストレ
スを与えた場合のほうが緊張の度合が少ないことがわかった[11]。また、強
い生活ストレスが生じたあとに飲酒量が増大するわけではないという結
果も見出されている。多くの人は、ストレスが溜まり、緊張が高まると、
飲酒をすれば、ストレスが減らせるのではないかと考える。しかしなが
ら、こうした結果からは、ストレスがすでに溜まってしまったあとに飲
酒をしても、有効な緊張低減にはつながらないことがわかる。

　喫煙とストレスについても、さまざまな見解がある。喫煙がストレス

と緊張を増加させるという研究[12]もあれば、ストレスによって喫煙量が増加するという指摘もある[13]。

　一般に人は、ストレスを低減させることを期待して、飲酒や喫煙、薬物などの物質を使用してしまうことがある。しかし別の解消方法が見つけられず、ストレスが高じてしまった結果、物質依存や物質乱用などの問題が新たに引き起こされてしまうことがある。

5　ストレスから回復するための資源（リソース）

　ストレスによって深刻な心理的障害に陥る前に、多くの人は自然回復がなされる。ストレスから回復するために人間がもっている内的資源、外的資源をあわせて資源（リソース）という。

　自然回復がなされるのに有利な資源には、**ソーシャル・サポート**や**制御可能性**、**予測可能性**、**コーピング**などが挙げられる。

1 ソーシャル・サポート

　ストレスを予防する資源として、ソーシャル・サポートがある。これは、「その人を取り巻く重要な他者（家族、友人、同僚、専門家）から得られるさまざまな援助」と定義される。たとえば、サポートが豊かに受けられる高サポート群とサポートがあまり受けられない低サポート群との二つの群があるとする。二つの群が同じ質量のストレッサーにさらされた場合、高サポート群のストレス反応は、低サポート群よりも少ないことがわかっている。

　また、ソーシャル・サポートは、機能的な側面から、**情緒的サポート**、**評価的サポート**、**道具的サポート**、**情報的サポート**の四つに分類されている。情緒的サポートとは、慰めや励ましなどのことである。仕事のつらさなどで困っている人に対して、「大変ですね」と言ってねぎらうことなどがここに含まれる。評価的サポートとは、サポートの受け手の態度・問題処理手段などについての評価である。「よく一人でがまんをなさいましたね。本当に粘り強いですね」などのように、受け手の態度に対して注意を傾けることをいう。道具的サポートとは、問題処理に対する具体的・実際的な援助を行うことをいう。たとえば、ごみの処理ができない人の家に行って片づけるなど、実際に困っていることに対して、実質的な援助を行うことである。情報的サポートとは、問題処理に役立

つ情報の提供をいう。たとえば、虐待や暴力などで悩んでいる人に対して、相談窓口の電話番号を伝えることを指す。こうした分類は、サポートの受け手側の諸条件によって変わる。

受け手が実際にサポートを受けたか否かの事実よりも、サポートを受けているとの主観的な認識をもつか否かのほうが重要である。このような認識は**知覚されたサポート**と呼ばれている。

2 制御可能性

制御可能性とは、ストレッサーを生じさせることを私たちがどの程度コントロールできるかどうかということである。出来事をコントロールできるかどうかという認識は、ストレスの大きさに影響を与える。たとえば、仕事量の多さでストレスに陥ってしまう場合は、人にある程度任せることによってストレスを低減することができる。しかし、愛する人の死や自然災害、病気などは、自分の力ではどうにもならないようにみえる。また、何らかの予測できない出来事により、電車等に乗り遅れてしまうような場合も当てはまる。これらは、自分の力では制御が不可能であるため、大きなストレスが生じる。

しかし、実際に制御できるかどうかということだけではなく、制御できるという信念そのものがストレスを緩和することができる。ストレッサーに対する制御可能性について考えることは重要な予防策になると考えられる。ストレスに対してどのように制御可能性をもてるかについてクライエントに見通しを伝えていくことが、援助では大切になろう。

3 予測可能性

たとえば、災害場面をシミュレーションしたり、医療場面、介護場面、相談援助場面、教育場面、産業場面でどのようなストレスが存在するのかを解明し、明示したりすることはストレス予防にとって欠くことができないものである。

このような出来事に対する**予測可能性**というのは、私たちがある出来事が起こるのかどうか、またそれがいつ起こるのかを予測することができるということである。なぜ予測可能性がストレスを予防することができるかというと、予測できるような警告まで、ある程度くつろいでいることができるという**安全信号説**[14]がある。地震に継続して生じる余震は、いつ、災害が生じるのかわからないという不安に襲われるために、慢性的なストレスを感じることになる。医療場面でも、いつ苦痛が襲ってく

るのかわからないような場合、闘病生活は非常にストレスに満ちたものとなる。予測がまったくできない場合よりも予測が少しでも与えられることは、ストレスを予防するうえで非常に重要なことである。

4 コーピング

Active Learning

あなた自身のストレスコーピングについて、どのようなものがあるか見直してみましょう。

ストレスが脅威であると評価された場合、適切に処理してストレス反応を少しでも減らそうとする心の働きがある。心理的反応を含めた無意識的な水準の対処をフロイト（Freud, S.）が**防衛機制（適応機制）**と呼んでいるのに対して、意識的な水準の対処過程を**コーピング**と呼ぶ。

ラザルスとフォルクマンは、コーピングを個人と環境との相互作用の結果、個人の資源を脅かすと自らの評価に基づいて判断された場合に、個人がとる認知的および行動的努力と捉えている[15)]。

また、コーピングには、さまざまな分類方法がある。一般的には、**問題焦点型コーピング**、**情動焦点型コーピング**の二つに分けられる。

問題焦点型コーピングとはストレスフルな状況そのものを直接的に変革していこうとする対処方略である。たとえば、実際に隣の家の騒音が気になるのであれば、静かにしてもらえるようにお願いをするなどである。

ところが、大きすぎる問題には誰もが心理的に直面しづらいことがあり、問題を後回しにしたり避けたりすることで、ストレスが軽減されにくいという欠点がある。問題焦点型コーピングは問題そのものを小分けにしたり、他者の力を借りたりするなどの工夫によってストレス軽減を効果的に行うことができる。具体的な解決行動を簡単なものにしたり、日常化するなど解決行動が負担にならないように工夫することでストレスを減らすことができるだろう。

情動焦点型コーピングとは、ストレッサーによってもたらされる情動を統制、軽減しようとする対処方略である。たとえば、隣の家の騒音が気になるときに、自分の家で好きな音楽を聴き、気分転換をするという方法である。情動焦点型コーピングは、問題そのものを見ないようにして、その時間、その場をしのぐといったストレスの緩和法であり、ストレッサーが自分自身の対処能力を大きく超えてふりかかるような事態があっても、その時点での心の健康をひとまず維持するために行う。

どのようなコーピングを行うのが適切かということと、本人が自然に行っているコーピングとは別である。コーピングの調整がストレス低減にとって必要なこともあろう。

◇引用文献

1）Woolfolk, R. L., Lehrer, P. M., et al., *Conceptual Issues Underlying Stress Management*, The Guilford press, p.3, 2007.

2）G.R. ファンデンボス監，繁桝算男・四本裕子監訳『APA 心理学大辞典』培風館，p.478, 2013.

3）中川哲也「ストレス研究の歴史」『現代のエスプリ別冊 ストレス研究と臨床の軌跡と展望』至文堂，p.43, 1999.

4）大塚晃志郎「ヒポクラテスの医学とストレス」『現代のエスプリ別冊 ストレス研究と臨床の軌跡と展望』至文堂，pp.214-224頁，1999.

5）Miller, M. A., Rahe, R. H., 'Life changes scaling for the 1990s', *Journal of Psychosomatic Research*, 43, pp.279-292, 1997.

6）Kobasa, S. C., 'Stressful Life Events, personality, and Health: An Enguiry into Hardiness', *Journal of Personality and Social Psychology*, 32, pp.1-11, 1979.

7）Kobasa, S., Maddi, S., et al., 'Hardiness and health: A prospective study', *Journal of Personality and Social Psychology*, 42（1）, pp.168-177, 1982.

8）Wickramasekera, I., 'Somatization: Concepts, data and predictions from the high risk model of threat perception', *The Journal of Nervous and Mental Disease*, 183（1）, pp.15-23, 1995.

9）立森久照・長沼洋一・小山智典・小山明日香・川上憲人「こころの健康に関する地域疫学調査の成果の活用に関する研究——こころの健康に関する疫学調査の主要成果」『平成18年度厚生労働科学研究費補助金（こころの健康科学研究事業）こころの健康についての疫学調査に関する研究 分担研究報告書』2006.

10）内閣府自殺対策推進室「警察庁の自殺統計に基づく自殺者数の推移等」2014.

11）Sayette, M. A. & Wilson, G. T., 'Intoxication and exposure to stress effects of temporal pattering', *Journal of Abnormal Psychology*, 100, pp.56-62, 1991.

12）Parrott, A. C., 'Does Cigarette Smoking Cause Stress?', *American Psychologist*, 54, pp.817-820, 1999.

13）Gilbert, D. C. & McClernon, F. J., 'A smoke cloud of confusion', *American Psychologist*, 55, pp.1158-1159, 2000.

14）Seligman, M.E.P., Binik, Y. M., 'The safety signal hypothesis', Davis, H., Hurwitz, H.M.B., eds, *Operant-Pavlovian interactions*, Hillsdale, pp.165-187, 1977.

15）R. S. ラザルス・S. フォルクマン，本明寛・春木豊・織田正美訳『ストレスの心理学』実務教育出版，p.143, 1991.（Lazarus, R.S., Folkman, S., *Stress, appraisal and coping*, Springer Publishing Company, 1984.

◇参考文献

・上里一郎・末松弘行ほか『メンタルヘルス事典』同朋社メディアプラン，2005.

・G.R. ファンデンボス監，繁桝算男・四本裕子監訳『APA 心理学大辞典』培風館，2013.（VandenBos, G.R. APA Dictionary of Psychology, American Psychological Association, 2007.）

・河野友信・山岡昌之編『現代のエスプリ別冊 ストレスの基礎と臨床』至文堂，1999.

・河野友信・山岡昌之編『現代のエスプリ別冊 ストレスの臨床』至文堂，1999.

・河野友信・山岡昌之編『現代のエスプリ別冊 ストレスの課題と対応』至文堂，1999.

・河野友信・久保千春編『現代のエスプリ別冊 ストレス研究と臨床の軌跡と展望』至文堂，1999.

・林俊一郎編『ストレスとコーピング』星和書店，1990.

・D. H. マイケンバウム，上里一郎監訳，根建金男・田中共子ほか訳『ストレス免疫訓練——認知行動療法の手引き』岩崎学術出版，1989.（Meichenbaum, D. H., *Stress inoculation training*, Pergamon Press, 1985.）

・田尾雅史・久保真人『バーンアウトの理論と実際——心理学的アプローチ』誠信書房，1996.

・アメリカ精神医学会監，高橋三郎・大野裕監訳『DSM-5 精神疾患の診断・統計マニュアル』医学書院，2014.

・内山喜久雄・坂野雄二編『認知行動療法の技法と臨床』日本評論社，2008.

・M.W. アイゼンク，山内光哉監，白樫三四郎・利島保ほか訳『アイゼンク教授の心理学ハンドブック』ナカニシヤ出版，2008.

・鈴木友理子「ICD 分類の改訂に向けて——ストレス関連障害の動向」『精神経経雑誌』第115巻第 1 号，2013.

健康生成論

学習のポイント

● 心の健康の維持や増進、回復について学ぶ
● 健康生成論やレジリエンスについて理解する
● 困難を経験した人々に生じる成長に関する概念を理解する

 ストレッサーに対処しながら生きる

　人は皆、何らかのストレッサーにさらされながら生きている。日常生活における小さな苛立ちごともあれば、自身や家族が病気や障害を抱えたりすることもあるだろう。災害や大切な人との別れといった出来事に遭遇する可能性もある。こうしたストレッサーによって、心や身体の不調をきたす人も少なくない。しかし、そういった状況でも健康を保ちながら生活できる人がいることや、つらい経験を乗り越えた結果、人間が成長することもわかっている。

　心理学や医学はこれまで、人々の苦しみを取り除くために多くの貢献をしてきた。不安や怒り、抑うつを軽減するための治療やケアに加え、近年では、よりよく生きていくことを支援するあり方も発展してきている。その代表的な理論には健康社会学者のアントノフスキー（Antonovsky, A.）が提唱した健康生成論がある。健康生成論は、保健医療・福祉等、さまざまな分野で応用されている。心理学分野では心理学者のセリグマン（Seligman, M. E. P.）が、人間の持続的幸福を高めることを目標とするポジティブ心理学という新しい潮流をつくった。セリグマンは、悲しみや不安、抑うつは、完全に取り除くことが難しく、病気などとうまく付き合っていくことも必要だと述べ、人間のウェルビーイング(よいあり方)について理解することの重要性を説いている。

　人生には大変な出来事がつきものである。さまざまなストレッサーにさらされて生きていく際、以上のような新しい視点が参考になる。本節ではストレッサーに対する新しい考え方として、以下、健康生成論、ポジティブ心理学領域を中心に関心が寄せられているレジリエンス、逆境と成長に関する諸概念について紹介する。

★持続的幸福
「明るい気持ち」やそのときの気分といった一時的な幸せではなく、持続する豊かな幸せのことを指す。

２ 健康生成論

1 健康生成論の誕生

　健康生成論は、福祉・保健・医療・看護・心理・教育等、さまざまな分野にインパクトを与えている。健康生成論を理解する際には、この理論が誕生するきっかけとなった研究が参考になる。

　健康生成論を提唱したアントノフスキーは、更年期女性を対象とした調査から次のことに気がついた。第二次世界大戦中に強制収容所経験があった人のうち、心身症状を呈している人は約7割に上ったという。強制収容所での過酷な経験が、心身症状の発生につながったことが考えられるが、アントノフスキーが注目したのは、強制収容所経験がありながらも症状もなく健康状態が良好である人が約3割存在していたという事実であった。

　多くの支援者は心身の健康を蝕む原因、つまり病気の要因であるストレッサーを問題視して、「どうしたらそれを除去、軽減できるか」を考える。しかし、アントノフスキーは、「なぜストレスに溢れた環境でも生き生きと健康的に生活できるのかという視点も重要ではないか」と考えた。この新しい立場を健康生成論（サリュートジェネシス★）と呼んだ。

2 疾病生成論と健康生成論

　従来のヒューマンサービス領域、特に医学領域では、疾病はどのようにして起こるのかという観点から原因を探り、解決を見出すアプローチがとられてきた。こうした立場を疾病生成論という。他方で、健康生成論は、健康はいかにして生成されるのかに光を当てており、健康の回復・維持・増進に関する理論といえる。疾病生成論が、リスクファクター（危険因子）に焦点を当てているのに対し、健康生成論では、サリュタリーファクター（健康要因）に注目する。

　健康生成論は疾病生成論とは180度転換した新しい観点であるが、リスクファクターを注視する疾病生成論が不要というわけではない。健康生成論と疾病生成論は相互補完的な関係にあり、どちらの視点も重要である。

3 ストレッサーは時にプラスにも作用する

　疾病生成論的な立場では、ストレッサーは常に心身の健康を脅かすリ

★サリュートジェネシス

「有益な、健全な」といった意味をもつサリュート(saluto-)と、「生成、起源」といった意味をもつジェネシス（genesis）から成る用語である。サリュートジェネシスを日本語に訳したものが健康生成論である。

スク要因となる。そのためストレッサーを取り除いたり、予防したりすることが最良とされる。たしかに、ストレッサーに対処できない環境にもかかわらず過酷な負荷がかかるような状態は避けなければならない。他方で適度なストレッサーは、人々にプラスに作用することもある。たとえば、仕事や学校で責任のある役割を担うことは緊張や負担につながるかもしれない。だが、その役割を果たしたことで自信がついたり、新しい自分を発見したりすることもあるだろう。

　そもそもストレッサーのない人生を歩む人はほとんどいない。大小はあるが、誰しもストレッサーがたくさんある環境で生きている。したがって、ストレッサーを取り除くだけでなく、ストレッサーに柔軟に対処できるようにすることが求められるのである。

4 健康の捉え方

　健康生成論では、「健康」の捉え方にも特徴がある。**図4-4**の①二分法に示したような健康な人々と健康でない人々に二分する認識に基づくのではなく、健康状態を連続体で捉えることが求められる。**図4-4**の②健康—健康破綻の連続体に示したように、片方の極には健康、もう片方の極には健康破綻があり、この連続体上のどこかにその時の健康状態が位置する。一見、静止しているように見えても、実際には健康あるいは健康破綻に移動させる力が働いており、どちらかが強い力をもつと、その方向へと健康状態が動く。

　健康破綻のほうへと移動させる力をもつものは危険因子（リスクファクター）、健康へと移動させる力をもつ要因が**健康要因（サリュタリーファクター）**である。この健康要因に着眼し、それを支援・強化しようという見地からアプローチするのが健康生成論的アプローチである。ア

図4-4　健康の捉え方

①二分法

| 健 康 破 綻 | or | 健　康 |

②健康—健康破綻の連続体

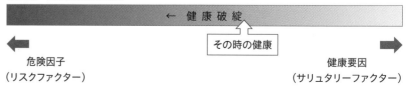

←　健 康 破 綻

その時の健康

危険因子
（リスクファクター）

健康要因
（サリュタリーファクター）

ントノフスキーは、健康によいとわかっているモノ・カネ・知識・ソーシャルサポートなどをまとめて**汎抵抗資源**と呼んだ。そしてさまざまな研究から健康要因を探していくなかで、究極の健康要因ともいえる「力」を発見した。それが**首尾一貫感覚**（sense of coherence：SOC）である。首尾一貫感覚とは、汎抵抗資源を動員して、ストレッサーに対処し、健康で生き生きと生きていくための中核となる概念である。健康要因は、大きくは首尾一貫感覚と汎抵抗資源からなる。

Active Learning

支援の場において、利用者の健康要因に注目するメリットについて考えてみましょう。

5 首尾一貫感覚（sense of coherence：SOC）

　首尾一貫感覚は、sense of coherence の訳語である。coherence は、一貫性があるという意味をもつ。そのため、首尾一貫感覚（以下、SOC）とは、自分の生きている世界が首尾一貫しているという感覚であることを意味する。表現を変えれば、自分の生活や人生に筋道が通っている、腑に落ちる感覚である。定義によれば、把握可能感、処理可能感、有意味感の三つの感覚からなる。

❶把握可能感

　把握可能感は、自分が置かれている、あるいは置かれるであろう状況がある程度予測でき、理解できるという感覚である。自分の身に何が起こるかまったくわからない状況を想像してほしい。不安や緊張を覚えるのではないだろうか。把握可能感が高い人は、将来遭遇することになる刺激がある程度予測できるものと考えている。

❷処理可能感

　処理可能感は、何とかなる、何とかやっていけるという感覚である。この処理可能感は、単なる思い込みではない。十分な資源を自分が自由に使えると感じている程度のことである。処理可能感が高い人は、困難なことが起こったとしても、自分がもっている資源（人や金銭、さまざまなサービスなど）を活用して対処することができる。

❸有意味感

　有意味感は、人生を意味があると感じている程度のことを指す。生きていくうえでは、さまざまな困難や問題に直面するが、それらにはかかわる価値があり、挑戦すべきものと感じる程度のことを有意味感という。有意味感が高い人であっても、災害に見舞われたり、解雇されたりしたときには気持ちが落ち込むだろう。有意味感が高いからといって、こうした経験をうれしく思うわけではない。しかし、有意味感が高い人は不幸な経験に遭遇したとしても、その挑戦を受け止め、意味を見出そ

うと向きあうことができる。

　SOC は、困難なことに直面した時に、「把握可能感」「処理可能感」「有意味感」の三つの感覚を発揮してうまく対処し、健康を保つ力といえる。

■6 汎抵抗資源

　汎抵抗資源は、健康によいとわかっているさまざまな資源を指す。サポートしてくれる人である場合もあるし、これまでの経験や金銭の場合もある。生まれた家庭の社会的地位や自身の性格、文化であることもある。こうした汎抵抗資源を用いて、人はストレッサーに対処する。こうした対処に成功することで、健康─健康破綻の連続体上の健康側に押され、同時に SOC が強化されるとされている。

　汎抵抗資源が潤沢にあることが望ましいが、こうした資源が不足していることもある。これらの資源が失われた状態のことを汎抵抗欠損と呼ぶ。そして、汎抵抗欠損はストレッサーそのものでもある。信頼できる友人の存在を例に挙げよう。友人からのソーシャルサポートは有力な汎抵抗資源である。しかしその友人を失うことはストレスを感じる出来事になる。そして、その状態が続くことは慢性的なストレッサーとなる。

　こうした汎抵抗欠損は、SOC を育む際にも悪影響を及ぼす。汎抵抗資源がある人は、ストレッサーに直面してもしなやかに対処し、成長の糧にすることで SOC も発達する可能性があるが、汎抵抗欠損の状態では、対処に失敗しやすいだけでなく、それらが SOC を弱める経験につながり得る。

■7 ストレス対処と SOC

　ストレスへの対処方法にはさまざまな方法がある。問題と正面から向き合い解決策を探るべきときもあれば、「逃げるが勝ち」が正解の場合もある。SOC の高い人は、時と場合に応じて柔軟にかつ比較的すばやく、適切な対処方略や方法を選び取り、駆使することができる。つまり、SOC は、しなやかにストレスに対処する力である。

　SOC は、資源動員力であるともいわれている。ストレス対処にあたり、その人がもつ自信や性格特性といった内的資源や、相談に乗ってくれたりするなどの、ソーシャルサポートといった外的資源が活用される。SOC の高い人は、内的資源、外的資源のなかから、必要なものを選び取り、動員することができる。ストレスに対処するためには、ある程度豊富な対処資源がその人に備わっていることや、その人の周囲に存

在していることが重要であるが、それだけでは十分とはいえない。資源を用いて、柔軟に対処する資源動員力としての SOC も、ストレス対処においては必要とされるのである。

8 健康生成論的アプローチの活用

　健康生成論は、過酷なストレッサーにさらされ極限のストレスを経験してもおかしくない状況においても、心身の健康を守ることができているばかりか、その経験を人間的な成長や成熟の糧にさえして明るく前向きに生きている人々に共通する特性を探っている。「なぜうまくいかないのか」という視点から、「なぜうまくいっているのか」という問いの立て方をすることは福祉現場の問題解決にもつながるであろう。

　健康生成論は、福祉領域で実践が蓄積されてきたストレングスモデルやエンパワメントアプローチとも親和性がある。ますます社会問題が複雑化していくなかで、当事者と共に、ポジティブな側面に注目しながら問題解決の糸口を探すことが期待される。

3 レジリエンス

　ストレスやつらい出来事を経験すると、心身の健康を損ねる恐れがある。しかし、同じようなストレスを受けてもダメージが長期化しなかったり、健康を取り戻すことができたりする人が存在する。**レジリエンス**は、困難な環境で育った子どもたちのなかに、逆境を乗り越え成功する人がいるのはなぜかという問いから始まった。レジリエンスは、日本語で回復力、弾性、復元力といった意味をもつ。弾力性のあるゴムボールを押しつぶしても、元の形に戻るようなイメージで表現できる。アメリカ心理学会によれば、レジリエンスは、逆境、トラウマ、悲惨な出来事、恐怖などの重大なストレス─家族をはじめとする人間関係、深刻な健康問題、職場や経済的な問題等─にうまく適応する過程のことである。

　近年では、貧困に陥った人、精神障害と共に生きる人々、虐待を受けた経験のある人など、さまざまな人におけるレジリエンスに関心が集まっている。かつては、レジリエンスが個人の能力としてみなされたこともあったが、ストレスからの回復には周りからのサポートや、環境の影響が大きい。子どものレジリエンスが認められる場合には、必ずといっていいほどすぐれた対人関係や環境の資源があるともいわれてい

る。そのため、サポートや社会環境といった外的な要因も重要となる。アメリカ心理学会は、レジリエンスを身につけるための10か条として、以下の方法を提案している。こうしたポイントは、福祉実践においても役立つものと思われる。

抄訳（一部抜粋）

1　家族や友人、重要な他者との間で良好な人間関係を築くこと。
2　危機を乗り越えられない問題として考えないこと。非常にストレスフルな出来事が起こることは避けられないが、それらの出来事の解釈や反応は変えられる。
3　変化も人生の一部だと認めること。変えられない状況があることを認めると、変えられる可能性がある状況に目が向くようになる。
4　現実的な目標を立てて、それに向かって進むこと。できないことではなく、自分の進みたい方向に向けて今日できることを自問する。
5　問題やストレスから逃げることを願うだけではなく断固とした行動をとること。
6　自分を発見する機会を探すこと。人は、葛藤のなかで何かを学び、成長したりする。
7　前向きな見方を育むこと。問題解決力に自信をもつことはレジリエンスを育むことにつながる。
8　つらい出来事に直面しても、長期的な視点や広い視点をもち続けること。
9　希望に満ちた見通しをもち続けること。
10　自分自身を大切にすること。楽しいことに参加してリラックスしたり、運動をしたりして自分自身を労ること。

---

4 ▶ 逆境と成長に関する諸概念

　逆境や苦境に陥ったあとに、さまざまな成長がみられることがわかっている。1990年代半ば以降、こうした逆境を経験している人々の成長に関する研究が増えている。ここでは、代表的な二つの概念として、ストレス関連成長と外傷後成長を紹介する。

1 ストレス関連成長（stress-related growth）

　ストレスを受けたあとには、主に三つのタイプのポジティブな変化が

あると考えられている。一つ目は社会資源が増える（例：人間関係が良好になる）、二つ目は個人の資源が増える（例：自己への信頼や価値観や優先順位の変化）、三つ目は新しい、あるいは改善された対処戦略の獲得（例：認知的な対処スキルや問題解決のスキル）とされる。

また、こうしたストレス関連成長を促す要素として挙げられているのは次の三つである。一つ目はその人のもっている特性（例：性別）や環境（例：ソーシャルサポート）、二つ目はネガティブな出来事の特徴（例：ストレスの程度、期間）、三つ目は衝撃的な出来事に対してポジティブな意味づけができるような対処戦略をもっているかどうかである。

2 PTG（posttraumatic growth：心的外傷後成長）

自然災害や病気、大切な人との死別・離別など、つらい経験をしたあとに、心的外傷後ストレス障害（posttraumatic stress disorder：PTSD）を発症する可能性があることが知られている。日本でも、大規模災害後に生じるPTSDが問題視され、現在では比較的なじみのある言葉となっている。PTSDという言葉が知られるようになったことに伴い、心のケアへの関心も高まってきた。

他方で、苦難に直面したからこそ、自身の内面を見つめ直す機会を得たり、大事なものに気づいたりすることもある。災害を経験した人や大病を患った人が「あの経験をしてから、1日1日を大切にしたいと考えている」「家族の大切さがわかった」などと述べているのを聞いたことはないだろうか。人は危機的な出来事を経験すると混乱する。しかし、懸命にもがくなかで出来事に対する意味づけをし、考え方の枠組みを再構築していく。その結果、人間としての強さや、自分の中にある新しい可能性に気づいたり、他者との関係性が深まったりする。また、人生に対して深い感謝の念が生じることもある。金銭や地位よりも内面的なものに重きを置くなど、価値観や優先順位が変わる人も少なくない。このような変化を説明する概念として、1990年代半ばにテデスキ（Tedeschi, R. G.）とカルホーン（Calhoun, L. G.）が「**心的外傷後成長（posttraumatic growth）**」を考案し、広く用いられている。

Active Learning
支援者のかかわりによって、ストレス関連成長やトラウマ体験後の成長を促すことができると思うか考えてみましょう。

◇**参考文献**
・A. アントノフスキー，山崎喜比古・吉井清子訳『健康の謎を解く──ストレス対処と健康保持の
　メカニズム─』有信堂高文社，2001.（Antonovsky, A., *Unraveling the Mystery of Health :
　How People Manage Stress and Stay Well*, Jossey-Bass, 1987.）
・山崎喜比古・戸ヶ里泰典・坂野純子編『ストレス対処能力 SOC』有信堂高文社，2008.
・日本健康教育学会編『健康行動理論による研究と実践』医学書院，2019.
・S. M. サウスウィック・D. S. チャーニー，森川愛訳，西大輔・森下博文監訳『レジリエンス：
　人生の危機を乗り越えるための科学と10の処方箋』岩崎学術出版社，2015.（Southwick, S.M.,
　Charney, D.S., *Resilience : The Science of Mastering Life's Greatest Challenges*,
　Cambridge University Press, 2012.）
・「レジリエンス」『臨床心理学』第17巻第 5 号，2017.
・M. W. フレイザー，門永朋子・岩間伸之・山縣文治訳『子どものリスクとレジリエンス──子ど
　もの力を活かす援助』ミネルヴァ書房，2009.（*Risk and Resilience in Childhood : An
　Ecological Perspective 2nd ed.*, 2004.）
・American Psychological Association, Road to Resilience.
　（https://www.apa.org/helpcenter/road-resilience）
・Park, C.L., Cohen, L.H., Murch, R.L., 'Assessment and Prediction of Stress-Related Growth',
　Journal of Personality, 64(1), pp.71-105, 1996.
・S. ジョゼフ，北川知子訳『トラウマ後成長と回復──心の傷を超えるための 6 つのステップ─』
　筑摩書房，2013.（Joseph, S., *What doesn't kill us : The new psychology of posttraumatic
　growth*, Basic Books, 2011.）

第5章

心理学の理論を
基礎とした
アセスメントと
支援の基本

　本章では、心理アセスメントの方法と基本的な面接技法、そして各種の心理療法について基本的な知識を学ぶ。さらには、こうした心理的支援を専門とする心理職の仕事についても理解を深める。

　ソーシャルワークの実践において、利用者の心を理解し、それに合わせた対応を行っていくことは非常に大切なかかわりとなる。その意味で、本章の内容を学ぶことで、ソーシャルワーカーが支援を展開する際に、心理学的な視点が活用可能となることが期待される。

　また、本章の内容は、臨床心理士や公認心理師といった心理の専門職の仕事を理解することにも役立つため、支援の現場で心理の専門職との連携をどのようにして深めていくのかについても学ぶことができる。

　発達の問題、あるいは心理的不適応や不適応行動のある人への心理的支援を行うための第一のステップは、クライエント（要支援者）の心理状態や行動特性、あるいは発達水準を評価することである。このような評価のことを心理アセスメントという。

　これによって、その個人の性格や人格の特性または発達水準・認知能力などを理解し、支援（セラピー）のねらいや方法など心理的支援についての見通しを立てる、すなわち「見立て」を行う。

　この「見立て」は「事例定式化（ケースフォーミュレーション)」とも呼ばれ、クライエントの意識的・無意識的な問題や心理的または行動的な不適応を心理的側面や現実的な生活面から把握し、不適応の原因や背景となる要因を整理して支援につなげ、さらには支援の効果など複合的な評価を行うことである。事例定式化の根拠となる心理アセスメントは、基本的には面接を通して行われる。面接は、クライエント本人や家族等との面談によって、相談内容や支援を必要とする事項、さらに生育歴やこれまでの経過、相談経路などを聴取する。

　また、心理検査によるアセスメントでは、体系的な人格理論や発達理論などに基づく調査的な方法によって客観性がある心理検査用紙・用具を用いて行う方法がある。心理検査によるアセスメントについては、その検査の目的や意義などをクライエントが理解し、受け止められるよう支援者が説明をするという説明責任（アカウンタビリティ）を果たし、適切にインフォームドコンセントを得る。

　心理アセスメントの三つ目の方法は、観察法である。観察法はクライエントが子どもであれば、プレイルームなどの遊び場で自由に遊ぶとき、母親と遊んだりセラピストと遊んだりするときなどの子どもの行動を観察し、それぞれの場面での行動や対応のあり方などからアセスメントを行うものである。

図5-1　心理検査の種類と分類

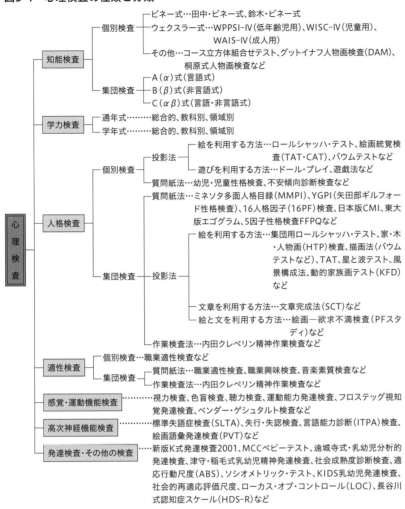

1　面接によるアセスメント

1　インテーク面接（受理面接）における相談内容の確認

　インテーク面接は、相談内容の確認を行う。母親（保護者）が子ども
を連れて来談する場合には、年少の子どもでも言葉が理解できるならば
「ここにはお母さんからどんなことを言われてきたのかな？」など、子
どもが理解できている範囲での来談の意図を確認する。その後この子ど
もには別室で遊びなどによる対応をする。そこで、母親だけの面接に入
り、来談の意図、相談内容を順次確認していく。

Active Learning

言葉でのコミュニ
ケーションが難しい
人のアセスメント
は、どのようにした
らよいか考えてみま
しょう。

成人の単独での来談であれば、来談の意図と相談内容の確認、すなわち、どのようなことが問題でどのような支援を希望しているのかを確認する。それから相談内容のことがいつ頃から始まったのか、これまでどのように対応しながら生活してきたかなど、生育歴や生活歴を尋ねながら、クライエントのアセスメントを行いつつ、事例定式化の準備として心理検査によるアセスメントを行うかどうかの判断を行う。

❶家族構成

クライエントを中心にして家族構成（親、きょうだいなど）と同居家族の年齢や職業および現在の交流状況などを確認する。

❷生育歴、教育歴、問題歴、相談歴

子どもの相談など、保護者との面接における生育歴は、出産前の妊娠中や出産前後から始め、乳児期、幼児期と進めるなかで問題歴と重なってくることが多いので、問題歴から始めることもある。また、クライエント本人であっても現在の問題からさかのぼって幼児期等の年少期の記憶にあることを尋ねながら問題歴、生育歴、教育歴そして相談歴について語ってもらうほうがスムーズな展開となる。また、相談内容とかかわる相談歴は疾病歴（身体的疾病や精神的疾病の診断歴）と現在の相談状況や医療機関への受診状況を十分に確認する必要がある。特に問題歴は心理的支援の方法などともかかわるので心理アセスメントの重要な根拠ともなる。

■2 継続面接におけるアセスメント

継続面接に入ったとしても、クライエントの言動などからクライエントの行動特性や人格特性または認知的能力などを確認する必要がある。それは、クライエントが言語的な会話はできているが時々セラピストのいうことが理解できないような表情であったり、セラピストが理解できないようなことを言ったりするとすれば、クライエントの客観的な知的能力を知能検査などで確認する必要が生じるからである。また、クライエントの訴える問題と面接のなかでセラピストが理解する人格特性に疑問が生じたときなどには人格テストなどで確認し、セラピーの方向性を変える必要性がでてくる。

心理的支援における事例定式化は、基本的に心理アセスメントに基づいて行われなくてはならない。インテークおよび継続面接での心理アセスメントは、クライエントへの援助のゴールの方向性とそれに向けての援助方法の決定について、柔軟に変更することを可能にする根拠となる。

2 心理検査

1 知能検査

❶ウェクスラー式知能検査（Wechsler Intelligence Scale）

ウェクスラー式知能検査は、WAIS（成人用知能検査）、児童用の WISC と幼児用の WPPSI の 3 種類からなる。ウェクスラー式は、はじめアメリカのウェクスラー（Wechsler, D.）によって 1939 年に成人用のウェクスラー・ベルビュー知能検査として開発された。その後、1955 年にアメリカ版 WAIS が作成された。さらに、WAIS-R、WAIS-Ⅲと改訂を重ね、日本版 WAIS-Ⅲが 2006 年に出版された。その適用範囲は、16 歳～ 89 歳と広げられた。

ウェクスラー式の特徴は、第一にビネー式と異なり「精神年齢」という考え方を用いずに知能を評価することである。第二に知能を一つの能力としてではなく、さまざまな能力の総合として捉えるところである。第三に知能指数（IQ）が年齢や職業による検査結果の得点分布によって算出されるようになっていることである。WAIS-Ⅲは、「言語性検査」と「動作性検査」の二つの下位検査から構成されており、さらに言語性検査は、「単語」「類似」「算数」など七つの下位検査があり、動作性検査では「絵画完成」「符号」「積木模様」など七つの下位検査がある。それぞれ、言語性 IQ と動作性 IQ が算出され、それを総合した全体 IQ も測定できる。しかし、2008 年にアメリカでは WAIS-Ⅳとして改訂され、2018 年には日本版 WAIS-Ⅳが出版された。この改訂はこれまでの言語性検査と動作性検査という下位検査の考え方から離れ、「言語理解指標」「知覚推理指標」「ワーキングメモリー指標」「処理速度指標」の四つの指標得点が、10 の基本検査と 5 の補助検査によって算出される。IQ は全検査 IQ が算出され、WAIS-Ⅲまでの言語性 IQ と動作性 IQ という考え方はなくなった。また、対象年齢が 16 歳～ 90 歳 11 か月までに広がった。

児童用の WISC は、アメリカで 1949 年に WAIS の対象年齢を下げた WISC が作られ、その後 WISC-R、WISC-Ⅲ、そして 2003 年 WISC-Ⅳとしてアメリカで改訂され、2010 年に日本版 WISC-Ⅳとして出版された。WISC-Ⅳの下位検査も、WAIS-Ⅳ同様に改訂され、「言語理解」「知覚推理」「ワーキングメモリー」「処理速度」などの各側面の評価を行い、全検査 IQ を算出することはできるが、WISC-Ⅲまで

のような言語性 IQ、動作性 IQ は算出できないこととなった。最近では発達障害児といわれる子どもの臨床的な心理アセスメントの一つとして WISC-Ⅳが多く使われている。対象年齢は、5 歳〜16 歳 11 か月である。

WPPSI は、WISC の対象年齢よりも低い年齢を対象にしたものとして 1967 年に出版された。その後、1989 年に WPPSI-R、2002 年に WPPSI-Ⅲとして改訂された。日本版 WPPSI-Ⅲも 2017 年に出版された（対象年齢は 2 歳 6 か月〜7 歳 3 か月）。基本的な考え方や検査法等は WISC-Ⅲと同様であり、言語性検査と動作性検査から成っている。なお、アメリカでは 2013 年に WPPSI-Ⅳが出版されている。これは、WAIS-Ⅳ、WISC-Ⅳで大きく変更された「指標」という考え方や下位検査の使われ方と同様の改訂であるが、まだ日本版 WPPSI-Ⅳは出版されていない。

❷ビネー式知能検査

フランスのビネー（Binet, A.）とシモン（Simon, T.）が 1905 年当時の普通教育のなかで学習が進む児童と怠けているわけでもないのに学習が難しい児童がいるため、正常児と精神遅滞児とを区別できるような検査を開発した。このビネーの検査法がアメリカのスタンフォード大学のターマン（Terman, L. M.）によって、1916 年にスタンフォード・ビネー知能検査として作成された。このスタンフォード・ビネー知能検査は 1937 年に改訂され、それを基にして日本の田中寛一が改良を加え、1947 年に「田中・ビネー式知能検査法」として発表した。その後改訂が加えられ、2003 年に「田中・ビネー知能検査Ⅴ」が出版されている。

ビネー式知能検査の最も特徴的なことは、「生活年齢（CA：Chronological Age）」とは異なる「精神年齢（MA：Mental Age）」という考え方を検査に取り入れていることである。ビネー式知能検査では、検査項目は標準年齢ごとに作られている。この項目は、各生活年齢群の 60 〜 70% が通過できる問題からできている。この標準年齢の項目の通過程度で精神年齢が算出できる。したがって、生活年齢が 3 歳の子どもが標準年齢の 4 歳に該当する項目を通過できれば、精神年齢が 4 歳となる。1912 年に精神年齢と生活年齢との関係性を比に算出し、百分率で表す「知能指数（IQ：Intelligence Quotient）」という考え方を発表したのがシュテルン（Stern, W.）である。これを式で表せば以下のようになる。

$$知能指数（IQ）= \frac{精神年齢（MA：48 か月）}{生活年齢（CA：36 か月）} \times 100 = 133$$

❸ DAM（Draw a Man）（グッドイナフ人物画知能検査）

DAM は、グッドイナフ（Goodenough, F. L.）により 1926 年に絵画による知能測定という描画テストとして発表された。日本ではこれを基に桐原善雄が標準化し、その後小林重雄・小野敬仁が改訂した。

描画用紙を二つ折りにして用意し、HB または B の鉛筆を用意する。実施の方法は、「人を一人描いてください。頭から足の先まですべてです」という教示を与える。描画が終了したら、被検査者に描かれた人物の性別を尋ねる。男性が描かれていた場合には検査は終了する。もし、女性が描かれていた場合には、二つ折りにしていた用紙の他方の側に男性の絵を描いてもらう。DAM は男性像の描画特徴に基づいて知的発達をアセスメントすることを原則としている。

評定は、グッドイナフ人物画知能検査記録用紙の評定に基づいて行う。描画の部位に応じて詳細なチェックの項目があり、チェック項目を満たしていれば「＋」として、その「＋」の数の合計を得点として算出し、精神年齢を換算するとしている。これによって、ビネー式知能検査と同様に生活年齢と精神年齢の比を算出し、知能指数として知能をアセスメントする。

2 人格検査

人格検査は、実施する方法により、「質問紙法」「投影法」「作業検査法」など大きく三つに分けることができる。

❶質問紙法

質問紙法は、個人の人格や心理状態についていくつかの「特性」を仮定して、その仮定に基づいて作られた質問項目から構成されている。被検査者はその各質問に自分が当てはまるかどうかを「はい」「いいえ」などと回答するものである。また、検査によっては、質問に「最も当てはまる」から「最も当てはまらない」までの5段階（5件法）で回答を求めるものもある。質問紙検査の方法は、個別でも集団でも行うことができる。ただし、心理検査として有効性のある「質問紙」は、検査の標準化（妥当性と信頼性の検討）がされたもののみである。

① YG 性格検査（矢田部ギルフォード性格検査）

アメリカのギルフォード（Guilford, J. P.）が、1940 ～ 1943 年に人格特性論の立場から、因子分析によって人格の特性を抽出し、「ギルフォード人格目録」「ギルフォード・マーチン人格目録」「ギルフォード・マーチン人事調査目録」を作成した。この検査は、これらを基にして、

矢田部達郎、辻岡美延、園原太郎らによって日本において標準化された。検査は、次の12（D～S）の人格特性について、各特性に10項目の全120項目の質問から成っている。

- D：抑うつ性…憂うつ感、悲観的な気分
- C：回帰性…気分の変化
- Ｉ：劣等感…劣等感、自信のなさ
- N：神経質…神経質、心配性
- O：客観性…低い空想性、低い過敏性
- Co：協調性…低い不信性
- Ag：攻撃性…不機嫌さ、攻撃性
- G：一般活動性…高い活動性
- R：のんきさ…気軽さ、低い衝動性
- T：思考的外向…低い思索的・反省的傾向
- A：支配性…社会的リーダー性
- S：社会的外向…対人接触の多さ

　検査の対象範囲は、学童用（小学校 1 ～ 6 年）、中学校用（中学校 1 ～ 3 年）、高校用（高校 1 ～ 3 年）、一般用（大学生～成人）と幅広く作られている。

② **日本版MMPI（Minnesota Multiphasic Personality Inventory：ミネソタ多面的人格目録）**

　この検査は、1940 年にアメリカのミネソタ大学で開発され、1963（昭和 38）年に日本で標準化されたものである。特徴としては、第一に、質問項目が 550 項目ときわめて多く、第二に、尺度が大きく「妥当性尺度」と「臨床尺度」に分かれており、「妥当性尺度」は、回答の歪曲や虚偽などを検出できる項目があるため「臨床尺度」への回答の信頼性や妥当性の程度をみることができることである。

　「妥当性尺度」は、＜疑問尺度＞＜L（虚構）尺度＞＜F（妥当性）尺度＞＜K（修正）尺度＞の四つの下位尺度から成っている。

　「臨床尺度」は、＜心気症尺度＞＜抑うつ性尺度＞＜ヒステリー尺度＞＜精神病質偏倚（へんい）尺度＞＜性（男性性・女性性）尺度＞＜偏執性尺度＞＜精神衰弱尺度＞＜統合失調症尺度＞＜軽躁尺度＞＜社会的向性（内向・外向）尺度＞の 10 尺度から成っている。

　テストの対象は、15 歳～成人で、多くは精神科病院などの臨床場面で用いられる。項目数が多く時間がかかり、実施する場合には被検査者への負担が大きいので分割して行うなどの配慮が必要となる。

Active Learning

心理検査を実施しなくても、日常の観察やかかわりのなかで気づけることには、どのようなものがあるか考えてみましょう。

❷投影法

① ロールシャッハ・テスト

　スイスのロールシャッハ（Rorschach, H.）によって、1921 年に考案された心理検査であり、投影法の最も代表的なものである。

　この検査は、左右対象の偶然にできた「インクのしみ」の図のテスト図版（10 枚）から成る。この 10 枚の図版を 1 枚ずつ決められた順番で被検査者に見せて、その図版の図が何に見えるかを尋ねる。図版はもともと偶然にできた図であるから、何に見えても自由である。被検査者は自分が見えたものを思ったように答える。その答えた内容は「反応内容」と呼ばれ、その反応内容から被検査者の人格をアセスメントする。

　検査の過程は、被検査者が図版を見て自由に反応内容を検査者に伝える「自由反応段階」と検査者が被検査者の反応内容について質問をする「質問段階」から成る。検査者は、その質問に対して被検査者が答えた結果を分類・集計し、それに基づき被検査者の人格や心理状態について評価・解釈する。検査者が反応内容について分類や評価・解釈するには十分な訓練と経験を必要とする。したがって、この検査を臨床的に実施するには習熟した指導者による指導と訓練を受けながら事例を重ねて経験を豊かにすることが不可欠である。しっかりとした指導と経験を積むことによってはじめてロールシャッハ・テストによる信頼性の高い心理アセスメントができる。

　テスト対象は幼児から成人まで可能である。

② TAT（Thematic Apperception Test：主題統覚検査）

　アメリカのモルガン（Morgan, C. D.）とマレー（Murray, H. A.）によって、1935 年に開発された検査であり、日本語では「絵画統覚検査」と呼ぶこともある。多義的に見ることができる人物のいる場面が描かれた絵カードを被検査者に提示し、その絵を見て自由に空想の物語をつくるように求める。その被検査者がつくった物語を「欲求」「圧力」というマレーの理論に基づいて分析・解釈することによって、人格の特徴をアセスメントしようとするものである。

　「欲求」は、個人に行動を起こさせようとする内発的な力であり、「圧力」は環境が個人に与える影響力だとして、この「欲求」と「圧力」との力動的構造（主題）を通して人格の理解ができると考えられている。この物語として表現される「欲求」と「圧力」は、無意識的・主観的な要素もあるが、物語として語られるため意識的・客観的でもある。無意識的または意識的な自我の**防衛機制（適応機制）**の影響をあまり受けな

いので人格をアセスメントできると考えられている。

　TAT の適用は、児童から成人とされているが、1947 年にベラック（Bellak, L.）らによって CAT（Children's Apperception Test）が開発された。これは、児童用であるため場面には人物ではなく動物が用いられ、動物のいる場面の絵カード 10 枚から構成されている。CAT の適用は、5 ～ 10 歳程度とされている。

③　P-F スタディ（Picture-Frustration Study：絵画 - 欲求不満検査）

　アメリカのローゼンツヴァイク（Rosenzweig, S.）によって 1944 年に考案された検査である。これは、被検査者に日常生活で経験するであろう欲求不満場面が描かれた絵を提示し、その絵画の中の人物が遭遇した欲求不満場面で何と答えるかを絵の「吹き出し」に書き込む、というものである。吹き出しに書き込まれた被検査者の言葉はマニュアルに従って分類される。この分類基準は、ロールシャッハ・テストや TAT などのほかの投影法検査に比較して、明確になっているので、客観的な分類が可能である。

　被検査者の反応内容は、分類基準に従い攻撃性（アグレッション）の三つの「方向性」と、不満への三つの「対応型」の組み合わせに分けられる。攻撃性の方向性は、欲求不満の責任を他者に向ける「他責」、自分に責任があるとする「自責」、そして誰にも責任はなく、やむを得ないとする「無責」の三つである。「対応型」は、自分が被害を受けていることを強調する「障害優位型」、自分を主張し、防衛することを強調する「自我防衛型」、そして不満状態を解決・解消しようとする「要求固執型」の三つに分けられる。それぞれ三つの「方向性」「対応型」の組み合わせにより、反応内容は原則として 9 通りに分類される。

④　描画法

　描画法にはいくつかの方法があり、代表的なものにバウムテスト（Baumtest）がある。

　バウムテストは、スイスのコッホ（Koch, K.）が 1957 年頃に考案した描画法である。日本では 1980 年頃に導入され、適用は幼児・児童などによく用いられるとともに、精神科病院などでも用いられるなど、幅が広い。

　まず被検査者の前に画用紙を縦長に置き、その上に鉛筆を置く。そして「実のなる木を 1 本描いてください」と教示する。実のなる木ということが十分に理解されていないようなときにはもう一度「実がなる木

ですよ」などと言葉を加えることもあるが、具体的な木の名前などは言わない。描き終わったら「何の木ですか？」など検査者が尋ね、被検査者の意図を尋ねる。その他、検査者が気になった点を尋ねることもある。

バウムテストの解釈は、「実のなる木」が描かれているか、そして「実が描かれているか」などが基本となる。そのうえで、「木の大きさ」「木の幹の太さ」「葉の付き方」「根の様子」「地面が描かれているか」「画用紙における木の位置（中央、左・右、上・下）」などの視点がある。

以上の解釈の視点から被検査者の人格をアセスメントする。このテストを実施することは難しいことではないが、解釈し、人格のアセスメントをするには習熟した指導者の指導を受けて行う必要がある。

❸作業検査法（内田クレペリン精神作業検査）

作業検査法で代表的な検査は、内田クレペリン精神作業検査である。これは、日本の内田勇三郎がドイツの精神医学者であるクレペリン（Kraepelin, E.）の考案した連続加算法を再構成し、1930 年代から実用的に使われるようになったものである。実施法が簡便であること、作業検査であるため被検査者の意図的な作為が入りにくいこと、そして集団で多数の被検査者に適用できること、などからスクリーニング検査として多く使われている。結果データが多数であることから、この検査によるアセスメントや診断の妥当性や信頼性は高いと考えられている。

テスト結果は、連続した単純な精神作業を行ったときの作業量の変化や計算の正確度などから、モチベーション度、緊張の持続度、注意集中度、疲労度、休憩の効果などの側面から人格のアセスメントが行われる。

テストの対象は、幼児用（幼児～小学校 1 年）、児童用（小学校 2 年～6 年）、標準用（中学校 1 年～成人）と幅広い。

◇参考文献
・David Wechsler, 日本版 WAIS-Ⅲ刊行委員会訳編著『WAIS-Ⅲ成人知能検査法：日本版』日本文化科学社，2006.
・David Wechsler, 日本版 WAIS-Ⅳ刊行委員会訳編著『WAIS-Ⅳ理論・解釈マニュアル：日本版』日本文化科学社，2018.

第 5 章　心理学の理論を基礎としたアセスメントと支援の基本

● ソーシャルワークにおける心理的支援の意義と概要を理解する
● ソーシャルワークのなかで用いる心理的支援のための主な技法を学ぶ

1 ソーシャルワークにおける 心理的支援の意義

　ソーシャルワークでは、生活環境を調整したり、社会資源とつなげたりすることに加えて、人の心にも働きかけ、対象者が生活への意欲を高めたり、困難な状況をもちこたえたりできるようにすることもある。つまり、ソーシャルワークは人の心理に何らかの影響を与える営みである。

　ところで、心の健康やその維持増進を目的とした介入を通して心理的支援を行う専門職として、心理学を基礎学問とした公認心理師（第5章第4節）がいる。公認心理師による心理的支援は、心の健康を目標としており、心理的支援のための技法を用いるだけではなく、心理学理論に基づいた介入の手順やそれに必要な態度、効果の機序まで体系化された心理療法を行っている。一方、ソーシャルワークにおける心理的支援は、心の健康だけではなく、現実生活の質の高さを目指して、環境調整も含めた介入の一部として行われる。つまり、心理以外の側面への介入も並行して行いながら、心理療法としてではなく、心理的支援のための技法を、ソーシャルワークの目的のために用いているのである。

　このようにほかの支援とともに心理的支援を行う際には、特別の配慮が必要である。まず、「心理」は心のさまざまな側面を含んでいることを理解する必要がある（第2章参照）。「心理」という用語は一般用語としても用いられるため、心理的支援が単一の目的、方法のように考えられてしまうことがある。しかし、たとえば、悲嘆に暮れている対象者を支援する場合には、心理のなかでも、悲嘆という「感情」への働きかけを主に行うことになる。また知的障害のある対象者が理解しやすい生活空間をつくるための支援では、心理のなかでも「認知」への働きかけが必要になると考えられる。このように、目標にあわせて、心のどの側面に働きかけるのかを考え、心理的支援のための技法を選択することが

重要である。

　次に、心理的支援と社会的支援を同時に行うことの限界や弊害を理解しておく必要がある。心理的支援は、対象者と一定の信頼関係を構築し、それによって対象者が自己開示し、通常ならば他者に話すことはないような苦悩などを話してくれるようになることで進んでいくものが多い。しかし、ソーシャルワークでは、時には対象者が好ましく思っていない現実や事実をソーシャルワーカーが示さなければならないこともあり、それが信頼関係を揺るがす可能性がある。

　たとえば、育児不安の相談にのっていた養育者が育児ストレスから、結果的に子どもの虐待に至った場合、ソーシャルワーカーは、養育者への心理的支援の必要性は認識しながらも、子どもの保護を優先するだろう。そのときソーシャルワーカーは、養育者の望まない親子の分離の可能性について養育者に伝える必要に迫られる。現実を突きつけられた養育者は、いったんはソーシャルワーカーに開いていた心を閉ざしてしまうかもしれない。

　このように、心理的支援と社会的支援（または介入）を一人のソーシャルワーカーが担うことで心理的支援が難しくなる場合がある。精神医療では、生活上の指導を行う医師と、無意識を扱って心理的介入を行う治療者とを分けることの重要性は、A-T スプリット[★]としてよく知られている。同様に心理的支援を行う際には、ソーシャルワーカーは、公認心理師などの心理的支援の担当者と連携したほうがよい場合があることを知っておく必要があるだろう。

　最後に、ソーシャルワーカーによる心理的支援のための技法は、対象者のエンパワメントやウェルビーイングの向上のために行われるのであって、病気や障害そのものの消失を目指して用いられたり、ましてや支援する側の欲求充足や都合、利益のために用いられたりすることがあってはならない。ソーシャルワーカーの行う心理的支援は、支援目標やプロセスの体系としての心理療法ではなく、心理的技法の援用であるから、技法それ自体は、どのような目的でも使うことができてしまう危険性がある。だからこそ、技法をどのような目的で用いるかについて、ソーシャルワーカー自身が責任をもつ必要がある。

第5章
心理学の理論を基礎としたアセスメントと支援の基本

★ A-T スプリット
一人の対象者に対して、薬物治療や生活上の管理指導を行う管理医と、精神療法を行う治療者を区別して行う治療構造。無意識を扱う治療者が現実的対応をしないことによって、転移を適切に扱った治療が可能になると考えられている。

　心理的支援技法の多くは、技法単独でできたのではなく、体系化された心理療法のなかで、それぞれ特有の人間観や理念のもとで発展してきた。ソーシャルワーカーは、ソーシャルワークの目的に合わせて心理的支援技法を用いることになるが、それらの技法がどのような心理療法のなかで用いられているのか、その人間観や理念を理解することは、技法を適切に用いるうえで重要である。ここでは代表的な心理療法やカウンセリングのなかで用いられている心理的支援技法を紹介する。

1 支持的精神療法

　支持的精神療法（支持的心理療法：supportive psychotherapy）は、よりよい状態になるために下支えする、という語源をもつ「支持（support）」を強調した精神療法だが、その定義は必ずしも一致していない。一つの定義として、無意識の洞察を目的とした精神分析（第5章第3節）の流れを汲み、対象者理解においては力動論を踏襲しながらも、治療的には自由連想法ではなく、相互の対話を用いて、現実への適応を支援する精神療法を指す場合がある。一方で、対象者理解や治療論においても精神分析の枠組みを用いず、対象者との信頼関係を形成するための面接技法を使って、現実への適応を図る支援方法全体を支持的精神療法と呼ぶこともある。また心理的支援全般に必要な、ごく基本的な態度と技法であって特別な体系はないとする立場もある。

　このように立場によって定義が少しずつ異なっているものの、次の❶〜❹のような共通した特徴があり、これらはソーシャルワークにおける心理的支援の基本的な態度や方針とも一致している。

❶無意識の洞察や転移を直接的には扱わない

　支持的精神療法では、対象者の無意識を意識化するような働きかけは控える。また過去の重要な他者との対人関係が、ソーシャルワーカーとの間で再現されること（転移）を前提とした、精神分析の介入技法を用いず、たとえそのような状況になったとしても、それをもとに無意識への洞察を深めるような解釈や明確化もしない。無意識を扱わず、意識しているものや現実を扱うのである。

❷現実的で意識的な生活への適応を重視する

　支持的精神療法では、対象者が現実の生活に適応して、よりよい生活

の質を保つことができることを重視している。対象者の無意識を積極的に扱って洞察を促すことはせず、その結果生じている現在の生活上の困難に対処して、適応的に生活できるようにすることを目指す。

❸治療者と患者が基本的な相互の信頼関係を保持できるように配慮する

精神分析や精神分析的心理療法では、自由連想法を用いる際に、治療者ができるだけプライベートを明らかにしない（分析の隠れ身[*]）で、対象者の無意識の対人関係がソーシャルワーカーに投影されることを促進する。しかし支持的精神療法では、そのような投影を促進することを意図していない。むしろ通常の人間関係同様、お互いの安定した信頼関係をつくる。支援者は、対象者を試したり、無意識を探ったりせず、一人の人間として誠実な態度で面接に臨む。

❹支持や面接を展開させるための介入技法を用いる

対象者が自信を回復して、自ら現状を変えようとする意欲を高めたり、見方を変えやすくしたりするための、介入技法を効果的に使う。ここで用いられる技法は、後述するマイクロカウンセリングや動機づけ面接の技法と重複している。

2 マイクロカウンセリング

マイクロカウンセリングとは、コミュニケーションの一つひとつのパーツを技法として取り出して命名したコミュニケーション技法と、実践のための臨床的態度を、系統的に訓練できるようにしたことを特徴とするカウンセリングのことである。アイビィ（Ivey, A. E.）が、1960年代に、さまざまな心理療法やカウンセリングに共通して用いられているコミュニケーションや展開があることを指摘し、それらをマイクロ技法として体系化し、カウンセラーの教育体系としたことからはじまり、日本には1970年代にマイクロカウンセリングとして紹介された。

マイクロ技法は、コミュニケーションの基礎的技法から、より高度なものまで階層化されている（**図5-2**）。この階層にしたがって図の下から順に技法を習得していくことで、最終的に学習者が、自分のスタイルの面接方法や理論的根拠を決めていくことを目指している。階層の下位には、より基本的な対人関係の構築に必要な技法が位置づけられている。つまり、心理療法やカウンセリングのような特殊な相談関係の前提として、そもそも人と人とが人間関係を形成し、それを良好にしていくための技法が内包されているのである。

★分析の隠れ身
精神分析的治療において、対象者の転移の発展を阻害しないように、治療者が個人的な感情や倫理的判断を対象者に明らかにしないという方針のこと。現在では、過剰にこの方針をとること自体は弊害も大きいという指摘もある。

第**5**章 心理学の理論を基礎としたアセスメントと支援の基本

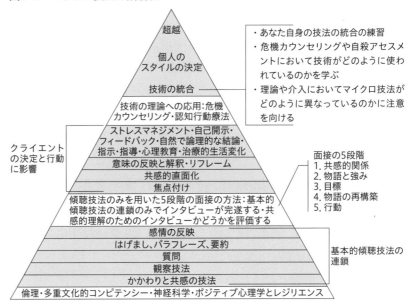

図5-2 マイクロ技法の階層表

超越

個人の
スタイルの決定

技術の統合

・あなた自身の技法の統合の練習
・危機カウンセリングや自殺アセスメントにおいて技術がどのように使われているのかを学ぶ
・理論や介入においてマイクロ技法がどのように異なっているのかに注意を向ける

技術の理論への応用:危機
カウンセリング・認知行動療法

ストレスマネジメント・自己開示・
フィードバック・自然で論理的な結論・
指示・指導・心理教育・治療的生活変化

意味の反映と解釈・リフレーム

共感的直面化

焦点付け

クライエント
の決定と行動
に影響

面接の5段階
1. 共感的関係
2. 物語と強み
3. 目標
4. 物語の再構築
5. 行動

傾聴技法のみを用いた5段階の面接の方法:基本的
傾聴技法の連鎖のみでインタビューが完遂する・共
感的理解のためのインタビューかどうかを評価する

感情の反映

はげまし、パラフレーズ、要約

質問

観察技法

かかわりと共感の技法

基本的傾聴技法の
連鎖

倫理・多重文化的コンピテンシー・神経科学・ポジティブ心理学とレジリエンス

　福祉や教育、産業、医療などの領域、あるいは領域を限定しない、インタビューや指導など、あらゆる領域で必要とされるコミュニケーション技法は、マイクロ技法として捉えなおすことができることから、対人的スキルの学習においてマイクロカウンセリングを役立てることができる。

❶マイクロカウンセリングの基本理念

　マイクロカウンセリングは、対象者の肯定的資質を引き出すことを特徴にしている。また、人を心理的なものとだけ見るのではなく、それぞれの置かれた文化、社会、環境と影響を与えあいながら、一人ひとりが独自の生活史や経験をしている、という人間観を前提にしている。つまり、社会福祉におけるストレングスモデル、エコロジカルモデルなどとも共通した人間観を基礎としている。

　技法としては傾聴を基礎とし、その技法を単に無目的に用いるのではなく、カウンセラーが意図した目的のために用いることが推奨される。また、技法の習得のために、一つひとつのマイクロ技法のトレーニングを積み重ねていくことによって、カウンセラーとしての能力向上を図ることを特徴としている。

❷基本的傾聴

　アイビィは教育体系のなかで、マイクロ技法の基本理念の理解のうえで、最初の技法習得として基本的傾聴技法を示した。これは以下の五つ

の階層に分かれており、一つずつ、段階的に身につける必要がある。支援者がこの基本的傾聴技法を連鎖的に使えるようになると、対象者は自らの考えや感情を積極的に話すようになる。

① かかわりと共感の技法

対象者と共感的な関係をつくる前提として、支援者は対象者の個性や文化に合わせて、適切に応答することが求められるが、その際、支援者は対象者から見てはっきりわかる具体的な行動を示して、「聞いている」ことを伝える必要がある。これらの**かかわり行動**（**表5-1**）によって、対象者は発話頻度が増え、特に自分が気になっていることをオープンに話すようになり、話題がそれることも少なくなる。

② 観察技法

かかわり行動はソーシャルワーカーが面接中にとるべき行動だが、観察技法はソーシャルワーカー自身と対象者の行動を観察する技法である。非言語的行動、言語的行動、またそれらの矛盾や文化による違い、ソーシャルワーカーと対象者の行動が鏡のように同期しているかどうか、具体的で現実的な話のなかに対象者の関心事や問題が反映されていないかなどについて観察する。そこから、ソーシャルワーカーが対象者に与えている影響や、面接が効果的に進んでいるのかどうかを把握する。その際、ソーシャルワーカーがもつステレオタイプ★によって観察した内容を理解することがないように留意する。

③ 質問

質問の方法には、単純に一言で回答することができない**開かれた質問**と、比較的短く答えることができる**閉じた質問**がある。開かれた質問によって、対象者は自分の話をより詳細に話すようになる。閉じた質問は、情報を聞き出すことはできるが、信頼関係が十分に形成できていないときには、対象者自身が気になっていることを語ってもらうことを難しくしてしまう。

★ステレオタイプ
ある社会的なカテゴリーや集団に属している人々に対して、人々がもっている固定的な認知のこと。ステレオタイプが認知であるのに対して、否定的な認知に伴って生じる感情は偏見、行動は差別と区別される。ステレオタイプと偏見、差別は、同じ傾向をもつ。

表5-1　かかわり行動

視線・アイコンタクト	・自分が話すときに視線を合わせる。
声の質	・温かく快適なコミュニケーションとなるよう、声のトーンや速さ、大きさを調整する。
言語的追跡	・対象者の話題をそらさず、話に追随する。
ボディランゲージ・表情	・文化にふさわしい、信頼を得られる対人距離、表情、ジェスチャーや身振りをする。

第5章　心理学の理論を基礎としたアセスメントと支援の基本

表5-2　励まし・パラフレーズ・要約

励まし	対象者が話を続けることを促すための短い応答。短くキーワードを繰り返したりする言語的な応答と、あいづちやほほえみなどの非言語的な応答がある。
パラフレーズ	対象者の語った直前の話題について、対象者が話したキーワードを用いて、エッセンスを短縮して伝えたり、明確にしたりする。
要約	対象者のパラフレーズよりも、より長く話された内容について、対象者の話を要約し、また対象者の考えや感情、行動をまとめる。

④　励まし・パラフレーズ・要約

　対象者の会話に、ソーシャルワーカーが意識的にかかわり、応答するコミュニケーションのプロセスを積極的傾聴という。積極的傾聴は対象者が気になっていることについて、より多く語ってもらうことを目的としたソーシャルワーカーのかかわりであり、励まし、パラフレーズ、要約が含まれている（**表5-2**）。また切りのよいところで、ソーシャルワーカーのリードや応答技術が対象者にどのように受け止められているのかを「私の理解で合っていますか。」「何か違うなと感じることはありませんか。」のように尋ね、確認する。

⑤　感情の反映

　対象者の感じている中核的な感情を見定め、それを情動体験として明らかにして対象者に返すことを感情の反映という。前項の積極的傾聴は、対象者に対する認知的共感を示す行動だが、感情の反映は対象者に対するソーシャルワーカーの情動的共感を示す行動である。ソーシャルワーカーが感情の反映を行うことで、対象者は自分の感情がわかってもらえたと感じ、安心し、ソーシャルワーカーに信頼を寄せるようになる。

　対象者に感情を語ることを促すが、潜在している感情は言語では表現されないことが多い。むしろそれらは非言語的に表現されやすいことから、対象者の表情やしぐさ、ため息などをよく観察する。また感情は時に複雑で、恥や罪悪感などの社会的感情は文脈の影響を受けやすい。これらを丁寧に整理していくことは、どのような面接においても重要だと考えられている。特に、過去や未来の感情ではなく、今・ここでの感情を取り扱うことが効果的である。

3　動機づけ面接

　「何かをしたいのにできない」という両価的な状況にある人に対して、目標達成への動機づけを高めて、目標に向かう行動をとりやすい状態を

★今・ここ
心理療法のうち、特にヒューマニスティック・アプローチでは、過去ではなく、面接中の今、ここで生じているクライエントの主観的な感情体験を重視する。この主観的経験を指す用語として「今・ここ」（here and now）が用いられる。

つくっていく面接の技法として、医療領域で発達した動機づけ面接がある。医療場面では、治療への動機づけが低い患者に対して、医療者が一方的に指示や指導をしたところで、結果的に患者の行動変容に結び付かない。そこで対象者の行動を、より治療に協力的な行動へと変容させるため、行動の背景となっている動機づけを高める面接技法として、動機づけ面接が生まれた。動機づけ面接は、医療場面での必要性から誕生した面接技法であり、第 2 章で示した心理学理論に基づいて成立してきたものではないが、図らずも動機づけ理論にかなう技法を発展させており、医療以外のさまざまな場面で活用できる、効果的な面接技術となっている。

❶動機づけ面接の概要

動機づけ面接が効果を発揮するのは、対象者が「働きたいとは思っているけれど、なかなか働けない。」「体のために少しは運動したいけれど、なかなか運動できない。」などのように、達成したい目標があっても、それができないときである。

動機づけ面接では、対象者が目標達成のために行動を起こす動機づけを高めるための働きかけを行う。対象者の発言のうち、目標達成のための行動をとることに対する少しでも前向きな発言はチェンジトークといわれる。面接のなかで、対象者からチェンジトークが発せられた場合には、ソーシャルワーカーはそのチェンジトークを話題にして認め、是認（後述）し、そしてその行動をとることのメリットや目標に近づいたときの具体的な状況を対象者に質問する。これを繰り返すことで、対象者は目標を達成できたときのイメージが強化され、当初よりも達成が容易であるように感じ始める。

一方、目標とする行動をとらない、とれそうにない、などのように、目標達成に後ろ向きな発言を、現在の行動を維持しようとするという意味で、維持トークという。維持トークが聞かれた場合はそのように考える理由を問いかける。

さらにソーシャルワーカーは、維持トークを強化しないように注意しながら、対象者の維持トークとチェンジトークを対比、要約して、対象者の矛盾を明確にしていく（矛盾の拡大）。それによって対象者は、自分が目標行動への変容と維持の間で葛藤していることを自覚し、その矛盾を解決しようとする動機づけを上げることが期待できる。

つまり、動機づけ面接は、

❶ソーシャルワーカーが、対象者の発言の矛盾を拡大して葛藤を明確化

することで、対象者自身が自分の矛盾に気づいて、その認知的不協和*を解消しようとする動機づけが高まる。

❷目標行動達成について、ソーシャルワーカーがチェンジトークを是認し強化することで、対象者にとって目標に対する価値や期待（期待・価値理論：第2章第2節参照）、自己効力感が高まる。

❸対象者は、自ら繰り返すチェンジトークの内容に馴化し、目標行動を行うことや目標を達成することを「当たり前」のものとして受け入れるようになる。

という動機づけ理論や学習理論によってよく説明されるのである。

❷動機づけ面接のスピリットと正したい反射

動機づけ面接で対象者の発言に着目するのには理由がある。動機づけの自己決定理論では、対象者が自分からかかわり、自分で決めたこと（自己決定）に対して、内発的動機づけが高まることが知られている（動機づけの自己決定理論：第2章第2節参照）。逆に言えば、他者から押し付けられたり、強要されたりしたことは、自己決定したものではないために、内発的動機づけが高まりづらい。対象者自ら発言したチェンジトークに、ソーシャルワーカーが注目するのも、対象者が自分で発したトークや自ら決めた行動のほうが、その行動をとる内発的動機づけが高まりやすいからである。

そのため、動機づけ面接では、対象者の自己決定を尊重し、ソーシャルワーカー自身の目標達成への誘導や営利のために、動機づけ面接の技術を使うことがないよう、「動機づけ面接のスピリット」（表5-3）を示している。同時に、ソーシャルワーカーが自分では気づかないうちに、面接中に対象者の誤りを正したり、ソーシャルワーカーの意見を押し付けたりする行動を正したい反射（表5-4）と名付けて、対象者の自己決定を阻害するソーシャルワーカーの行動に自戒を促している。

❸基本的な面接技術：OARS

動機づけ面接で用いる基本的な技術は四つにまとめられてOARS（オールズ）と呼ばれている。

表5-3　動機づけ面接のスピリット

思いやり	対象者の立場に立ち、思いやりをもつこと。
受容	対象者の存在を受け入れること。
協働	どちらかが優位に立つのではなく、面接者と対象者が協力すること。
喚起	対象者から、目標を達成しようとする意欲や言葉を引き出すこと。

表5-4 正したい反射（間違い指摘反射）の例：飲酒してしまう対象者に対して

反射の種類	正したい反射によるソーシャルワーカーの発言
命令指示	飲酒はやめてください。
強制的な提案	少し我慢すれば、そのうち楽になります。
警告や脅迫	もしこのまま飲酒を続ければ、数年のうちに病気を引き起こしますよ。
論理的説得	飲酒をしている人は、飲酒しない人よりも病気になりやすいのですよ。
決めつけた批判	いいえ、あなたの考えは間違っています。
自分の経験を語る	私もつらかったけれど、飲酒をやめることができました。
安易な同意	あなたの気持ちは本当によくわかります。
安易な慰め・同情	きっとうまくいきますよ。

Active Learning

自分が大切にしているものや嫌いなことを振り返り、自分の価値観を見直してみましょう。

① 開かれた質問（Open question）

　マイクロ技法でも紹介した開かれた質問は、動機づけ面接でも重要な技法である。閉じた質問は「はい」「いいえ」などのように、答え方が一つに決まってしまうため、ソーシャルワーカーの閉じた質問の連続は、対象者の回答の自由度が狭く、ソーシャルワーカーが面接を主導してしまう。これに対して開かれた質問は、「〜についてはどのようにお考えですか。」などのように、問いかけられた対象者が自分で話題や答え方を選ぶことができる。対象者は質問を自問自答してから回答するので、回答に対象者の意向が反映されやすい。そのため、対象者の自己決定を重視する動機づけ面接では、開かれた質問を用いて、対象者自身の意向を引き出す。ただし開かれた質問は、自由度が高いだけに、対象者が自ら考えなければならず、対象者の負担が大きい。開かれた質問で回答に戸惑う場合には、選択肢を提示するなどの工夫が必要である。

② 是認（Affirm）

　対象者のもつ肯定的な側面に着目して敬意を払い、それを承認するソーシャルワーカーの発言や態度のことを是認という。たとえば、対象者のチェンジトークを強化する際に、「それはいいですね。」とソーシャルワーカーが応答することはもとより、チェンジトークに関心を示して、身を乗り出して話を聴いたり、より大きくあいづちを打ったりする行為も是認である。

③ 聞き返し（Reflective Listening）

　面接中の対象者の発言について、ソーシャルワーカーが対象者に繰り返して話すことを聞き返しという。聞き返しには、単純な聞き返しと複

雑な聞き返しがある。単純な聞き返しでは、対象者の言葉をそのまま、ほとんど変えずに繰り返したり、別の言いまわしで表現したりする。単純な聞き返しは、対象者の発言をソーシャルワーカーが受け止めていることを対象者に示すことに役立つ。

　一方、対象者の言葉から対象者の感情や語られなかった話題などをソーシャルワーカーが推測して付加する場合には複雑な聞き返しという。複雑な聞き返しは、ソーシャルワーカーがより深く対象者を理解していることを示し、またそれによってソーシャルワーカー自身が自分の考えや意向をより表明しやすくなる場合がある。複雑な聞き返しは、動機づけ面接において頻繁に用いられ重要な技法だが、ソーシャルワーカーの意図が反映されたものであるため、対象者の意向を踏まえずに乱用すると、誘導や押し付けになる可能性もあり注意が必要である。

④　要約（Summarize）

　対象者のこれまでの話から要点を集めてつなげ、対象者に返す複雑な聞き返しを、要約という。特にチェンジトークと維持トークの対比によって、矛盾を示す際に用いられる要約では、維持トークが強化されないようにするために、対比する順序や方法を工夫する必要がある。チェンジトークと維持トークの対比は、維持トークのあとにチェンジトークを示して、チェンジトークに注意が向くようにする。また「〜したいけれど、〜」という逆説表現ではなく、「〜したい一方で、〜」「〜したいし、そして〜」のように、並列的な表現で要約する。

◇参考文献
・Ivey, A. E., Ivey, M. B. & Zalaquett, C. P., *International Interviewing and Counseling : Facilitating Client Development in a Multicultural Society*, 9th Ed., Cengage, 2018.
・A. E. アイビィ・N. B. グラックスタン・M. B. アイビィ，福原眞知子訳『マイクロカウンセリング基本的かかわり技法』丸善，1999.
・北田雅子・磯村毅『医療スタッフのための動機づけ面接法——逆引き MI 学習帳』医歯薬出版，2016.
・原井宏明『方法としての動機づけ面接——面接によって人と関わるすべての人のために』岩崎学術出版社，2012.
・A. ウィンストン・R. N. ローゼンタール・H. ピンスカー，山藤奈穂子・佐々木千恵訳『支持的精神療法入門』星和書店，2009.

心理療法におけるアセスメントと介入技法の概要

第3節

学習のポイント

● 各種心理療法について基本的な知識を学ぶ

● ソーシャルワーク場面への適用について理解する

1 精神分析

精神分析は、オーストリアの医師フロイト（Freud, S.）によって神経症を治療する方法と理論として創始され、その後の心理療法の源流となっていった。さらに、人のふるまいが無意識に左右されるという精神分析の考えは、20世紀の思想や文化に多大な影響を与えた。ここでは精神分析の基本的な考えと治療法としての特徴を簡単に学んでいく。

1 浄化法から自由連想法へ

フロイトは、当初、当時発見されていた催眠により精神症状を取り除く方法を採用していたが、患者の症状の背景にはそれぞれの患者の物語があることに気づかされた。そしてそうした患者の語りに耳を傾けることが治療につながること（浄化法）を発見していった。

フロイトはこの方法を用いるなかで、患者にあれこれ質問したり、助言したり、指示したりするのではなく、患者が自由に話すことが重要であると悟るようになった。これは自由連想法と呼ばれる。自由連想法においては、患者は心に浮かぶことを「こんなことを話してはいけない」「こんなことは関係ない」という制限を設けずすべて話すように要請される。

このようにフロイトは、患者の話に耳を傾けることそのものが重要であることをまず発見していった。

2 無意識の発見

このようにして患者の話に耳を傾けていくことでフロイトが気づいたのは、患者は苦痛な経験を思い出すことができないことである。そうした記憶は意識されないが、症状としてその人の心を苦しめる。フロイト

第5章 心理学の理論を基礎としたアセスメントと支援の基本

は、それはそのような記憶が無意識にとどまっているからだと考えた。そして、人は苦痛な経験を意識から無意識へと追い出すと考え、それを抑圧と名付けた。人は、嫌なこと、耐え難いこと、そんなことを思ってはいけないと感じることを無意識へと抑圧し、そうした記憶や感情が強力になると、神経症症状となって現れるとフロイトは考えた。

3 解釈の治療的役割

神経症が、記憶や感情が抑圧され無意識に溜まっていくことで生じるということであれば、それらを意識することができれば神経症は治癒されることになる。それを手助けするのが分析家の解釈である。分析家は夢などに現れる患者の無意識を捉え、それを言葉で伝える。つまり、解釈していき、患者がそれを意識することを助ける。患者は、嫌なことを意識しない神経症状態から、嫌なことを意識している状態になる。

4 乳幼児のセクシュアリティとエディプス・コンプレックス

フロイトは、こうした治療実践をしていくなかで、抑圧される考えや感情を探っていき、乳幼児期のセクシュアリティを見出した。乳幼児は、性器的欲求と区別される、口愛的欲求、肛門的欲求をもつ。それらはまわりから許容されずにさまざまな形で抑圧される。そのような抑圧の原動力になるのがエディプス・コンプレックスである。

エディプス・コンプレックスは、簡単に言うと近親婚の禁止とかかわる。近親婚の禁止は社会の基本的なルールであり、それが心の中に根付く（内在化する）過程ともいえる。つまり、子どもが社会化することを指している。そこで、禁止する（去勢の脅しをする）父親は心の中に根付き、後述する超自我（スーパー・エゴ）となる。

5 転移の発見

患者が抑圧している苦痛な考えや感情は患者の幼少期の親子関係を巡るものであることが実践を通じてわかってきた。そして親に対する不快な感情や記憶が思い出される代わりに、分析家に向けられていく。元々は親への気持ちであったものが分析家へ移されていくこの現象をフロイトは転移と呼んだ。そして、分析治療では転移を明らかにしていくことがその中心となっていった。患者の神経症は幼児期の不快な経験から生じるが、それは治療関係の問題、つまり転移の問題へと移し変えられる。そしてその転移の問題を解決することが治療となるのである。

★エディプス・コンプレックス
父親を殺し母親と結婚したギリシャ神話の悲劇の主人公の名前に由来するエディプス・コンプレックスは、子ども（3歳から5歳くらい）が異性の親を好み、同性の親に敵対することを指す。

6 乳幼児期の親子関係の影響と超自我

　こうした転移の分析を通じてわかってきたのは、患者の神経症は、乳幼児期の親との難しい関係性に起因するということである。フロイト以降、特に早期の母子関係の性質がその後の心の健康に大きく影響することが指摘されている。このように乳幼児期の親とのかかわりが子どもの心を形づくっていくことは精神分析で一般に認められている。

　乳幼児期の親とのかかわりは**超自我**として心の中に根付く。超自我は、心の中にある親であり、良心として、社会の規範やルールの指針を与えてはくれる。しかし、時としてそれはその人のありのままを認めず、いわゆる「べき論」でその人を苦しめてしまい、神経症の原因となる。

7 逆転移の問題

　精神分析の実践を通じて、先に述べた患者からの転移は、分析家に一定の感情的反応を引き起こすことがわかってきた。精神分析ではそれを**逆転移**と呼ぶ。たとえば、虐待的な親子関係を幼少期に経験している患者との治療関係において、分析家も患者に対して攻撃的な気持ちをもってしまうことがある。場合によってはそのような気持ちを行動に移してしまうことがある。

　転移と逆転移は、精神分析だけでなく、あらゆる援助関係において何らかの形で必ず現れると言ってよい。大切なことは、その人が援助者に向ける気持ちや援助者の心に起こる感情は個人的なものではないことを理解することである。それらは、その人の幼少期の困難な親子関係に起因するものなのである。

2 認知行動療法

1 認知行動療法の概要と特徴

　認知行動療法とは、「行動科学と認知科学の知見を臨床の諸問題への支援に応用したもの」と定義される[1]。よって認知行動療法には科学的に明らかになった複数の理論に基づいた多数の技法が含まれており、対象となる問題や状態によって適宜それらの技法を組み合わせて用いられる。認知行動療法の特徴は、精神疾患をはじめとしたさまざまな問題に対して臨床研究に基づいた豊富なエビデンスが存在することと、マニュアル化された手続きにより技術の均等化が図られていることである。こ

れは、同定された問題に対応する手続きを正しく行うことができれば、臨床研究と同様の効果が期待できることを示している。しかし、マニュアル化された手続きを正しく行うためには、当然のことながら一定の訓練が必要となる。

■2 認知行動療法の実施手続き

認知行動療法には問題ごとにさまざまなマニュアルが存在するが、多くのマニュアルで共通する一般的なプロセスがある。そのプロセスは、❶導入、❷見立て・ケースフォーミュレーション、❸目標設定、❹介入、❺再発予防・終結の五つの段階として整理することができる。なお、認知行動療法では毎回定まった症状尺度や行動指標などを用いて評価を行うことが一般的である。以下では各段階での実施の要点を解説する。

❶導入

導入段階では、セラピストはクライエントとの間で関係性を構築することが求められる。認知行動療法における治療関係のあり方は「**協同的経験主義**」であると言われる。協同的経験主義に基づいているとは、クライエントとセラピストがチームとなって日常生活の「今・ここ」にある問題に協力して取り組み、「学習と発見」を繰り返していく形で展開していることを指す。セラピストは一方的な指導者のようにふるまうのではなく、クライエントの価値や希望に基づいた目標を設定し、そちらに進むために有用となる情報を提供しながら、クライエントの挑戦を支えつつ伴走していく。認知行動療法ではクライエントの積極的参加が欠かせないことから、動機づけ面接の技法なども用いる。

❷見立て・ケースフォーミュレーション

見立て段階では、現在の問題や症状について行動指標や臨床尺度などを用いて評価を行うとともに、クライエントから得られた情報をもとにクライエントの問題を明確にしていく。このプロセスはケースフォーミュレーションとも呼ばれる。ケースフォーミュレーションでは、クライエントの主訴を具体的な生活・行動レベルで確認し、それに対して認知（信念や思い込みなど）や環境（自分以外の情報）が与えている影響について検討する（ミクロなケースフォーミュレーション）。また、そうした問題が現在までどのように発展していったのか、セラピストが理解できるように必要な情報を多面的に収集し検討する（マクロなケースフォーミュレーション）。たとえば、うつ病で休職している患者が「復帰ができない」と訴えているとしたら、復帰を考えているときや、上司

と相談している状況において、どのような考えが浮かんできているか、復帰への不安を訴えると周りはどのような対応をするか、「復帰ができない」と感じるようになるまでにどのような経過があったかなどを確認していく。確認した情報は図などを用いて解りやすく提示し共有する。

❸目標設定

目標設定の段階では、ケースフォーミュレーションに基づいてクライエントに必要と思われる情報を提供しながら具体的で結果が評価しやすい目標と、目標までの**作業仮説**が設定される。先に挙げたうつ病の事例において「職場復帰」が目標となる場合、認知の偏りの影響を確認するために「上司と面談しているときに浮かんできた思考を記録する」ことや、回避していた行動を行ってみるために「通勤に利用していた電車に乗る」ことなど、作業仮説とそれに基づいた具体的な介入方法が決定される。この段階でクライエントに必要な情報を提供することを**心理教育**といい、合理的な決定を行うためには必ず必要となる手続きである。

❹介入

介入の段階では、作業仮説や目標に対応して効果が期待される介入技法が実施される。認知行動療法には豊富な介入法が存在する（**表5-5**）。そのなかでクライエントと合意が得られた技法を面接のなかで行い効果について評価をする。介入に一定の効果が得られた場合、自宅などでも実施できるようホームワークを通して**般化**を促す。

認知行動療法の介入技法は認知に焦点を当てたものと行動に焦点を当てたものに分類できる。認知への介入としては、否定的認知を同定し、適応的な認知を発見することを通して感情調整を図る**認知再構成法**などがある。行動的介入としては、社会生活における適応的な行動の獲得を目指す**ソーシャルスキル・トレーニング**や、恐怖対象にあえて近づくことで恐怖への抵抗力を増やす**エクスポージャー法**などがある。ただし、

表5-5　代表的な介入技法

・心理教育	・エクスポージャー法
・モニタリング法	・問題解決法
・応用行動分析	・認知再構成法
・拮抗制止法	・マインドフルネス
・系統的脱感作法	・行動実験
・行動活性化法	・ソーシャルスキル・トレーニング
・主張訓練	・ペアレント・トレーニング

多くの技法は単純に認知か行動かに分類できるわけではなく、認知への働きかけが行動を誘発したり、行動することによって認知が変容したりと互いに影響しあっているのが実際のところである。

❺再発予防と終結

　介入により十分な効果が安定して得られるようになってきたら、セラピーの終結に向かい準備を行う。具体的には、これまで面接で学んだ内容を振り返り、①自身のリスクとなる状況や特性について確認する、②同様の出来事が起こったときの対処法について検討する。対処法についてはリハーサルなども行い、技術レベルで行えるかどうか確認をしておく。このような再発予防の手続きを経て、当初の主訴やそれと類似した問題にクライエントが対応できることが確認された場合、終結となる。

3　応用行動分析

Active Learning

心理療法ごとに、セラピストとクライエントの関係づくりのやり方にどのような違いがあるか調べてみましょう。

　応用行動分析はその名のとおり、行動を分析する科学といえるが、分析方法に特徴があり、個人の内面（たとえば、やる気や性格、能力など）ではなく、周りの環境に注目して、行動が起こっている原因や、行動のもっている意味を分析する。ここでいう注目すべき周りの環境とは、行動の直前と直後の状況であり、応用行動分析では、この周囲の環境の変化によって行動が形成されるという法則を利用することで、ヒトや動物の行動上の問題の解決を目指す。

1　応用行動分析の基本的な考え方——行動が起こる理由

　「行動」には「直前にきっかけ」がある場合があり、また「行動」の「直後の結果」が、その行動ののちの生起に影響を与えている。つまり、ある条件下で行動を起こしたことによって、行動の直後に本人にとって好ましい結果（メリット）が得られると、のちに似た条件下においてその行動は繰り返し起こりやすくなる。逆に、行動を起こしたことにより、その直後に本人にとって悪い結果が現れると、その行動は減少したり、起こらなくなったりする。このように直前の状況やきっかけ（Antecedent）、行動（Behavior）、直後の結果（Consequence）をアセスメントし、その関連性を分析することは、それぞれの英語の頭文字をとって ABC 分析と呼ばれている。

　ケア場面での ABC 分析の例を見てみると、施設内で入居者が繰り返

図5-3　ABC 分析の例

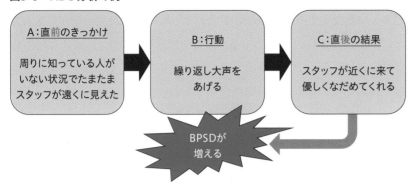

し大声をあげる行動障害の場合、

A（直前のきっかけ）：周りに知っている人がいない状況でたまたまス
　　　　　　　　　　　タッフが遠くに見えたときに
B（行動）　　　　　：繰り返し大声をあげると、
C（直後の結果）　　：スタッフが近くに来て優しくなだめてくれる。

ということがよくみられる。この例を ABC 分析の直前（A）と直後（C）
の枠組みに当てはめると**図 5-3** のようになる。

　これを見ると、「直前」のある状況下で（周りに知っている人がいな
い状況でたまたまスタッフが遠くに見えたときに）、行動を起こす（繰
り返し大声をあげる）ことで、「直後」に本人にとってよい結果が得ら
れている（スタッフが近くに来て優しくなだめてくれる）。自分の起こ
した行動によって、よい変化が得られているので、大声をあげるという
行動が繰り返されていることになる。

2 ABC 分析を用いたケア

　このような ABC 分析の結果から、直前（A）と直後（C）に大声の
原因があると考え、ケアとしては直前（A）や直後（C）の状況を変え
ることで、BPSD とは異なる望ましい行動（望ましい大きさの声や手
招き）が起こりやすくなるようなアプローチを検討する。

　つまり近くに話をしてくれる相手がいないということが、本人にとっ
て望ましくない状況になっていると考えられるため、この直前の状況を
変えるため、「大声の多い時間帯は、リビングや台所でスタッフと一緒
に過ごしたり、活動をしてもらう」という支援を行うことが考えられる。

また大声が起こった直後には、過度な対応は控えるようにし、一方で望ましい行動が生じた直後に、本人にとって好ましい状況を作り出してあげると（ねぎらい、話をする、お茶を提供するなど）、望ましい行動が繰り返し起こったり、持続時間が伸びたりすることにつながる。望ましい行動が起こっている時間が長くなるということは、必然的に大声が起こっている時間や起こる頻度が減ることにつながる。このように応用行動分析は、「行動」と「環境」に注目することで根拠に基づいて日常に改善をもたらすことができるため、子育てや教育、心理臨床、産業、医療、リハビリテーション、看護、介護などに幅広く役立てられている。

4 家族療法

　家族療法は 20 世紀初頭に始まり、1950 年前後以降にさまざまな考え方が出現して現代に至る。当時主流となっていた、個人を対象とする精神分析の理論では、家族と会うことは禁忌な行為であったが、現場の支援の必要性から家族と会う臨床家が存在していたことが背景にある。心理臨床家が個人単位で考えるのに対比して、ソーシャルワーカーが家族を一つの単位「全体としての家族（family as a whole）」と考えていたのが大きいといわれている。1960 年代後半になると家族を一つの体系つまり「システム」として捉えることが主流になり、現在ではシステム論的アプローチやシステムズアプローチと呼ばれている。

　専門職と利用者の一対一で面接が行われる個人療法、専門職と集団で面接が行われる集団療法、そして専門職が家族や夫婦と会う家族療法（夫婦療法）という区分がある。そのようななかで専門職が一人ではなく、複数でチーム体制で利用者に対応するのが家族療法では一般的である。また一対一の個人療法では、利用者をクライエントと呼称するが、家族を対象とする家族療法では家族内で問題があるとされた人のことをIP（Identified Patient：患者と見なされた人）と呼んでいる。

　1950 年代は家族療法が急激に発展した時期で、この時期は統合失調症のある患者の家族研究が盛んになった時期とも重なる。たとえば、1956 年にベイトソン（Bateson, G.）たちが提唱したダブルバインド仮説（二重拘束仮説★）は、その代表例である。

　精神分析家であったアッカーマン（Ackerman, N. W.）は、子どもに対する支援を主にしていたなかで、その有効性から母子合同面接を行

★ダブルバインド仮説
（二重拘束仮説）
二重拘束仮説は、統合失調症の発症の機序を解説する仮説である、言語や非言語という形式で、異なる意味合いのメッセージが示されるコミュニケーションが繰り返されるパターンを統合失調症を発症した患者の家族のなかに認め、患者となった人は相反するメッセージを受け取って混乱してしまい、統合失調症を発症してしまうのではなかろうかという仮説である。

うようになって精神力動的家族療法を発展させた。

ボーエン（Bowen, M.）は、**家系図（ジェノグラム）**を活用しながら精神的自立や自己分化に注目して家族成員を取り上げる多世代家族療法を創始した。

非行や摂食障害のある児童から青年期の人を主に支援していたミニューチン（Minuchin, S.）は、家族成員間の「境界」や心理的なつながりや関係である「連合」、そして家族成員間の力関係である「権力」に注目して家族の構造をアセスメントしたうえで、専門職が家族成員に溶け込もうとしていく「ジョイニング」をして介入を繰り返していく構造派家族療法を始めた。

臨機応変な対応を家族に対して行っていたウィタカー（Whitaker, C. A.）やサティア（Satir, V. M.）は、特に理論を打ち出すのではなく、臨床現場での柔軟な立ちふるまいや発想を大切にしながら家族成員の感情表出を促して、体験的家族療法の実践者と呼ばれている。

行動論的家族療法は、レスポンデント条件づけやオペラント条件づけなどという学習理論を個人ではなく家族支援に適用する方法である。

コミュニケーション派家族療法には、ベイトソンの影響を受けてイタリアで実践をしていたパラツォーリ（Selvini-Palazzoli, M.）によるミラノ派があり、専門家が家族に問いかけながら情報収集をして家族関係に関する仮説を立てて検証していく円環的質問法が知られている。

ほかにもベイトソンのダブルバインド仮説の論文の共同研究者であったウィークランド（Weakland, J. H.）とヘイリー（Haley, J. D.）が始めた心理療法が、コミュニケーション派家族療法に含まれ、それぞれMRI（Mental Research Institute）アプローチと戦略的家族療法と呼ばれている。この両者ともに家族に限定せず個人や組織に向けての実践を可能にしたアプローチである。

1990年以降は、ホワイト（White, M.）とエプストン（Epston, D.）のナラティヴセラピーが台頭してきた。ナラティヴセラピーは、社会構成主義の影響を受けており、個人が語る物語のなかには、問題が染み込んでいない物語（オルタナティヴ・ストーリー）が含まれており、それを引き出すような質問を投げかけたり、問題をあたかも実在するような形で取り上げて「外在化」したりして会話を行うことをする。

家族療法は、日本へは1980年以降に本格的に導入されて児童相談所や精神科領域、司法や学校現場での実践が拡がって現在に至る。最近は、**オープンダイアローグ**★に注目が集まっている。

★**オープンダイアローグ**

オープンダイアローグは、フィンランドで始まり、専門職集団と利用者とその家族など関係者が利用者の自宅に一堂に会して、統合失調症といった精神疾患などの症状が落ち着くまで、誰もが公平な立場でざっくばらんに対話をする機会を何日も何回も集中してもつ形態が大きな特徴である。

5 ブリーフセラピー

　ブリーフセラピーでは、何年にも及ぶことが多い心理療法のやり方を見直して現実的な生活のなかで少しでも短い期間で支援を終え、利用者が自立して日々を過ごすことを支援する立ち位置で専門職がかかわっていく。催眠療法家であったエリクソン（Erickson, M. H.）の実践と文化人類学者であるベイトソンの認識論に影響を受けた実践家が、できる限り短い期間で成果を生み出そうと効果的で効率的なアプローチを希求して生まれた心理療法である。家族療法にも含まれている戦略派、MRI、そして解決志向アプローチ（Solution Focused Approach：SFA）が代表的なモデルといわれている。ちなみにブリーフサイコセラピー（短期心理療法）という用語があるが、こちらは、ブリーフセラピーだけでなく、精神分析や行動療法など心理療法のアプローチを問わず実践を行うなかで短期間で効果的でかつ効率的なやり方を目指そうとする臨床哲学をもった心理療法の総称を指している。

　家族療法の項で少し言及してあるが、ベイトソンのダブルバインド仮説の論文の共同研究者であったヘイリーとウィークランドがかかわった家族療法は、コミュニケーション派家族療法に含まれている。ウィークランドは、ジャクソン（Jackson, D.）やワツラウィック（Watzlawick, P.）、ヘイリーらとともに MRI と呼ばれる研究所の一員で、家族をシステムと捉えたうえでコミュニケーションのパターンに注目した家族支援の実践を始めた。

　MRI の特徴は、問題を維持している家族システムを行動面（言語・非言語を含んだコミュニケーションと行為）と認知面から分析した点である。問題の原因は過去にあるのではなく、家族内のコミュニケーションパターンが変わること、つまり各家族成員の問題に対する認識が変われば、行動が変わり、家族内で新しいルールや構造が生まれて、家族内に新しく変化が生じることで問題が変わっていくと仮定した。その変化を引き起こすため、面接中に専門家が家族に向けた課題（指示）を提示して次の面接までに試してきてもらって、その報告から効果を測るという面接形態を取った。提示される課題は、エリクソンの実践にヒントを得ており、時には「問題を維持するようにしなさい」と逆説的な介入を行うこともあった。

　MRI から離れたヘイリーは、エリクソンだけでなく MRI の実践と構

造派家族療法を行っていたミニューチンの実践をも参考にして戦略的家族療法を始めた。戦略的家族療法は、問題とされた症状がもつ機能に注目して、家族が恒常的な状態を維持しようとするホメオスタシスがどのように機能不全を起こしているのかを取り上げたり、子ども世代と親世代、時に祖父母世代といった家族内の世代階層と**家族ライフサイクル**と呼ばれる家族が移行していく発達段階を考えたり、それら家族システム内外の相互作用のパターンを念頭に置いて介入（たとえば、メタファー、試練、意味づけを変えるといった戦略的介入がある）を行うことで、家族の一部の変化が家族全体の変化を促すと想定している。

　SFA は、シェイザー（Shazer, S. D.）とバーグ（Berg, I. K.）を中心に展開した。彼らは問題となった過去の原因を追及するよりも、よくなった状態を積み上げていくことを未来に向けて進めることが利用者に資すると考えた。

　たとえば、**ミラクル・クエスチョン**は、面接が展開した頃に「夜中寝ているときに奇跡が起きて、朝目覚めたときに何もかも解決していたとします。それは、今までとはどのように違っているのか、どのように解決したと気づくのか、誰が気づくのか」などと詳細にかつ慎重に質問して解決した状態を利用者から引き出す工夫をする。

6 ▶ 動作法

1 成り立ち

　動作法※は、「脳性麻痺」のある人の不自由な身体の動きを改善するために、成瀬悟策が創始した「心理リハビリテイション」という支援プログラムにおける援助技法として開発されてきた。「心理リハビリテイション」は、次の五つのプログラムから構成されている。

　❶動作法、❷クライエントへの集団療法、❸クライエントの生活態度等の支援、❹保護者への支援、❺セラピストに対する助言・指導などである。このプログラムの中心となる方法が動作法である。

2 動作とは

　特に障害がない人は、無意識的に立ち上がり歩いている。また相手と握手するときにも無意識的に手を伸ばし相手の手を握っている。しかし、このような身体の動きは無意識的ではあるが、実際には「立ち上が

★動作法
動作法における留意点は以下のとおりである。
①動作法は動作課題を通してクライエントとかかわる。援助の過程においてクライエントの身体に触れることもあるので、クライエントの同意など倫理的配慮を十分に行う。
②動作法を実施する際は、一定の研修とスーパービジョン（指導）を受ける。

ろう」「手を伸ばして握ろう」という「意図（意思）」がある。ただ、そのように思えば立ち上がれたり、手が伸びるのではなく、自分で何らかの「努力」を行っており、その結果として立ち上がったり、手を伸ばすことができる。このように身体を動かそうとする「意図」があり、動かそうとする「努力」が行われ、そして実際の身体運動が実現される。この一連のプロセス全体を「動作」という（図5-4）。

　しかし、脳性麻痺のある人は、立ち上がろう、手を伸ばそうとする「意図」があっても、自分の思ったようには立ち上がったり、手を伸ばすことができない。それは、「意図」したように動かす「努力」の仕方が習得できていないと同時に、不必要に身体に力を入れてしまうからであり、さらに焦って過度の筋緊張が生じることにもなる。

　同様に特に障害がなくても大勢の人の前で話そうとするときには心理的に緊張し、口ごもったり、つっかえたりなど、いつものように普通には話せない。これは、顔・口・舌などの身体の緊張が過度になり、うまく口や舌を動かせないからである。すなわち、心理的な緊張と身体の緊張とが強く関係しており、動作は「努力」の仕方や心理的緊張と深くかかわっている。人の身体は、いつも同じような姿勢や動作をしているとその姿勢や動作で使っているような筋緊張が固定化してしまい、身体が硬くなってくる。そうなると身体を思ったように動かせなくなり、ときには筋緊張の強い部分に痛みを感じたりするようになることもある。

　脳性麻痺のある人は自由に動作をすることができないので身体のさまざまな関節部位に強い筋緊張のある人が多く、身体の硬さを緩めるための「リラクセイション」が必要になる。さらに、障害のない人でもさまざまなストレス（緊張場面）に向かっていると無意識的に肩や背中などに筋緊張が入るため肩や背中が硬くなり、肩こりなどを起こす。このような場合も「リラクセイション」が必要となる。そして、動作法では「リラクセイション」に基づき、適切な動作ができるような「動作課題」による支援を行うことになる。

図5-4　動作図式

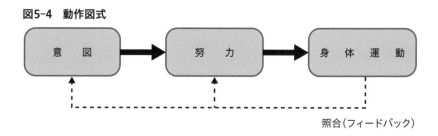

照合（フィードバック）

表5-6　動作法の課題

躯幹部位リラクセイション課題	「躯幹のひねり課題」ともいわれる。クライエントは側臥位の姿勢をとり、上体を後ろに回すように、躯幹部をひねる方向に身体の緊張を緩める。セラピストはクライエントが緩められるように援助する。
肩の上げ下げ動作課題	あぐら座位またはいす座位で上体を真っすぐにして、肩をゆっくりと上げ（力を入れ）、ゆっくりと下げる（力を抜く）。
腕上げ下げ動作課題（いす座位、仰臥位）	腕を真っすぐに伸ばして肘が耳に着く位までゆっくり上げて、いったん止めてからゆっくり下げる。
座位での上体の前屈課題	あぐら座位・いす座位で上体を真っすぐにしつつ上体を前に倒していく。
立位での「踏みしめ」「重心移動」課題	膝、上体、頭が一直線になるように真っすぐに立ち、足の裏全体に体重が乗るようにする。次に、重心を一方の足に移動させて真っすぐに立つようにする。

3 動作法の適用

　動作法は、「臨床動作法」として脳性麻痺のある人のみでなく、発達障害（ADHD（Attention Deficit Hyperactivity Disorder：注意欠如多動症）、ASD（Autistic Spectrum Disorders：自閉スペクトラム症）など）のある人、うつ病のある人、高齢者の健康維持など福祉、教育、医療・保健などの領域における心理的支援を要する人への援助法として適用されている。

❶脳性麻痺のある人への適用

　上述したように、脳性麻痺のある人は自分の意図どおりに身体を動かすことが難しいのは、「努力の仕方」が適切でないといえる。したがって、どの部位にどのように力を入れるのが適切かということが実感できるように援助する。しかし、筋緊張も強いことがあるので必要な身体の部位のリラクセイションも同時に行う必要がある。

❷発達障害のある人への適用

① 　ADHDのある人は、一つの物事への取り組みや注意を持続することの困難さや多動性がある。動作を通した一対一の動作法場面では、クライエントは他者（セラピスト）に対して注意を向けながら課題を遂行するので、他者に対する注意の集中が持続するようになってくる。また自分の身体の楽な感じ、あるいは嫌な感じ、いらいらした感じなど自分の気持ちにも気づくようになる。

② 　ASDのある人は、他者との関係性をもつことの困難さ、特に言葉で他者とやりとりすることは難しいことが多いので、動作法では身体の動き（動作）を通したやりとりができるように働きかける。動作法

の課題はセラピストによって動作で伝えられ、クライエントがその課題を動作で行うのでセラピストとクライエントがともに同じ課題を行うという共有感をもち、動作を通したコミュニケーションが可能となる。

❸うつ病のある人への適用

うつ病のある人は、頭痛、肩こり、不眠があり、1か月ほど休んで、仕事に復帰すると、仕事は何とかやれるが、寝た気がしない、頭が痛いし肩こりもよくならない、などの訴えがある。動作法では、動作課題を通して、リラクセイション体験（筋緊張が緩み心理的にも楽になる体験）や自分の身体の感じが明確になるようにゆっくりとした動作を通して自分の気持ちや身体の実感を得るような課題を遂行する。動作課題としては、首・肩のリラックス体験のための「肩の上げ下げ課題」、自分の身体や気持ちに向き合える「腕上げ課題」などが適用される。

❹高齢者の健康のための適用

高齢者の多くは、加齢に伴い背が曲がり膝や腰が曲がるなど姿勢に変化がでてくる。これは、それぞれの部位の筋緊張がなかなかとれなくなり、身体が「硬くなる」状態である。このため、さらに身体が自由に動かず、硬い部位に痛みを感じるようになる。高齢者が健康であるのに身体を動かすことが難しい状態は、脳性麻痺のある人と同じような状態と考えられるので、「リラクセイション課題」や「動作課題」が適用される。

7 対人関係療法

■1 対人関係療法の概要と特徴

対人関係療法は、クラーマン（Klerman, G. L.）やワイスマン（Weissman, M. M.）らにより1969年にうつ病の心理療法として開発された。対人関係療法は、以下の四つの特徴をもつといわれる。

一つ目は期間限定の短期療法として開発されていることで、たとえば、うつ病に対する対人関係療法では12～16回で行われることとなっている。

二つ目は現在の人間関係に焦点を当てるということで、過去の経験や人間関係は情報として聴取は行うが、セラピーの焦点とはしない。

三つ目は「医学モデル」をとるということで、これはクライエントは病気にかかっており、それは治療可能であると考えることを示してい

表5-7 四つの問題領域

悲哀	重要な他者の死
不和	重要な他者との役割期待の不一致
変化	重要な他者との関係が変わるような生活の変化
欠如	他者との親しい関係がない。孤独

る。また、クライエントは病気のある者としての役割をもっていると考え、病気の原因について仮説を立てない。

四つ目は治療戦略として、対人関係上の四つの問題領域(悲哀、不和、変化、欠如)を定めていることであり(**表5-7**)、このなかから一つか二つを選んでセラピーが進められることとなる。対人関係療法は豊富な臨床研究に基づいたエビデンスが蓄積されており、成人のみならず青年期や高齢者、周産期女性のうつ症状、双極性障害、過食、社交不安症、心的外傷後ストレス障害(PTSD)などで効果があることが明らかになっている。

Active Learning

利用者の日常生活支援の場に心理療法のエッセンスを取り入れるとしたとき、どのように取り入れられるか考えてみましょう。

2 対人関係療法の手続き

対人関係療法は大きく初期・中期・後期に分かれる[2]。以下にその時期に取り組むセラピーの内容について概説する。

❶初期

① 病歴の聴取と「病人としての役割」の付与

通常の病歴聴取と同じく、既往歴や家族歴、併存障害などの情報を聴取してアセスメントを行う。また、病歴聴取の結果、クライエントが「病者の役割」に値する病気をもっていると判断されれば、「病者の役割(病人として休養をする必要があるなど)」を果たすように丁寧に説明する。また、薬物療法の必要性についても評価する。

② 対人関係質問項目を聴取する

対人関係療法では対人関係のアセスメントが重要になる。そのため、クライエントにとって重要な人間関係についての詳細をセラピストの納得がいくまで聞き出すことが求められる。具体的には、関係性についての物理的な情報(接触頻度や共通の趣味など)を聞き、その関係の満足できる側面と満足できない側面を確認する。

③ 主要な問題領域の特定と治療契約

発症や問題発生当時の情報と発症のきっかけとなったライフ・イベントを見つける。対人関係質問項目とライフ・イベントの聴取に基づいて

主要な問題領域を決定する。四つの問題領域のうち一つか二つを決定する。問題領域について合意を得たのち、治療契約を結ぶ。

❷中期

① 決定した問題領域に取り組む

初期の取り組みで明らかになった対人関係の四つの問題領域に取り組む。その際、対人関係問題と症状の関連づけを意識し、対人関係の出来事とうつ病や不安症などの関連を理解するように導く。

② 大きな感情を伴った出来事について話しあう

関連づけができるようになったら、症状と最も関連があると考えられる出来事について詳細に話しあう。出来事の詳細、そのなかでクライエントが感じた気持ち、下した評価などを話しあう。

③ クライエントの成功をサポートし、上手くいかなかったことの理解を助ける

詳細に聞き取るなかで語られたクライエントの成功体験を分析し、なぜそれが上手くいったのかについて確認することを通して再現可能なものにしていく。逆に上手くいかなかった場合には、クライエントが求めていたことは何だったのか、ほかに取り得る選択肢はどのようなものがあったか等を振り返り、理解を助ける。

④ 問題への結びつけとロールプレイ

これまでの検討で得られたパターンを、セラピーで取り組んでいる問題領域に結びつける。選択肢の検討を行い、今後同様の問題が起こったときにどのように対処できるかについてロールプレイを通して確かめていく。

❸後期

① 変化を振り返る

後期では終結を見越してセラピーを進めていく必要がある。そのなかで最も重要なことは、セラピーのなかでクライエントが何を得たのか、どのような変化を体験したのかを確認することである。体験した変化や得られたスキルについては紙などに箇条書きで書き出してもらい、それをもとに振り返りを行いながら、自身の変化を確認し、今後同様の問題が起こったときの対処方略について検討を行う。また、近い将来に起こりそうな問題とそれに対する再発予防について話しあう。

② 終結に関する気持ちを扱う

短期療法とはいえ、セラピーの終結は一つの人間関係の喪失であり、悲哀のときとなる可能性がある。一時的に症状が悪くなることもある

が、それは自然な現象であることを伝え、これまで行ってきたことを利用して喪失の問題に取り組む。

③ 無反応や部分的反応の場合には、維持療法や追加の治療について話しあう

定められた回数を行っても十分な反応が得られなかった場合には、そのことについて話しあう。追加治療が必要な場合には、その選択肢を提示したうえでどのような対応が望ましいかについて検討を行う。しかし、このような場合でも期間限定の枠組は崩さないことが重要である。

8 プレイセラピー

1 プレイセラピーの理論

プレイセラピー（Play therapy）は、特に子ども家庭福祉領域の施設や機関でよく行われる臨床技法である。原則として子どもを対象とするが、大人を対象とすることもある。さまざまに設定された遊びを主な手段として行われる心理療法を総称している。日本語では、遊戯療法と呼ばれることもあるが、プレイセラピーという呼び名が一般化している。

プレイセラピーの基本理論としては、アクスライン（Axline, V. M.）のプレイセラピーの8原則がある。ロジャーズ（Rogers, C. R.）の来談者中心療法の考え方を導入したものである。8原則とは、最小限の制限を行ったうえで、子どもの自由と意思を尊重するセラピー過程である。以下の8項目は、セラピストの基本的態度の原則として提唱したものである。❶ラポールの形成、❷あるがままの受容、❸許容的な雰囲気づくり、❹情緒の的確な察知、❺子どもに自信と責任をもたせる、❻非指示的な態度、❼治療がゆっくり進むことを理解する、❽必要な制限は与える、の八つである。

また、精神分析の立場から、アンナ・フロイト（Freud, A.）とクライン（Klein, M.）が子どもに児童分析を含む精神分析を応用した。ボウルビィ（Bowlby, J.）のアタッチメント理論の構築にも影響を与えたアンナ・フロイトは、プレイによって構築される関係性を強調し、その確立を促すことで、子どもの自我を強化し、発達を促進すると考えた。また、クラインは、アンナ・フロイトの精神分析の考えに基づいて、子どもの遊びそのものを分析の対象とし、子どもの遊びが大人の自由連想と同様に解釈されることを強調した。これらの理論を包括的に活用して

いるのが実際のプレイセラピーの臨床現場であろう。

2 プレイセラピーにおける支援技法

プレイセラピーには、非言語的側面と言語的側面がある（**表5-8**）。これらは、多くのプレイセラピーで共通してみられる具体的な技法であるが、どのように使用されるかは、子どものニーズやセラピストの理論的な方針により異なる。

3 プレイセラピーの実際と対象

プレイセラピーの対象となるのは、幼児から児童までが中心であるが、青年、そして、大人全般も対象となる。**絵画療法**や**コラージュ療法**などのアートセラピー、**箱庭療法**などが活用されることが多い。また、トランプ、将棋、ウノ、オセロなどのゲームも、プレイルーム内でよく活用される。ほかに、部屋の中でもできるボーリングセット（小さなピン10本と固くないボール）、ボードゲーム、ぬいぐるみ、積み木、トランポリン、ボールプールなどがある。時間は、通常週1回50分から60分で実施されることが多いが、年齢が高くなってくると言語面接と併用し、プレイセラピーそのものの時間は短くすることもある。プレイセラピーをするプレイルームは多くの子ども家庭福祉施設・機関で用意されている。

4 プレイセラピーでの配慮

プレイセラピーでは、枠組みが重要となる。プレイルームの場所のしつらえにまず配慮する。適度な広さとともに、安全が保たれるように配慮する。遊具などは、大きなものはそのまま置き、細かな遊具は、引き出し等に収納して、必要に応じて取り出すことができるようにする。遊び道具は、子どもたちの「遊び」を引き出すので、どのような遊具をあらかじめおいておくか、また使用するかは、十分なアセスメントを必要とする。

また、遊具の取り扱いについて、危険な行為があった場合は、関係性に配慮しながら、互いの安全感の確保のため制限を加えることもある。これを**リミットセッティング（限界設定）**という。まれではあるが、遊具を壊したり、セラピストに向かって物を投げたりするなどの危険な行為をすることがある。危険な行為に対しては、しっかりと制止をしなければならないが、そうせざるを得ない子どもの気持ちの制止をしてはな

表5-8　非言語的側面と言語的側面

非言語的側面
・セラピストの場所の設定（横に位置する、正面、後ろ等）
・姿勢・表情（子どもに安心感が伝わるようなゆったりとした姿勢、目線を子どもに合わせる、前かがみなど関心が向いていることがわかる姿勢、穏やかな表情、状況に応じた表情の変化等）
・子どもの感情や関心に波長を合わせたふるまい、子どもの行う繰り返しの尊重（1回1回の子どもの変化に注目）
・子どものしぐさ・立ち位置などをまねてみて子どもの内的世界を共有する、一緒に楽しむことで子どもと楽しさを共有し、周り（セラピスト）を楽しくできているという有用感の獲得を促す

言語的側面
・言語的応答の提供の仕方への配慮（状況や子どもの行動の実況中継、できたことを具体的に褒める）
・子どものなかの変化に注目し言語化して共有する
・子どもの感情の言語化と共有
・子ども独自の感性や気づきの尊重
・創造的活動に気づき増幅する
・子どもの意思を尊重し、命令口調にならないよう配慮する

らない。行動の背景を慮ることそのものが支援の要点である。このような行為が、セラピストとの関係性を反映し、また、子どもの内的世界を表出しているといえる。たとえば、被虐待児が置いてあったぬいぐるみをいきなり投げつけてきたり、ぬいぐるみを叩いたり、上に向かって高く放り投げ、落ちたぬいぐるみをそのままにして拾わないなどがある。セラピストは、そのたびごとに、「クマさん、痛い、痛いだね」と言いながら、拾ってあげる。このような行為の繰り返しのなかで、子どもは、ぬいぐるみへのかかわりを変えていくことが多い。体験的な変化が促されるのである。

◇引用文献
1）熊野宏昭「認知行動療法」日本認知・行動療法学会編『認知行動療法事典』丸善出版，pp. 2-5，2019.
2）水島広子『臨床家のための対人関係療法入門ガイド』創元社，2009.

◇参考文献
・日本家族研究・家族療法学会編『臨床家のための家族療法リソースブック――総説と文献105』金剛出版，2003.
・鈴木伸一・神村栄一『レベルアップしたい実践家のための事例で学ぶ認知行動療法テクニックガイド』北大路書房，2013.
・遊佐安一郎『家族療法入門――システムズ・アプローチの理論と実際』星和書店，1984.
・東豊『新版 セラピストの技法――システムズアプローチをマスターする』日本評論社，2019.
・宮田敬一編『ブリーフセラピー入門』金剛出版，1994.
・岡本浩一・長谷川明弘編『パワハラ・トラウマに対する短期心理療法――ブリーフセラピー・臨床動作法・NLPの理論と実際』春風社，2019.
・P. ディヤング・I. K. バーグ，桐田弘江・玉真慎子・住谷祐子訳『解決のための面接技法 第4版――ソリューション・フォーカストアプローチの手引き』金剛出版，2016.
・Axline, V. M. Play Therapy : The Groundbreaking Book That Has Become a Vital Tool in the Growth and Development of Children, Ballantine Books : Reissue, 1981.
・Beck, J. S., Cognitive behavior therapy : Basis and beyond, second edition, The Guilford Press, 2011.（J. S. ベック，伊藤絵美・神村栄一・藤澤大介訳『認知行動療法実践ガイド：基礎から応用まで 第2版――ジュディス・ベックの認知行動療法テキスト』星和書店，2015.）
・Weissman, M. M., Markowitz, J. C., & Klerman, G. L., Comprehensive Guide to Interpersonal Psychotherapy, Basic Books, 2000.（M. M. ワイスマン・G. L. クラーマン・J. C. マーコウィッツ，水島広子訳『対人関係療法総合ガイド』岩崎学術出版，2009.）

● おすすめ
・東豊『DVDでわかる 家族面接のコツ（1）夫婦面接編』遠見書房，2012.
・水島広子『対人関係療法マスターブック――効果的な治療法の本質』金剛出版，2009.

第 **4** 節　心理の専門職

学習のポイント

- 心理職の代表的な資格と業務および専門性について理解する
- 多職種連携における心理職の役割を理解する

1 心理援助に関する資格

1 臨床心理士

　学会や資格認定団体等が独自に認定する心理学関連の民間資格は数多く存在しているが、そのなかでも社会的認知度の高い資格の一つが、公益財団法人日本臨床心理士資格認定協会（以下、認定協会）が認定する**臨床心理士**である。この臨床心理士は、認定協会が定める指定大学院等において所定の単位を修め、その後認定協会が実施する試験に合格した者が取得することのできる資格であり、2019（令和元）年現在3万人を超える有資格者がさまざまな職域において活動している。

　臨床心理士の歴史は古く、認定協会が発足し、資格の認定がスタートしたのは1988（昭和63）年であった。目に見えない部分も含め、個々の事例の心の全体にかかわる専門職として、特に1995（平成7）年のスクールカウンセラー制度の導入以降、社会的認知が広まった。

　臨床心理士の業務は、❶臨床心理査定（アセスメント）、❷臨床心理面接、❸臨床心理的地域援助、❹調査・研究の大きく四つに大別される。

❶　臨床心理査定（アセスメント）とは、心理検査や面接を通じて、個々のクライエントの特徴や問題点などを明らかにし、その後の援助の方向性や方法を検討するものである。

❷　臨床心理面接は、臨床心理士の最も中心的な専門行為とされ、クライエントの特徴や抱えている問題に応じて、さまざまな臨床心理学的技法（第5章第3節参照）を用いた支援が提供される。

❸　臨床心理的地域援助には、地域で対人援助に当たる他の専門職への助言（コンサルテーション）やクライエントの所属する組織への専門的なかかわり、心の健康問題に関する地域住民への普及啓発活動などが含まれる。

ソーシャルワーカーと心理の専門職が支援の場で連携するために、どのような役割分担がよいか考えてみましょう。

❹ 調査・研究は、❶〜❸に関連した調査研究の実施であり、定量的な調査研究と同時に、事例研究の実施にも重きが置かれていることが一つの特徴である。

なお、臨床心理士には、資格取得後も自己研鑽を続けていくための仕組みとして資格の更新制度があり、有資格者は一定の研修や学会等への参加を条件に5年ごとに資格を更新する必要がある。

2 公認心理師

公認心理師は、日本で初めての心理職の国家資格であり、2018（平成30）年の9月に第1回の資格試験が実施された。受験資格を得るためのルートはいくつかあるが、基本的には大学および大学院において必要な科目を履修するか、大学において必要な科目を履修したうえで定められた施設において一定期間実務に従事することが基本ルートとなる。

2015（平成27）年9月に成立した公認心理師法（2017年9月施行）では、公認心理師は「保健医療、福祉、教育その他の分野において、心理学に関する専門的知識及び技術をもって」、四つの業務を行うことが定められている。これら四つの業務は、先に示した臨床心理士の業務とほぼ重複しているが、公認心理師の業務には調査研究が含まれていない。

また、公認心理師法第42条には、上記業務に際して関係者との連携を密接に保つことや、クライエントに主治医がいる場合には、支援を行う際に当該主治医の指示を受けなければならないことが明記されており、臨床心理士に比べて多職種連携に重きが置かれた資格であるといえる。

★四つの業務
公認心理師の業務には以下の四つがある。
①心理に関する支援を要する者の心理状態を観察し、その結果を分析すること。
②心理に関する支援を要する者に対し、その心理に関する相談に応じ、助言、指導その他の援助を行うこと。
③心理に関する支援を要する者の関係者に対し、その相談に応じ、助言、指導その他の援助を行うこと。
④心の健康に関する知識の普及を図るための教育および情報の提供を行うこと。

2 公認心理師の専門性と支援モデル

公認心理師は臨床心理士と比べて、より広範な心理学の知識やそれに基づく技術に関しての専門性を有する資格であり、その代表的な支援モデルとしては、精神医療や精神保健領域で働くほかの専門職と同じく、生物心理社会モデル（bio-psycho-social model）が採用されている。実際、公認心理師法における公認心理師の定義には、「心理学に関する専門的知識及び技術」をもつことが明記されていることに加え、公認心理師法施行規則で定める大学および大学院で履修が必要な科目の一覧を見ると、臨床心理学だけでなく、より広範な心理学領域の科目や医学、

福祉学、関係行政論といった関連領域の科目が数多く含まれている。

第6章

ソーシャルワークと
心理学

　この章のねらいは、これまで学んできた心理学の諸概念
と考え方を、実際のソーシャルワーク場面でどのように活
かしていくのかを学ぶことである。各節では、事例を取り
上げ解説をしている。自分がその現場にいると想像して事
例を読み、まず自分だったらどう考え、どうかかわるかを
考えてみる。そのうえで解説を読み、どのようにその事例
を理解でき、支援方法が導き出されていくかを実感する。
さらに、これまで学んできた心理学の理論や概念を振り返
り、理解できていない点があったら、各章に戻って、理解
を深めていく。本章が取り上げているテーマのほかにも、
ソーシャルワークの対象領域はきわめて多岐にわたってい
る。ほかのテーマを自分で設定してさまざまな事例を調
べ、それらの具体的な実践を通して学びをさらに深める。

第1節 子ども・家庭福祉

学習のポイント
● 子どもを施設に預ける保護者の心理面に配慮する意義がわかる
● 保護者との信頼関係を築いていく過程がわかる

1 事例

事例

　Aさん（29歳、女性）は、B君が2歳の頃に離婚し、それ以来、ひとり親家庭で仕事と子育てに追われていた。非正規雇用であり、収入は児童手当と児童扶養手当を含めると手取りで16万円程度しかなかった。また、友人の女性の連帯保証人を引き受けたことで、借金を抱えてしまった。自分の母親との関係も悪かったため、頼れなかった。経済的にも心理的にも子育てに限界を感じていた。B君が5歳のときに、児童養護施設への入所に同意した。施設入所理由は経済的困難とネグレクトであった。

　施設入所後、しばらくしてからAさんとB君の施設での面会が始まった。家庭支援専門相談員は親子の面会の前にAさんとの面接を設け、B君がどのように過ごしているのかを伝えた。また、B君は毎日幼稚園に登園できており、幼稚園で必要な物は施設で購入するので金銭面での心配はいらないことを伝えた。また、Aさん自身の近況を必ず聞いた。挨拶から始まり、日常の些細なことを語れるように質問を行った。そして「お子さんと離れて寂しくはありませんか」とAさんの気持ちを語れる質問を行った。Aさんは「寂しいです」とは言わなかった。その代わりに申し訳なさそうに「お世話になります」と語った。家庭支援専門相談員は「ここにいる間のお世話はお任せください。ただ、私自身もB君を育てるのは初めてのことなので、お母さんから教えていただきたいと思っています。よろしくお願いいたします」と伝えた。

　面会は定期的に行われ、送迎時の**生活場面面接**や面会前に面接室

★生活場面面接
利用者が生活する場において行われる支援方法である。プライバシーの守られた面接室において時間を決めて行うのではなく、食事場面、送迎場面などの生活場面において行われる。

での短時間の面接を行った。その度にＡさんには施設で暮らすＢ君の近況を伝え、Ｂ君に対するＡさんの思いを語ってもらった。Ｂ君が施設生活にも慣れた頃、一泊の週末帰省が開始された。送迎時に「だめでしょう」とＡさんがＢ君を叱ることが目立つようになった。あるとき、Ａさんは「あの子がいうことを聞かないときは、たたいて叱ってください。私もそう育てられた」と語った。家庭支援専門相談員は「確かに、叱ることは大事ですね。でも、叱り方は工夫できますね」と言った。

　Ａさんは、ひとり親家庭であったために、親と楽しく食事をした記憶があまりなかった。Ａさんは得意ではない手料理をＢ君につくった。しかし、Ｂ君が野菜を食べ残したため、つい大声で「食べなくていい」と言って流しに捨ててしまった。さらにＢ君の態度を見ていると、気持ちが高ぶって「施設で暮らせばいい」と言ってしまうこともあった。家庭支援専門相談員はこのような態度を示すＡさんの養育における不適切さを感じながらも、一方で、自分自身にもＡさんと共通する態度があるのではないかと考えた。家庭支援専門相談員は「Ｂ君から拒否されたときに、Ｂ君から責められているようで、自分を否定されたという気持ちがあったのかもしれませんね」とＡさんに言語化しにくい気持ちがあったことを確認した。Ａさんは、「そうかもしれません。自分が責められているような気持ちでした」と語った。続けて家庭支援専門相談員は「ＡさんはＢ君に食べて欲しかった。食事を通してＢ君を大事にしたいという気持ちを示したかったのですね。そして、今はＢ君がおいしく食べられる料理をつくる練習をしているのですね」とＡさんの気持ちと状況を明確化した。

　このように家庭支援専門相談員は、Ａさんの生い立ちを理解しようと努めた。

2　施設入所児童の保護者への支援

1　安全かつ安心できる関係

　事例のような場合、保護者が施設の養育が安全でかつ安心できるものであることを理解できるように生活の事実が伝えられる。

これは、入所児童の自立支援の観点から有効な支援と考えられる。B君のような入所児童が安全でかつ安心して養育されているということは、自立支援の根幹である。また、入所児童が安全でかつ安心して育てられているという事実は、保護者を安心させる。保護者は安心できると、施設に対して信頼を高める。施設を信頼することによって、養育に関する助言や指導を受け入れやすくなる。

2 保護者の傷つきへの共感

事例のような場合、入所児童の支援を通して、日常の些細なことを保護者が語れるような質問が行われる。また、保護者の気持ちに関する質問が行われ、親子分離の傷つきに焦点が当てられることもある。

児童養護施設における保護者支援では、親子分離に伴う親自身の傷つきをケアするという考え方は一般的ではないかもしれない。しかし、親自身の傷つきに焦点化することで、「子どもを預けざるを得なかった親」という認識を支援者がもてる可能性がある。このような認識は保護者への共感的理解によって得られる。支援者が保護者に共感するためには、保護者の具体的な生活や養育のエピソードを傾聴する必要がある。このような支援のプロセスから得られた共感的理解を、施設全体で共有することで、入所児童と保護者を支える雰囲気を作り出すことができると考えられる。ただし、支援者が保護者に共感できないこともある。そのような場合は、ケースカンファレンスやスーパービジョンによって保護者と自分との関係性を評価するとよい。

3 関係性の調整

事例のような場合、保護者は「施設に世話になる」という気持ちがあることが多い。施設は入所児童を養育していることもあり、意図せずとも保護者に対して権威的役割を担うことがある。つまり、施設と保護者が上下関係のようになることがある。この関係が固定化すると、保護者は施設に養育を任せてしまい、養育の場から身を引いてしまうことがある。したがって、保護者支援においては、保護者とできるだけ協働的な関係を構築することが重要である。

協働的な関係を構築する方法は、事例のような場合、いったんは施設が養育の責任を引き受けつつも、子どもの養育のことで保護者に教えてもらいたいと伝えることである。これは「子どもの養育については保護者のほうが詳しい」という保護者を親として尊重する姿勢と考えられる。

このようにして、上下関係の固定化から協働的な関係へと調整するのである。

これらの過程は、ミニューチン（Minuchin, S.）が述べているジョイニングである¹⁾。保護者支援において支援者は、保護者と直接的な関係をもとうとして質問などを行う。また、支援者がジョイニングをうまく行うために、支援者自らの権威的な役割を調整する。

4 生い立ちを理解したうえでの関係性のリフレーミング

施設職員は、「たたいて叱る」ということを安易に肯定できない。なぜなら、児童虐待の防止等に関する法律で体罰は禁止されている。また、体罰の効果は少なく、一時的であるとされている²⁾。しかし、体罰によるしつけを否定するだけでは対立を深め、有用ではない。事例では、Ａさんのいつものやり方を「叱ることは大事」と受け止めたうえで、「でも工夫ができる」と、Ａさんが認知していること以外についてほのめかした。そして、Ａさんの体験の正しさに関する確信をぐらつかせようとした。このような方法は、ミニューチンの「Yes、But（はい、しかし）³⁾」である。しかし、Ａさんは家庭支援専門相談員のほのめかしに同意しなかった。なぜなら、Ａさんは体罰によるしつけを受け、Ａさん自身も体罰によるしつけを行ってきた。事例のような場合、保護者の生い立ちや生活の実態を共感的に理解することが求められる。

保護者との支援関係を深めていくと、「家庭環境がゆえに早くから自立することを強いられ、子ども特有の自己主張を十分に受け止めてもらえないまま成人したのではないか」「被害的認知の背景には傷つくことへの恐れがあり、その恐れから無意識的に逃れるために怒りが生じているのではないか」といった理解が得られることがある。

このような生い立ちのある保護者の親としての機能を高めるために、支援者は、生活の事象を通して立ち現れてくる、保護者自身の傷つきやそのときの本当の気持ちが何かを代弁するつもりで親子関係を「リフレーミング」する。具体的には、事例の場合、「食事を食べてもらえないだめな母」ではなく、「子どものことを思う母」や「料理の練習中」という見方ができると考えられる。リフレーミングとは「家族メンバー

---

i 〔Salvador Minuchin〕1921-2017. 構造的家族療法〔Structural Family Therapy〕の創始者。家族療法における第1世代。多くの理論的・実践的貢献を行った。構造的家族療法の開発と普及に特化した「The Minuchin Center for the Family」を開所している。

の症状や行動について、家族がラベルしている言葉を言い換えるなどして、家族が、それまで見ていたものの意味が変化し、家族に文脈の変化を引き出す方法[4]」である。このような支援を行いながら、保護者の親子関係に対する見方やかかわり方を変えることができると考えられる。

◇引用文献
1）S. ミニューチン，山根常男監訳『家族と家族療法』誠信書房，p.143，1984.
2）島宗理ほか「日本行動分析学会「体罰」に反対する声明」日本行動分析学会『行動分析学研究』第29巻第2号，pp.96-107，2015.
3）前出1），pp.136-137
4）日本家族研究・家族療法学会編『家族療法テキストブック』金剛出版，p.343，2013.

学習のポイント

● 支援事例を通して、中年期・老年期の心理的特徴や心理学理論を理解する
● 高齢者福祉領域のソーシャルワークにおける心理的支援の特徴を学ぶ

1 事例

事 例

　Cさん（77歳、女性）は娘（55歳、独身、中学校教員）と二人暮らしである。地域包括支援センターに近所の人から心配だとの声が届いた。数か月前から、指定されていない日にごみを出すことが目立つようになり、近所の人がそれを指摘すると、いらいらして家の中に戻ってしまうという。地域包括支援センターに所属する社会福祉士が訪問すると、娘は仕事で不在、Cさんは不機嫌で玄関での立ち話には応じるが、家に入らせてもらうことはできなかった。玄関内は散らかっていて、Cさんからは尿臭がした。

　近所の人の話では、Cさんは長年、自宅で書道教室を開きながら、家事を担い、夫や娘と穏やかに暮らしていた。明るい陽気な人柄だったが、10年ほど前に夫が急逝し、書道教室を閉じてからはあまり出歩くことがなかったようである。数年前からは、時折見かけるCさんは不機嫌なことが多く、話しかけることもはばかられるような様子だったという。

　子どもは同居する娘一人だが、仕事が多忙で帰宅も遅いようで、社会福祉士が娘と会えたのは3回目の訪問時、娘が庭で洗濯物を干しているときだった。娘とはあまり話が続かなかったが、社会福祉士は娘に会える可能性のある土曜日と、Cさんの様子を見るために平日に、それぞれ訪問して声をかけ、短い時間でも会話するようにしたところ、1か月半ほどたった頃に、娘から「ここでは話ができないので別のところで話したい」との申し出があり、地域包括支援センターで話を聞くことができた。

娘の話では、几帳面だったCさんは夫が亡くなってから落ち込んで家事をやらなくなり、その後、家事をやろうとしても不十分なことが増えていった。娘はCさんのために今日の予定や家事の手順をいくつも紙に書いて、部屋の壁に貼って、Cさんが理解できるように工夫したが、Cさんは失敗が続いた。娘はCさんと一緒にいるといらだち、長く残業したり、仕事の帰りに飲酒したりして帰宅が夜中になることも増えた。帰宅後もすぐ自室で寝てしまうとのことであった。娘は「母親に何をやってもうまくいかない」「私はこれからどう生きていけばいいのか」と涙ぐみながら話した。

　娘の話から社会福祉士は、娘の負担が大きいことや、Cさんの認知症の可能性を疑い、Cさんを受診させる必要があること、介護保険や家族会を利用して、娘の負担を減らさなければ共倒れしてしまう可能性があると説明した。娘はうなずいて帰宅したものの、それ以降、社会福祉士が訪問しても娘となかなか会えないまま2か月が過ぎ、焦っている。

2 ▶ 心理アセスメント

　夫を亡くしたCさんが抑うつ的となり、その後家事ができない状態になって、娘との関係や生活が不安定になるも、支援が膠着（こうちゃく）状態に陥っている事例である。

■1 高齢者福祉領域におけるソーシャルワークの支援目標と心理的支援

　高齢者福祉領域での事例は、支援の目標自体が多様である。バルテス（Baltes, P.）の生涯発達論＊が示したように、老年期は生まれた世代（標準歴史関連的要因）や年齢（標準年齢関連的要因）で共通した心理的特徴よりも、その人のそれまでの経験によって形づくられた個人差が強くあらわれる（非標準要因）ということこそが特徴である。そのため、高齢者福祉領域での支援では、よりいっそうソーシャルワーカーがもつステレオタイプに固執せず、高齢者やその家族の価値や意向を理解したうえで、個々に応じた支援目標を決めなければならない。その意向を引き出して、ソーシャルワークの支援目標を設定すること自体を丁寧に行う

★生涯発達論
バルテスは、人の生涯にわたる発達への影響要因を、標準歴史関連的要因、標準年齢関連的要因、非標準要因の三つで説明し、それぞれの影響要因の強さが、年齢によって変化すると説明した。少年期には標準的年齢関連的要因がもっとも強く働くが、高齢期は特異的要因の影響力がほかの二つの要因よりも強くなる。

必要があるため、最初の心理的支援は対象者との関係づくりであるといってよい。

2 スモールステップによるアプローチ

この事例で社会福祉士は、なかなか話をすることができないＣさんや娘に、あきらめずに少しずつ声をかけることを繰り返して、娘からの一定の信頼を得て話をしてもらえるようになった。低い目標を少しずつ達成していくことは**スモールステップ**と呼ばれる、**学習理論**の基本となる考え方である。いきなり相談という形ではなく、最初は挨拶、次に立ち話、と少しずつ目標を達成して関係を構築している。

3 Ｃさんの生活上の変化と心理的理解

Ｃさんは夫が亡くなったあと、書道教室を閉じ、抑うつや家事ができない状態になってしまった。社会福祉士はＣさんの状態を認知症と考えたが、高齢期の認知機能の低下の原因はきわめて多様であり、認知症だけではなく、うつ病や加齢、脱水や身体的疾患によっても引き起こされる可能性がある。それらの要因は相互に影響しあって、増幅しているかもしれない。

高齢者福祉事例では一つの要因に絞り込むことよりも、**生物心理社会モデル**を念頭に複数の要因を想定して、事例を理解する視点が求められる。

4 娘の心理的理解

娘は中学校教員としてフルタイムの仕事をしながらも、家事ができなくなった実母であるＣさんを助けるために、手順を書くなど、自分なりに母親にかかわってきた。しかし状況は好転せず、自宅でのストレスが高じて、母親にかかわる余裕がなくなってしまったことが容易に想像できる。このように、それまで親子関係や職業生活に大きな支障がなかった事例では、家族のパーソナリティの偏りや病理性に着目してそれを改善しようとするのではなく、ストレスによって一時的に生じた生活上のひずみと捉え、解決志向の心理的支援が望まれる。

また生涯発達の観点からは、中年期にあたる娘は、エリクソン（Erikson, E. H.）の発達段階説では「**世代性**」対「**停滞**」の心理社会的葛藤をもつ世代とされる。この葛藤は、自分のあとの世代に何かを残し、世代間のサイクルを継続していけるのか、それとも自己にとどまり

★**生物心理社会モデル**
健康や疾病の理解にあたり、人を生物医学的に捉えるだけではなく、その人の心理的側面や社会的側面を含めて理解しようとするモデル。エンゲル（Engel, G. L.）が1977年に提唱した。多職種連携が必要な場面において、職種にかかわらず人の理解の基本モデルとして取り上げられる。

第**6**章 ソーシャルワークと心理学

サイクルを停滞させるのかの葛藤である。Cさんの娘が発した「私はこれからどう生きていけばいいのか」という言葉からは、Cさんの娘は、単に母親にかかわることのストレスを軽減したいと考えているだけではなく、仕事も含めた自分のこれからを「どう生きていくか」という、自己概念やアイデンティティの揺らぎを経験していることがうかがえる。

3 ソーシャルワークにおける心理的支援

1 関係の構築

　支援の対象者が高齢者の場合、生活の目標像の個人差が大きいことから、目標としている生活への意向を対象者に話してもらう必要がある。そのためにも、最初に、支援の対象者と一定の信頼関係を形成しなければならない。

　社会福祉士はCさんと信頼関係をつくろうと、娘が不在の時間帯にも訪問しているが、信頼関係をつくるまではいかなかった。どのようにしたら、信頼関係をつくることができただろうか。高齢者との信頼関係をつくるうえで、カーステンセン（Carstensen, L. L.）の社会情動的選択性理論を理解しておくことは有益であろう。社会情動的選択性理論とは、自分に残された時間や能力の将来展望に有限性を認識すると、自分の情動状態をよりよいものにしようとする動機づけが高まり、より快適な情動経験が予測される状況を優先的に選択する、という理論である。この理論に基づけば、人間関係においても、高齢者はより快適な情動経験ができる関係を好み、信頼関係が生まれやすいと考えられる。社会福祉士がCさんと関係をつくるうえでは、Cさんが安心し、時には快適に感じるようなかかわりをより重視する必要があったのかもしれない。高齢者との最初の人間関係の構築では、若い世代以上に、高齢者の安心や快適さを確かめながら、かかわる必要があるだろう。

2 自己決定の重要性

　自己決定やエンパワメントはソーシャルワークの基本的な理念の一つだが、心理学的には、自己決定は内発的動機づけを高めることが知られている。動機づけの自己決定理論では、人は元来、有能で自律的でありたいという欲求を基本的欲求としてもっていると考えられており、これらの欲求を満たそうと動機づけられた行動を内発的動機づけという。一

★社会情動的選択性理論
カーステンセンによる動機づけの発達理論。高齢期には将来的な時間的見通しが少なくなると、情動的に満足し、快適になるように自分のもつ資源を選択的に用いるようになる、という理論。

方エンパワメントとは、対象者自身が現在の問題の解決に向けて主体的にかかわっていく力を引き出すことを指しており、課題の解決に向けた内発的動機づけを高めることということもできるだろう。

Cさんの娘のエンパワメントのためには、現状の課題となっているCさんや娘自身の今後の生活への不安を解消し、生活を立て直そうとする内発的動機づけを高めることが必要となる。そしてそのためには、Cさんの娘が今後の方針について自己決定することを支援することが重要である。しかし事例では、娘から話を聞いた社会福祉士が早々に解決策をアドバイスしており、娘の動機づけを高めるような働きかけはみられない。むしろ、「このままでは共倒れになる」というような、動機づけ面接で「正したい反射」とされる発言もみられ、動機づけを低下させる結果になってしまった。

娘が自分たちの生活を今後どうするのかを、最終的に自己決定していくように支援するためには、**マイクロカウンセリングの技法や動機づけ面接**が役立つ（第5章第2節参照）。たとえば娘の現状での努力を是認し、「何をやってもうまくいかない」という娘の発言には、「いろいろ工夫したのにうまくいかないことが続いて、八方ふさがりに感じるのですね」と少し**言い換える**などして、娘が話すことそのものを促していくことができるだろう。

ブリーフセラピーで用いられる例外探しやリフレーミングなどの技法は、効果的に相手の見方を変化させるために用いられ、この事例においても活用できる。たとえば、娘の感情に共感を示しながらも、少しでもうまくいった点を尋ね（**例外探し**★）、現状に対する悲観的な見方をより肯定的、前向きな見方に**リフレーミング**★するように働きかけることで、自信が回復され、問題解決への動機づけが高まることが期待できる。

このように、支援の対象者が解決方法を自己決定できるようになるまでには、課題解決への自信が回復すること、つまり自分でもなんとか対処できそうだという自分の有能さへの信頼感を高めていく過程が不可欠である。そして性急なアドバイスは課題解決への動機づけを低下させ、エンパワメントにつながらない可能性すらあることを知っておく必要があるだろう。

◇参考文献
・E. H. エリクソン・H. Q. キヴニック・J. M. エリクソン，朝長正徳・朝長梨枝子訳『老年期――生き生きしたかかわりあい』みすず書房，1997.
・北田雅子・磯村毅『医療スタッフのための 動機づけ面接法――逆引きMI学習帳』医歯薬出版，2016.

第6章 ソーシャルワークと心理学

★例外探し
対象者の状況理解の枠組みを、より問題解決に向かう枠組みに変えることを促す面接技法の一つ。たとえば面接の際に、対象者が「うちの子は何にでもやる気がない」と説明したら、面接者が「たまにでもやる気を出すようなことはありませんか」と例外的な状況の有無を尋ね、対象者に例外的な状況があることへの気づきを促し、子どもに対する理解の枠組みが「うちの子もやる気を出すときがある」と変わることで、問題解決への動機づけを高められる。

★リフレーミング
たとえば、コップに水が半分入っているという客観的な状況に対して、ある人は「半分も残っている」と理解し、ある人は「半分しか残っていない」と理解する。このような自分の理解の枠組みをいったん取り払い別の枠組みで理解することをリフレーミングという。

第**3**節 障害児・者福祉

学習のポイント

- 「障害の社会モデル」の視点をもつ
- 「ストレングス（強さ）」によるアセスメントと実際の支援について理解する
- 障害福祉領域での心理的支援の役割を理解する

1 ▶ 障害者福祉の実際

事 例

強度行動障害を伴う ASD（自閉スペクトラム症★）者への心理的支援

　Dさん（男性、20歳）は、父、母、姉の4人家族であり、生育歴は以下のとおりである。

　重度の知的障害とASDとの重複と診断を受け、地域の小学校の特別支援学級へ入学した。こだわりが強く、会話はほとんどなく奇声を発していた。その後、特別支援学校中学部に進学し、同級生に対しての他害・他傷行為が見られ、奇声も増加した。

　高等部に進学すると、個別対応を取り、他児への暴力行為は減少したものの、家庭内で母親に対する暴力が始まった。高等部の卒業後は障害者通所施設（生活介護）の利用を開始したが、しだいに、特定の利用者への暴力、パニックにより活動への参加も困難となった。

　19歳の時、家庭でのパニックと母親への暴力から、精神科への入院と薬物治療が開始された。激しい他害行為、破壊行為、パニックや奇声・大声などにより「強度行動障害」が認められ、E障害者支援施設の利用が決定した。

❶　入所前からの支援

　①　家族・病院・学校・福祉施設との連携（情報共有）

　②　E施設の担当者・心理士による事前の面会によりE施設の外観、居室、食堂や日常活動・生活の写真を用いて、施設での生

★自閉スペクトラム症（ASD）
発達障害の一つ。生まれつきの脳機能障害で社会的なコミュニケーションや他者とのやりとりが苦手、興味や活動が偏る、感覚過敏、鈍麻等の感覚異常といった特徴をもち、これらによって社会生活に支障をきたしているものを指す。

活を理解・納得できるよう伝えた。

❷ 入所時の支援

Dさんができるだけ落ちつける環境整備（構造化）を行った。事前の面会もあり、Dさんは特に混乱なく施設生活に入ったが1か月もすると他の利用者への暴力行為が見られはじめた。

心理士のコンサルテーションより、担当支援者が「行動観察記録表（**表6-1**）」を作成し、他害行為やパニックが見られた時間、その前後の出来事について記録した。

この行動観察記録をもとに「氷山モデル表*（**表6-2**）」を作成した。

このモデル表をもとに暴力やパニックの要因となる環境の改善、Dさんの常態化した身体の過緊張への動作法の導入等の取り組みを開始して、過剰な刺激への反応やこだわりが減少し、不穏な状態になっても自分から休憩室に行き、落ち着いたら戻ることができるようになり、暴力行為やパニックは減少傾向にある。

★氷山モデル
かんしゃくや奇声、他害・自傷行為、不適切な行動、強いこだわりといった行動を水面上に見えるものとして考えた場合、水面下にはそれ以上に多くのあるいは大きな要因があることを想定して支援を検討していくことが必要とする考え方。

第6章 ソーシャルワークと心理学

表6-1　行動観察記録表（一部抜粋）

課題となる行動	他害行為（たたく、かみつく）	
先行条件 （直前の様子）	行動	結果 （その後の様子）
作業時間にほかの利用者が興奮状態で奇声をあげていた。	奇声をあげた利用者に近づき、拳でその人の頭や顔をたたく。	奇声をあげた利用者が部屋を出ていくと落ち着いて、作業を続ける。
夕食前の自由時間、食堂前のホールにて壁をたたく行為がある。	近くにいた利用者の顔をたたく。	居室へ誘導、ベッドに横になって10分程度するとしだいに落ち着いてくる。
やや興奮して奇声をあげているときに「午前の作業の時間であること」を伝えた。	近くにいた利用者の顔をたたく。 止めに入った職員の腕をかむ。	居室へ誘導するが、拒否する。 午前中ずっと奇声・大声をあげていた。

表6-2　氷山モデル表

課題となる行動	他害行為（たたく、かみつく）	
本人の特性	環境・状況の要因	必要な環境調整
・表出：要求の表出は職員の体を欲しい物のところへ引っ張っていく（クレーン）。拒否は奇声をあげる。 ・理解：具体的な指示の理解は高いが、抽象的な指示は困難。 ・感覚：聴覚が過敏であり、騒がしいと耳をふさぐ行為がある。 ・感覚：唾を口内に溜めたり、食べた物を反芻する自己刺激的な行動がある。 ・動作：粗大動作は問題ないが、手先の精緻動作には困難がある。 その他：睡眠障害がある。	・職員が本人の要求を理解できない、すぐに対応できない。 ・職員によって指示の仕方が異なる。 ・奇声で騒がしい他利用者と同じ活動グループである。 ・作業内容が複雑で、手先の細かな操作が必要。 ・消灯後も他利用者や職員のたてる音がある。	＜視覚的な支援＞ ・絵カード等を用いて本人の要求を理解できるようにする。 ・活動内容等の指示は具体的に行う（絵カード等の利用）。 ・複雑な作業の手順書（マニュアル）の作成、提示を行う。 ・騒がしい利用者と距離をとる。 ・活動を分ける、時間差をつける。 ・身体全体を使うような活動・作業。

2　解説

1　はじめに

　障害児・者福祉の現場では、障害の重度・重複化や多様化が進んでおり、いっそうきめ細かな対応が求められている。

　障害児・者支援の理念としてノーマライゼーションやインクルージョンが挙げられるなか、「障害」は個人の心身機能の障害と社会的障壁の相互作用によって作り出されている「障害の社会モデル」の視点をもつことが重要であり、さまざまな心理学的アプローチを活用して社会的障壁を取り除き、個人の「自己実現」を支えていくことが心理専門職の役割となる。

2　アセスメント

　不適応状態の内容の原因や問題点を明らかにし、その問題を解決するための具体的なアプローチ（療育やリハビリテーション）を判断する目的で、面接・心理発達検査・行動観察を行う。これらにより障害特性の理解、個人の特性の理解が深められるが、近年の障害児・者への支援に

は、本事例の「氷山モデル」のように二次障害としての行動障害を環境との相互作用で捉える視点や、本人のもつ「強さ」へのアプローチが求められているストレングスの視点によるアセスメントが必要である。

3 カウンセリングとコンサルテーション

通常の臨床心理学的なカウンセリングは、心の苦悩を軽減し、心的成長を促す手段であるが、障害のある人が地域のなかで自立した生活を送るためには、障害児・者の場合、個別の面談により、自己理解と障害受容をはかり、「どのような人生を送りたいのか」といった自己実現に向けた福祉ニーズを把握することが特に求められる。コンサルテーションは福祉施設で直接的にかかわる保育士や施設職員を通じて、間接的に支援することであり、障害のある人の周りの環境にアプローチし、支援にかかわる人が、利用者への理解を深め、支援者としての専門性を高めて、施設内から地域社会等、コミュニティそのものの問題解決力を高めていくことを大きな目的としている。障害の社会モデルを実現させるためのコミュニティに働きかける臨床心理学的手法である。

4 療育（発達支援）

障害児（児童期）の場合、療育（発達支援）が行われる。療育（発達支援）には、言葉やコミュニケーションに焦点を当てたアプローチや、身体の使い方に焦点を当てたアプローチ、かんしゃくなどの行動に焦点を当てたアプローチなど多くの手法がある。本人の状態や環境に応じたアプローチの療育（発達支援）を選ぶことが重要である。また、保護者（家族）が子どもを理解し、接し方を学ぶ親子プログラムやペアレントトレーニングプログラムなどの家族支援も行われている。児童にとって最も身近な環境である家族との関係が適切なものに再構築されることが一番の発達支援といえる。

5 自立の支援：自己決定と自己選択、自己実現を支援する

障害福祉において障害児・者の意見や希望の表出を促し、またはそれを代弁して本人のもつストレングスを重視しながらエンパワメントによる支援を実践していくことで、本人の自己決定・自己選択を促し、本人の「自己実現」の達成をサポートすることや社会参加を含めた自立をサポートすることになる。そのために障害の特性や発達の状況、能力に応じて本人の気持ちや感情、意思や意見を受け止め、尊重して本人に寄り

★二次障害
障害の特性に伴うストレスや不適応により発生する精神障害などの二次的な問題。不安、強迫観念、抑うつ症状といった、内面で起こる情緒的な症状を示す内在化障害と反抗や非行を含む行動上の問題を示す外在化障害とがある。

★ストレングス
ストレングスとは、援助を要する者がもっているプラス面の強みのこと。その人の「特性、技能、才能、能力、環境、関心、願望、希望」の八つがある。援助者は、面接などでこれらを引き出し、尊重し、活用することで本人の自立を支援する。

★エンパワメント
エンパワメントとは、個人や集団が自分の人生の主人公となれるように力をつけて、自分自身の生活や環境をよりコントロールできるようにしていくことである。能力や権限は本来、本人がもっているもので、それが社会的制約によって発揮されていないため、本人が力を発揮できるようにするためには、あらゆる社会資源を再検討し、条件や環境の整備を行っていく必要があるという見方。

第6章 ソーシャルワークと心理学

添いながら、本人にとってよりよい決定ができるようにするだけでなく、その実行・実現ができるように多職種のメンバーとの連携により支援する必要がある。

6 移行（トランジション）の支援

　さまざまなライフステージを送るなかで環境が変化することはかなりのストレスとなり、過剰なストレス反応や行動障害を示すことがある。特に「就学」や「就労」に伴う環境の変化は大きなストレスを伴う。生涯発達やキャリア発達の視点をもって、各ライフステージの移行のプロセスを支援することで、ストレスを減少させ、「子どもから大人へ」「学生から社会人へ」「施設から地域社会へ」スムーズでかつ穏やかな変化のなかで移行が達成されることで本人の心的成長が促される。

7 施設内暴力と施設内虐待

　施設内虐待についてのニュースは多いが、利用者による支援者への暴力（施設内暴力）については、あまり知られていない。パニック、自傷行為、他害行為、破壊行為等の「行動障害」に対して専門性のないままに支援を行い、利用者を力で抑えつけて「虐待」に発展したり、支援の無力感から「燃え尽き」、休職・離職する支援者も多い。この「虐待」や「燃え尽き」が新たな行動障害を引き起こしていく。この悪循環を断ち切るために心理士の役割として施設職員の専門性の確保とメンタルヘルスの支援も期待されている。

8 発達と環境の相互作用

　発達は環境との相互作用のなかで起きている。障害児・者は環境にある社会的障壁（バリア）によって発達が阻害されている。この障壁を取り除き安全で、安心で、安定した環境（日常生活）のなかで発達は保障され、余暇、教育・医療・福祉的かかわりにより発達が促される。行動障害への支援者の正しい理解と適切な対応が悪循環の連鎖を断ち切り、障害児・者の自己実現への一歩となる。

◇**参考文献**
・市川和彦・木村淳也『施設内暴力——利用者からの暴力への理解と対応』誠信書房，2016.
・水野敦之『「気づき」と「できる」から始めるフレームワークを活用した自閉症支援』エンパワメ
　ント研究所，2013.
・飯田雅子「強度行動障害を中核とする支援困難な人たちへの支援について」日本知的障害者福祉
　協会編『さぽーと』第51巻第11号，pp.45-51，2004.
・中島洋子「行動障害をもつ自閉症の地域生活支援——医療・療育施設の立場から」日本知的障害
　者福祉協会編『さぽーと』第50巻第 8 号，2003.
・重橋史朗「生涯発達的視点による支援」『教育と医学』第60巻12号，pp.1036-1043，2012.
・重橋史朗「特定非営利活動（NPO）法人における障がい児・者への地域生活支援の実践」野島一
　彦編『現代のエスプリ別冊 臨床心理地域援助研究セミナー』至文堂，2006.
・中野菜穂子・東俊一・大迫秀樹編『社会的養護の理念と実践 第 2 版』みらい，2017.

第**6**章 ソーシャルワークと心理学

学習のポイント

● 事例を通じて精神保健福祉領域の個別支援の実際を理解する
● 精神保健福祉領域のさまざまな活動や法制度について理解を深める

1 ▶ 精神保健福祉の現場

事 例

　Gさん（42歳、女性）は12歳の長女と9歳の長男、5歳の次女の四人で暮らしている。2年前に台風による水害で自宅が甚大な被害に遭い、隣の市のアパートに引っ越した頃から精神的に不安定な状態となり、それまで続けていた会社事務の仕事を辞めて、日中は家にひきこもりがちになってしまった。精神科を受診したところ、うつ病と診断され抗うつ薬を処方されたが、医師の指示どおりに服薬していなかった。

　Gさんが心身の調子を崩してから1年後には、夫が「もうこんな生活には耐えられない」と言い残して家を出て行き、そのまま離婚することになった。元夫からは毎月わずかな養育費が振り込まれるのみで、家計は苦しい状態が続いた。自宅近くには、Gさんの母親が住んでおり、家事や子育てを手伝ってくれてはいるが、経済的な支援は望めず、電気やガスが止められたり、子どもたちの学校の諸経費の支払いが滞ったりするようになった。

　子どもたちの通う学校の担任が心配し、学校から市役所の子育て支援課に相談が寄せられた。子育て支援課の職員が健康づくり課や保護課の職員とも連携し、ワーカーと保健師がチームとなってGさんの自宅を訪問した。訪問時、Gさんは子どもたちのことは心配していたものの、生活保護に対しては「できれば受けたくない」と拒否的な態度を示していた。しかし、その後のワーカーとの話し合いで生活保護の申請を決め、後日、無事に受給が決まった。また、市ではGさんの子どもたちを要保護児童対策地域協議会の検討ケース

として見守りを強化していく方針を決めた。

　生活保護受給後、Gさんは徐々に精神的に落ち着きを取り戻していった。しかし、Gさんに新たな恋人ができると、長女に下の子たちの世話を任せて夜に一人で出かけてしまうようになり、しばしば泥酔して帰宅するほど、日々の飲酒量が増えていった。さらに、交際中の男性と喧嘩をするたびに、自宅や外出先で大声をあげて泣きわめき、「私なんかいなくなればいいんでしょ」と自殺をほのめかす発言を繰り返すようになった。そんなある日の夕方、いつもと同じように交際中の男性と口論となった後、自宅で包丁を持ち出し、長女に対して「一緒に死のう」と泣きながら迫った。怖くなった長女が学校の担任に連絡し、学校から連絡を受けた警察や市役所の担当者が自宅に駆けつけ、母親は精神科に医療保護入院することとなった。

2 精神保健福祉における支援活動

1 精神保健とは

　精神保健とは、人々の健康のうち、主として精神面の健康を対象とし、精神障害を予防・治療し、また精神的健康を保持・向上させる諸活動のことを指す。地域精神保健活動（コミュニティ・メンタルヘルス）の理論としてしばしば参照されるカプラン（Caplan, G.）の予防精神医学の考え方によれば、すべての地域住民に対する危機を減らすことに努め、地域の精神障害の発生を減少させる活動が第一次予防、地域で精神障害を発病した者の早期発見・早期治療、地域精神保健活動における人員配置への留意などの活動が第二次予防、そして精神障害のために生じる地域社会の損失を減少させる地域計画や精神障害者の社会復帰に力を注ぐ活動が第三次予防とされている。

　先の事例で示されたさまざまな課題への対応は、いずれも地域における重要な精神保健福祉活動の側面である。実際の支援活動は事例にもあるとおりすべて一連の流れのなかで連動して行われるものではあるが、以下では、事例の解説を含めて各活動について個別に説明を行う。

▇2 被災者・被害者に対する精神保健的支援

　大規模な災害や事故、あるいは事件等の被害に遭った人への心理的支援では、被害に遭った直後からその後の長期にわたって、段階に応じたきめ細かな支援が必要となる。特に、大規模災害等の発生直後に被災地で活動する際には、DPAT（Disaster Psychiatric Assistance Team：災害派遣精神医療チーム）などとの連携やサイコロジカル・ファーストエイド（心理的応急処置）の実践など、さまざまな精神保健活動が求められる。

　Gさんは、台風による水害の被害を受けたあとに精神的な不調を呈するようになったが、その被災直後に何らかの精神的なケアを受けていたかは定かではない。しかし、Gさんの精神的な不調の背景に、被災経験がどのように影響を及ぼしているのかについては丁寧な精神医学的・心理学的評価が必要であり、少なくともトラウマ（心的外傷）の影響やPTSD（心的外傷後ストレス障害）の可能性を考慮に入れた支援（トラウマ・インフォームド・ケア★）を念頭に置いてかかわる必要があると考えられる。

▇3 経済的な支援と児童虐待への対応

　経済的に困難を抱えたケースに対して、生活保護や生活困窮者自立支援制度の利用といった支援を提供することは、福祉の専門職が得意とする仕事の一つである。しかしながら、生活に困った人が相談窓口に自ら出向いて支援を求めるとは限らず、仮に支援に結びついたとしても、Gさんのように支援に対して拒否的な態度を示す人も少なくない。

　また、経済的な問題は家庭全体にさまざまな影響を及ぼすことにもなる。もちろん、悪影響が広範に及ぶことは問題であり、Gさんのケースのように子どもたちにも大きな負荷がかかってしまっていることは軽視できないことではあるものの、このケースでは児童虐待への対応の文脈から家族への支援が広がっており、さまざまな出来事を支援のリソース（資源）として活用していくことが精神保健福祉の現場では求められる。

▇4 アルコール問題への対応と自殺のリスク評価

　精神的な不調を抱えたケースへの個別支援では、アルコールなどのアディクション問題（依存症や嗜癖の問題）や自殺リスクの変化に常に気を配る必要がある。アディクション問題を抱えた人への個別支援においては、動機づけ面接（第5章第2節参照）などの効果的なかかわり方や、

CRAFT（Community Reinforcement And Family Training：コミュニティ強化と家族訓練）と呼ばれる家族支援の方法なども開発されている。さらに、健康を害するような危険な飲酒に対してはブリーフ・インターベンションなどの有効な介入方法も開発されており、自助グループと連携した従来の支援に加えて、より重層的な支援が提供可能となってきている。

　自殺リスクへの対応においては、まず支援対象者の抱えているつらさにじっくりと耳を傾け、「自殺したい」という気持ちを率直に話題にする必要がある。そのうえで、自殺の背景要因や切迫度について情報収集を行い、継続的な見守りや専門家へのつなぎ、場合によっては緊急入院などの保護的な措置までとることがある。こうした自殺リスクの評価や対応にはただ一つの正解があるわけではなく、常に同僚や支援チーム内で継続的に話し合いながら進める必要がある。

　また、自殺の現象理解やリスク評価、およびその後の対応の方針を決める際には、ジョイナー（Joiner, T. E.）が提案した「自殺の対人関係理論（interpersonal theory of suicide）」の枠組みが役に立つ。この理論では、自殺の発生を「自殺の潜在能力（痛みや死に対する不安の低減や慣れ）」「所属感の減弱（孤独感や孤立無援感）」「負担感の知覚（自分が他者の重荷になっているという認知）」といった三つの要因の重複で説明している。なかでも、切迫した急性の自殺傾向の頻度を減らすためには、所属感の減弱と負担感の知覚といった対人関係上の問題に関する認知にアプローチすることが有効であると考えられており、支援者も含む本人の周りの人間関係を調整していくことが必要となる。

　なお、アルコール対策や自殺対策[★]は上記のようなハイリスク者に対する個別支援以外にもさまざまな形で展開されており、たとえば一般市民向けの啓発活動や自死遺族支援などは、精神保健福祉領域の活動としても重要な位置づけにある。

5 精神保健及び精神障害者福祉に関する法律（精神保健福祉法）

　精神保健福祉の活動を進めるにあたって、「精神保健及び精神障害者福祉に関する法律（以下、精神保健福祉法）」は最も基本となる法的な枠組みであるため、よく理解しておく必要がある。

　精神保健福祉法では、精神保健福祉センターの設置や精神障害者保健福祉手帳の交付などさまざまなことが規定されているが、それらとあわ

★自殺対策
自殺予防の活動は、プリベンション（事前予防）、インターベンション（危機介入）、ポストベンション（事後対応）の3段階で構成される。

第6章　ソーシャルワークと心理学

せて精神障害者の入院形態、特に非自発的な入院について定められていることが大きな特徴の一つである。

　精神保健福祉法に定められた入院形態には、大きく分けて任意入院、措置入院、医療保護入院、応急入院の四つがあり、このなかで任意入院以外がいわゆる非自発的な入院の形態となる。Gさんのケースで行われた医療保護入院は、精神保健指定医による診察の結果、本人が精神障害者であり、かつ、医療および保護のため入院の必要がある場合に、その家族等のうちいずれかの者の同意があるときは本人の同意がなくとも、その者を入院させることができる制度である。こうした非自発的な入院は、当然のことながら支援対象者の人権を著しく侵害する行為であるため、精神保健福祉法には地方精神保健福祉審議会や精神医療審査会の設置、あるいは精神保健指定医制度といった、過度な人権侵害の防止や第三者によるチェック機能が備えられている。

◇参考文献
・G. カプラン，新福尚武監訳『予防精神医学』朝倉書店，1970.
・野坂祐子『トラウマインフォームドケア──"問題行動"を捉えなおす援助の視点』日本評論社，2019.
・T. E. ジョイナーほか，北村俊則監訳『自殺の対人関係理論──予防・治療の実践マニュアル』日本評論社，2011.

第5節 支援者支援福祉

学習のポイント
● 支援者支援に関する基本概念について理解する
● 支援者の傷つきへの支援がなぜ必要かについて理解する
● 被災地における支援者支援について理解する

1 支援者支援の実際

事例

児童養護施設職員Hさん、20代後半、3年目

　Hさんは児童養護施設の職員であるが、夜勤の時には1人での勤務となる。6人の子どもたちのうち1人でも体調が悪くなると、ほかの子どもへのかかわりが少なくなる。その結果、一人ひとりに対して自分の考えるような支援ができず、疲弊気味である。特に、最近入園してきたばかりの子どもが、非常に深刻な身体的虐待を受けて入園しており、情動調整の難しさ、易怒性、ボーッとするなどの解離状態が入園以降継続しており、暴言、暴力が絶えず、特に自分がシフトで入ったときの行動が激しい。それによってHさんはバーンアウト（燃え尽き）直前ではないかと思っている。

対応

　施設には支援者支援を学んだ職員が1人いるとよいと考えられる。施設全体の職員のバーンアウトリスクを把握し、共感疲労をセルフチェックできるように支援していく。特に、虐待を受けた子どもたちは、安定した関係性を複数の職員ととれるようになるまで、関係特異的に特定の人への攻撃、暴言、無視、嫌がらせ、すねるなどの行動が見られる。その理由を職員の支援技術の未熟さのせいにしないで、子ども側の関係性構築、およびその安定性の過程にあると理解し、その暴言や暴力が向かう職員を支え、メンタライゼー

ションやアタッチメントの観点に立った臨床的支援を行う。そうすることで安定的に複数の職員とかかわることができるようになり、職員自身のバーンアウトリスクや共感疲労の昂進はみられなくなり、共感満足などの肯定的な感情が、職員の仕事への継続の意欲を日常的に支えることができるようになっていった。

2 支援者支援の意義

　支援者支援は、今、さまざまな領域で注目され、重要視されるようになり、特に社会福祉領域でも、多くの面で重視せざるを得なくなっている。

　支援者支援は、支援者のメンタルヘルスを保持し、バーンアウトなどへの対策になるというだけでなく、支援の質そのものに影響を与えるとの見解が多くみられるようになってきている。

　たとえば、子ども家庭福祉領域では、課題を抱える子どもたちに一定の支援の質を保持するためには、支援者の傷つきへの対処を考慮するだけでなく、チーム養育という観点が非常に重要になる。

　支援者支援は、チームアプローチであり、あとで見ていくように、アタッチメント上の課題を有する子どもたちの示す関係特異性（人によって表現を変える）は、容易にチームを崩すことがある。逆に、チームアプローチが徹底すれば、子どもたちの多様な課題をまるごと引き受けることができる。職員が、子どもの攻撃性や抑うつ等情動調整が難しい面を受けとめるには、健康な面や少し頑張っている面を受けとめる職員も必ず必要となる。子どもたちへの対処の困難性を、子どもの課題性や特定職員の技能不足などだけに帰する根拠は大きく崩れてきているといえる。チームアプローチやワーク・エンゲージメント[★]への志向性こそ、支援者支援の観点に基づく、難しい子どもたちへの対処であるといえよう。

3 支援者の傷つきへの支援

　子どもを取り巻く職員の環境を検討すると、そこには、支援者同士がしっかりつながるという資質が重要となる。「支援者の統合感」ともい

★ワーク・エンゲージ　　メント
仕事に対してのポジティブに向きあえる心理状態のこと。活力、熱意、仕事への集中（没頭）などを意味している。バーンアウト研究の先駆者であるマスラック（Maslach, C.）がよく使っている言葉である。

うべき、自分を見失わない感覚は、虐待を受けてきた子どもたちによって表出される暴言や暴力、あるいは深刻な自傷行為などで、容易に侵蝕されてしまう。攻撃性を前面に出し、暴言や身体的な攻撃やリストカットなどの自傷行為によって、自分が生き延びていくために職員や里親を巻き込み、自分をなだめてくれて、安らぐ対象としてかろうじて獲得した支援者を破壊するような行動に出ることもある。このようなぎりぎりの表現をする子どもたちとかかわり続けることを強いられる支援者にとって、重要な人物あるいはアタッチメントの対象となることを求められるのは、非常につらいことといえる。

　このように、子どもたちは支援者の統合感（自分らしく仕事をする等）を容易に侵蝕してしまう。不適切な養育をしてしまった養育者による虐待やネグレクトにより被ったさまざまな影響を支援者は引き受けざるを得ないともいえる。支援者が被る侵蝕されている感じや、苦しくなり疲弊する感覚にどう向き合っていくのかが、支援者の課題となる。

4　支援者支援を構成する諸概念

1　支援者支援の見取り図

　支援者支援に関する学問である支援者支援学は、バーンアウトをはじめ、共感疲労、代理トラウマ、共感満足、感情労働、心的外傷後成長など多くの概念を構築してきた。以下、それぞれの概念の特徴を簡潔に記述する。図 6-1 には、諸概念の見取り図を載せた。

2　バーンアウト

　支援者支援でまず押さえておかなければならない概念が、バーンアウトである。1974 年に、精神保健領域でフロイデンバーガー（Freudenberger, H. J.）が初めてこのバーンアウト（燃え尽き）という概念を提唱した。バーンアウトには、金属疲労やエンジンがバーンアウト（燃え尽きて）してしまうという意味があった。この言葉を使い始めたフロイデンバーガーは、薬物依存の人たちの状態を当時バーンアウトという言葉を使っていたことから、支援者の疲弊や自分らしく振る舞えなくなる状態を「バーンアウト」として表現した。フロイデンバーガーは事例研究を丹念に積み上げていく精神保健領域での同僚、サイコロジスト、看護師、ソーシャルワーカーの状態を危惧している。その当時か

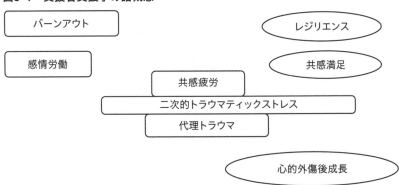

図6-1　支援者支援学の諸概念

バーンアウト

レジリエンス

感情労働

共感満足

共感疲労

二次的トラウマティックストレス

代理トラウマ

心的外傷後成長

注：それぞれの概念の位置関係は、概念的な近さを表している。また支援者を支援するうえでは、□ は配慮を有する側面、◯は肯定的な側面を表している。
出典：藤岡孝志「支援者支援学（1）支援者支援学とは」『こころの科学』189号，p.93，2016.

ら、子ども領域にかかわる保育士や緊急でかつ深刻な事件を目の当たりにする警察官等、PTSDを被りやすい職種のバーンアウトリスクについて記述している。対策についても、自分の仕事で何を求めていくのかについて十分気づく努力をする、仕事だけでなくそれ以外の場でもバランスよくエネルギーを保つ、スタッフ同士ではうまくいっている面だけでなく未解決でうまくいっていない面についても共有しあう、仕事のスケジュールを管理し過剰な時間の仕事にならないように工夫する、お互いの信頼関係を大事にし、お互いを支えあう環境づくりを心がける、身体を使ったリフレッシュは過小評価されがちであり心身をリフレッシュさせることが大事など、今日でも十分に有益な指摘をしている。

　1980年代に入ってからは、マスラックらが質問紙作成に乗り出した。マスラックらによるMBI（Maslach Burnout Inventory：マスラックバーンアウト尺度）は、今日でも改良を重ねながら使用されている。マスラックらは、バーンアウトを三つの下位尺度に分けた。情緒的な消耗感、脱人格化、個人的達成感の低下である。**情緒的消耗感**（emotional exhaustion）は、疲れ切って何もする気が起きないこと、**脱人格化**（depersonalization）は、利用児・者への気遣いができなくなり、自分らしく仕事ができなくなっている状態、**個人的達成感**（personal accomplishment）**の低下**は、仕事の達成感が保てなくなっている状態を意味している。今日でも、バーンアウトの考えは重視されており、尺度を使用した数量的な研究・実践だけでなく、事例研究や個別支援も行われている。

3 二次的トラウマティックストレス

　二次的トラウマティックストレス（secondary traumatic stress：
STS）は、1980 年の PTSD 概念構築と時期を同じくして、早い時期か
ら（トラウマ体験を有するクライエントに対処する）支援者や（PTSD
を生じた退役軍人やいじめ被害に遭った子どもの）家族の二次的な
PTSD として指摘されてきた。支援者や家族のトラウマティックな体
験に注目した概念である。利用児・者とかかわっている支援者における
傷つき（二次的トラウマ）は深刻な課題であり、その研究は、フィグリー
（Figley, C. R.）やその弟子たちによって推し進められた。

　フィグリーは、DSM-Ⅲで初めて登場した PTSD について、「トラウ
マとは波紋が拡がるように、一次、二次、三次と拡がるものであり、第
一次の PTSD を被ったクライエントだけでなく、二次的被害として、
その家族がトラウマティックストレスを被ることがある」と言及し、支
援者も、一次のクライエントとかかわることで、二次的被害を被る（二
次受傷）ことを指摘した。

4 共感疲労

　1990 年代に入ってから、共感疲労の臨床・研究が大きく進むことに
なる。看護師であるジョインソン（Joinson, C.）によって、はじめて
共感疲労（compassion fatigue）という言葉が指摘された。二次的ト
ラウマティックストレス研究に取り組んでいたフィグリーは、支援者支
援における臨床場面で、この概念のほうが適切であると述べている。
フィグリーは、共感疲労を「クライエントと一緒にトラウマティックな
出来事を再体験しているときに生じる緊張と不安および無力感、混乱、
支援からの孤立の感覚」と述べている。

　支援者の共感的なかかわりが、支援者を傷つけやすくする相談・面接
の場へと導く可能性がある。また、支援において必要な関係性の構築は、
支援者を傷つきやすくする臨床的な関係性ともいえる。支援者は、自身
の傷つきや疲労に気づき、その傷つきや疲労への対処に留意すること
で、共感疲労の蓄積によって、支援者自身の統合感が侵蝕されたり、支
援の質が低下したりしないように心がけることが求められている。

5 共感満足

　支援場面での肯定的な側面に焦点を当てた概念として、共感満足
（compassion satisfaction）がある。クライエントや利用児・者から

の満足感（利用児・者の笑顔や感謝の言葉等）である。この概念は、スタム（Stamm, B. H.）によって構築された。彼女は、フィグリーと一緒に、共感満足・共感疲労・バーンアウトの尺度を作成した。これらは、現在、支援者支援の領域で多く使われている。

6 感情労働

　感情労働は、ホックシールド（Hochschild, A. R.）という女性社会学者が提唱した概念であり、主として感情をもちいた仕事について言及した。藤岡は以下のようにまとめている。「感情労働（emotional labor）は、感情を労働の内容とする場合の課題を論議する概念である。身体を使った身体的な労働、また、芸術的な活動を伴う労働、いわゆるデスクワークなどを強調した労働があるが、それに対して、感情を前面に出した労働というものもあるだろうということで、もともと社会学の領域から出てきたものである[1]」。そこでは、表層的な感情でかかわっていく場合の「表層演技」と深い自己の感情を重視しながらかかわる「深層演技」とを分けて用いている。この概念は、旅客機の客室乗務員や看護師などの分野で多く登場するが、最近では、介護福祉士やケアマネジャー、社会福祉士、精神保健福祉士などの感情労働に関する研究も増えてきている。

7 代理トラウマ

　代理トラウマ（vicarious trauma）とは、支援者が深く傷つき、臨床場面で起きたことによって深刻な影響を受け、人生観なども変容することを強調した概念である。被害者支援を行ってきたパールマン（Pearlman, L. A.）たちによって構築された。DV（ドメスティックバイオレンス）や犯罪、災害などで傷ついた深刻な心身の状態にあるクライエントとかかわり、その表現・表出に継続して曝されることによって、支援者自身が深刻な影響を受けてしまうのである。

8 PTG（posttraumatic growth：心的外傷後成長）

　PTGという概念は、カルホーン（Calhoun, L. G.）とテデスキ（Tedeschi, R. G.）らによって構築された。利用児・者からの暴言・暴力、支援がうまくいかないことからくる苦しみに曝される支援者のその後の成長に注目している。その成長には、人生の意味を見出したり、新たな視点を獲得したり、以前より逆境に対する適応力が向上したなど

の肯定的な側面に注目するところに大きな特徴がある。

9 レジリエンス

　心的外傷後成長と類似の概念として、「レジリエンス（resilience）」がある。支援者のレジリエンスについては、支援者に傷つき体験があっても、そこから持ち直すことができるという支援者の復元力、回復力を焦点化したものである。類似する概念としては、物事にゆるぎなくかかわることができる頑健性を表現した「ハーディネス（hardiness）」や、逆境にあって発現される資質や、もともともっているクライエント自身も知らない潜在力や個人的リソースを表すものとして「ストレングス（strength：強さ）」がある。

5　被災地における支援者支援

　支援者を継続して支援する「支援者支援モニタリングシステム」も構築されつつある。畠中と筆者は、被災地支援チームが、被災地に派遣される前、派遣中、元の職場に戻ってから1か月後までを、共感疲労、共感満足、バーンアウトによって、7期に分けてモニターした。その結果、被災地に行くことで、共感疲労が行く前に比べて、上昇するタイプと低下するタイプに分かれることが示された。そして、被災地で低下するタイプは、戻ってきてからの1か月間で共感疲労が時間差で上昇することがあり、被災地での支援は、元の職場に戻ってきてから、少なくとも1か月間、フォローのための支援者支援をしなければならないことを示している。[2] 支援者への支援を行うことで、支援者のバーンアウトを予防することが継続した支援を支えるのであり、支援者支援は、被災者支援といえる。

◇引用文献
　1）藤岡孝志「支援者支援学（1）支援者支援学とは」『こころの科学』189号，pp.92–98，2016.
　2）Hatakenaka,Y.&Fujioka,T., 'Monitoring Compassion Fatigue and Compassion Satisfaction of Mental Health Professionals in a Prefectural Mental Health Care Team for Eastern Japan Earthquake Disaster: Prospective Longitudinal Cohort Questionnaire Assessment', *Journal of Social Policy and Social Work*, 19, pp.29–43, 2015.

◇参考文献
　・藤岡孝志『愛着臨床と子ども虐待』ミネルヴァ書房，2008.
　・藤岡孝志『支援者支援養育論——子育て支援臨床の再構築』ミネルヴァ書房，2020.

● 事例を通じて支援制度の導入の仕方について理解を深める
● 制度利用における心理的アセスメントやケアの視点について理解する
● 制度利用が支援対象者に及ぼす複雑な影響について考える

1 制度利用で見落とされる心理的ケア

事 例

　Ｉさん（78歳、男性）は、息子夫婦家族と同居している。若い頃は、地元にある建設業の会社で現場監督として働いていたが、定年退職後は家の裏にある小さな畑で野菜を栽培し、近くのスーパーの地場産野菜コーナーでそれらを販売したりしている。

　昔から言葉数は多くない人ではあったが、町内会の会長を引き受けたり、地域のお祭りを取り仕切ったりと、近所付き合いは多く、周囲の人からの信頼も厚い人であった。

　Ｉさんの妻は家族の世話を献身的にこなす人で、Ｉさん夫婦は昔からとても仲がよかった。しかし、その妻が5年前に脳出血で倒れ、下半身に麻痺が残ったために在宅での介護生活が始まった。さらにそれから1年ほど経ったのちに認知症を発症し、2年前に誤嚥性肺炎のため亡くなってしまった。それからというもの、Ｉさんはすっかり元気をなくしてしまった様子であった。

　昨年の3月の下旬頃にはＩさんが心筋梗塞を患った。幸いにして症状は軽く、カテーテル治療で完治した。その後は無事に畑仕事も再開することができたが、9月頃になって胃腸の不調や腰・肩の痛みなどを繰り返し訴えるようになり、かかりつけの内科と整形外科を受診した。しかし、各種検査の結果に何ら異常はなく、医師からは「夏の畑仕事の疲れが出たのかもしれないから、ゆっくりと休養をとるように」と指示された。心配する本人に対して、家族は少しあきれたような口調で「おじいちゃん、どこも悪いところはな

いから大丈夫だって」とＩさんを諭したという。

　ところが、その年の 11 月のはじめに、今度はＩさんが自宅の階段から滑り落ち、大腿骨を骨折してしまった。すぐに病院で手術が行われ、その後の入院・リハビリテーション期間を経て、今年の２月にようやく自宅に戻ってくることができた。歩行や入浴に障害があったこともあり、家族はＩさんの退院に先立って**地域包括支援センター**に連絡をし、介護認定の手続きを進めていた。家族は週に２日程度のデイサービス利用を希望していたが、ケアマネジャーがＩさん本人に意向を確認すると、「そんなところには絶対に行きたくない」と非常に拒否的な反応を示した。Ｉさんの様子が頑なであったため、ケアマネジャーはいったん引き上げることにしたが、その翌日になって、地域包括支援センターに「親父がデイサービスに行くって言うんでよろしくお願いします」と息子から電話連絡があったため、デイサービス利用の手続きを進めることにした。

2 　制度利用の際に考慮すべき心理的ケアを中心に

1 支援対象者に生じる葛藤や違和感を理解する

　Ｉさんは当初、介護サービスの導入に対して拒否的な反応を示していた。この状態はすなわち、Ｉさんの価値観や物事の捉え方と介護サービスの導入との間に何らかの葛藤や違和感が生じているのだと考えられる。制度利用に際して行う心理的ケアでは、まずこうした対象者の抱く葛藤や**両価性**、矛盾や違和感などに特に注意を払い、それらの感情がどのようなところから生じているのかについて理解しようと努める必要がある。

　Ｉさんの事例では、たとえば、Ｉさんには介護サービスを受けたい気持ちがある一方で、過去に妻を介護した経験をもっていたために、自分が介護サービスを受けることによって家族や関係者にどのような負担がかかるかをいろいろと想像してしまい、サービスの導入を躊躇したのかもしれない。あるいは、デイサービスに通うことで慣れない人付き合いを強いられることにも不安を抱いていた可能性がある。いずれにせよ、支援対象者に制度を違和感なく利用してもらうためには、支援対象者の経験のなかで培ってきた価値観や物事の捉え方の特徴を支援者側が把握

第6章　ソーシャルワークと心理学

したうえで、そうした価値観や考え方に沿うように説明を工夫すると
いった対応が求められる。

▌2 精神医学的なアセスメントの視点と関係者の連携

　Ｉさんは昨年の９月頃にいくつかの身体的な不調を訴えて内科と整
形外科を受診したが、異常は見つからなかった。このように高齢者が心
気的な訴えを繰り返しながら、内科的な異常が認められない場合には、
うつ病などの精神疾患を疑うことが必要となる。特に脳血管障害や心臓
疾患といった身体疾患はうつ病の危険因子であることがわかっており、
すでに心筋梗塞を患っていたＩさんのようなケースでは、注意深く経過
を観察しながら、支援者間で必要な情報を適宜共有し、専門家とも連携
を強化しておくことが求められる。

　また、うつ病を含む気分障害は、特定の季節に発症したり悪化したり
する場合もある。Ｉさんのケースでも、制度導入時がちょうど冬の時期
であり、季節性のうつ病を発症していたり、それ以前に発症していたう
つ病が悪化していたりした可能性も否定できない。仮にうつ病に罹患し
ていたとすれば、Ｉさん本人が制度の導入について適切に判断できない
状態にあった可能性も考えられ、制度の内容や導入時期を再検討する必
要が生じる。すなわち、こうした精神医学的アセスメントは、支援対象
者本人の自己決定を支えるためにも欠かせないプロセスであるといえる。

　なお、Ｉさんは２年前に最愛の妻を亡くしたあと、死別による悲嘆
反応と思われる状態も認められている。悲嘆反応は不眠や落ち込みなど
うつ病とよく似た症状を呈することがあるものの、それ自体は病気では
なく、人間が喪失体験から回復する際に一般的に認められる自然な反応
であると考えられている。多くのケースは時間の経過とともに徐々に自
然回復するとされているが、まれにその回復が妨げられ、精神医学的な
治療が必要となる場合もある。

▌3 支援対象者と周囲との関係に目を向ける

　援助者は、制度の導入に際して、「誰が困っているのか」や「誰が制
度の導入を望んでいるのか」について丁寧に検討する必要がある。事例
では、Ｉさん本人よりも家族のほうが制度の導入を強く望んでいるよう
に思われるが、制度導入を進める前に、まずは家族が制度の導入を希望
する背後にある事情や思い、あるいはＩさんとの関係性について目を向
ける必要がある。制度導入を周囲の人が希望することの意味を理解して

いく過程において、制度利用以外の支援方法が見つかる場合も少なくない。

3 効果的に制度利用を進めるために

　対人支援の専門家は、しばしば支援対象者が制度を利用しないことを「抵抗」や「拒絶」として捉える傾向があるが、果たしてそれは適切な認識なのだろうか。そうした認識が生じるのは、各種支援制度のメリットの部分しか見ていないからなのではないだろうか。

　さまざまな支援制度は、当然のことながら人々を支援するために準備されているものである。したがって、多くの人は支援制度の存在や、それらを積極的に利用していくことを単純に「よいこと」であると考えているかもしれない。さらに言えば、使える制度はどんどん使ったほうがより支援対象者の生活が楽になると期待する援助者も多くいるだろう。

　しかしながら、制度利用によってそのような単純な効果の積み重ねが生じるとは限らない。場合によっては、制度利用は時として人から重要なものを奪ってしまったり、負の影響を及ぼしたりする場合すらある。たとえば、Ｉさんのケースで考えてみると、仮にＩさんがデイサービスを利用するようになったとした場合、Ｉさんはその分、家の裏の畑で農作業をしたり、野菜を持ってスーパーに行った際に出会う人たちと会話したりする時間を失うことになるだろう。また、家族と過ごす時間や家の中での役割も失ってしまうかもしれない。さらに言えば、自分でやってみようというモチベーションや自信を喪失してしまう可能性すらある。もちろん、Ｉさんはすでに身体的な障害のために活動が制限されている状態であるため、支援を受けることで全体的に QOL（quality of life：生活の質）が高まる可能性は十分あると思われるが、援助者は制度利用によって生じるデメリットにも十分注意を向けておく必要がある。なぜなら、支援対象者が不安に思っていることは、まさにそうした制度利用によって生じる可能性がある負の影響のほうだからである。

　制度利用は目的ではなく、あくまでも支援手段の一つにすぎない。したがって、制度を利用するか否かはもちろんのこと、制度をいつどのように使うことが支援対象者にとって最も高い効果をもたらすのかを判断することもまた重要であり、そうした利用の仕方やタイミングを検討するうえで、心理的なアセスメントやケアの視点は役立つものである。

索引

最新 社会福祉士養成講座
精神保健福祉士養成講座

| 編集

一般社団法人 日本ソーシャルワーク教育学校連盟（略称：ソ教連）

| 統括編集委員（五十音順）

中谷 陽明（なかたに・ようめい）
ソ教連常務理事、桜美林大学大学院教授

松本 すみ子（まつもと・すみこ）
ソ教連常務理事、東京国際大学人間社会学部教授

「心理学と心理的支援」編集委員・執筆者

| 編集委員（五十音順）

勝又 陽太郎（かつまた・ようたろう）
東京都立大学人文社会学部准教授

内藤 佳津雄（ないとう・かつお）
日本大学文理学部教授

藤岡 孝志（ふじおか・たかし）
日本社会事業大学社会福祉学部教授

| 執筆者および執筆分担（五十音順）

相澤 裕紀（あいざわ・やすのり）──────────────第2章第1節
国立研究開発法人量子科学技術研究開発機構放射線医学総合研究所技術員

安齊 順子（あんざい・じゅんこ）──────────────第1章第1節
東洋大学ライフデザイン学部非常勤講師

宇野 耕司（うの・こうじ）──────────────第6章第1節
目白大学心理学部専任講師

遠藤 利彦（えんどう・としひこ）──────────────第2章第2節1～3
東京大学大学院教育学研究科教授

勝又 陽太郎（かつまた・ようたろう）──────第1章第2節、第5章第4節、第6章第4節・第6節
東京都立大学人文社会学部准教授

加藤 尚子（かとう・しょうこ）──────────────第3章第2節1・2
明治大学文学部教授

北村 世都 (きたむら・せつ) ……………………………………………… 第5章第2節、第6章第2節
聖徳大学心理・福祉学部准教授

志村 ゆず (しむら・ゆず) ……………………………………………………………… 第4章第1節
名城大学人間学部准教授

下垣 光 (しもがき・ひかる) ……………………………………………………………… 第2章第6節
日本社会事業大学社会福祉学部教授

重橋 史朗 (じゅうばし・ふみお) ………………………………………………………… 第6章第3節
中村学園大学教育学部講師

白川 真裕 (しらかわ・まゆ) …………………………………………………………… 第2章第2節4
日本大学文理学部研究員・非常勤講師

田中 恒彦 (たなか・つねひこ) ………………………………………………………… 第5章第3節2・7
新潟大学教育学部准教授

内藤 佳津雄 (ないとう・かつお) ……………………………………… 第2章第3節、第3章第1節
日本大学文理学部教授

野口 代 (のぐち・だい) ………………………………………… 第2章第4節、第5章第3節3
東大阪大学短期大学部介護福祉学科助教

野﨑 瑞樹 (のざき・みずき) …………………………………………………………… 第2章第7節
東北文化学園大学医療福祉学部教授

長谷川 明弘 (はせがわ・あきひろ) ……………………………………………… 第5章第3節4・5
東洋英和女学院大学人間科学部教授

針塚 進 (はりづか・すすむ) ……………………………………………… 第5章第1節・第3節6
筑紫女学園大学特任教授

平井 正三 (ひらい・しょうぞう) ………………………………………………………… 第5章第3節1
御池心理療法センター代表

藤岡 孝志 (ふじおか・たかし) ……………………… 第3章第2節3・4、第5章第3節8、第6章第5節
日本社会事業大学社会福祉学部教授

望月 正哉 (もちづき・まさや) …………………………………………………………… 第2章第5節
日本大学文理学部准教授

横山 由香里 (よこやま・ゆかり) ………………………………………………………… 第4章第2節
日本福祉大学社会福祉学部准教授

最新　社会福祉士養成講座
　　　精神保健福祉士養成講座

2　心理学と心理的支援

2021年2月1日　　　初 版 発 行
2024年2月1日　　　初版第4刷発行

編　集　　一般社団法人日本ソーシャルワーク教育学校連盟
発行者　　荘村明彦
発行所　　中央法規出版株式会社
　　　　　〒110-0016　東京都台東区台東3-29-1　中央法規ビル
　　　　　TEL 03（6387）3196
　　　　　https://www.chuohoki.co.jp/

印 刷・製 本　株式会社太洋社
本文デザイン　株式会社デジカル
装　　　幀　株式会社デジカル
本文イラスト　イオジン　小牧良次
装　　　画　酒井ヒロミツ